Sixth Edition

Student Activities Manual
FOR
mosaicos
SPANISH AS A WORLD LANGUAGE

JULIET FALCE-ROBINSON
University of California, Los Angeles

Adapted by

ANNE CALDERÓN

PEARSON

Boston   Columbus   Indianapolis   New York   San Francisco   Upper Saddle River
Amsterdam   Cape Town   Dubai   London   Madrid   Milan   Munich   Paris   Montréal   Toronto
Delhi   Mexico City   São Paulo   Sydney   Hong Kong   Seoul   Singapore   Taipei   Tokyo

Senior Acquisitions Editor: Tiziana Aime
Senior Digital Product Manager: Samantha Alducin
Development Editors: Anne Calderón, Lisa DeWaard, Scott Gravina
Director of Program Management: Lisa Iarkowski
Team Lead Program Management: Amber Mackey
Program Manager: Nancy Stevenson
Team Lead Project Managers: Melissa Feimer
Media Coordinator: Regina Rivera
Project Manager: Lynne Breitfeller
Project Manager: Jenna Gray, PreMediaGlobal
Front Cover Design: Black Sun
Cover Image: Maxim Tupikov / Shutterstock
Senior Art Director: Kathryn Foot
Operations Manager: Mary Fischer
Operations Specialist: Roy Pickering
Editorial and Marketing Assistant: Millie Chapman
Editor in Chief: Bob Hemmer
Director of Market Development: Kristine Suárez
World Languages Consultants: Yesha Brill, Mellissa Yokell, Denise Miller

This book was set in Sabon 10 pts.

Copyright © 2015, 2010, 2006, 2002 Pearson Education, Inc., publishing as Prentice Hall, 1 Lake St., Upper Saddle River, NJ 07458. All rights reserved. Manufactured in the United States of America. This publication is protected by Copyright, and permission should be obtained from the publisher prior to any prohibited reproduction, storage in a retrieval system, or transmission in any form or by any means, electronic, mechanical, photocopying, recording, or likewise. To obtain permission(s) to use material from this work, please submit a written request to Pearson Education, Inc., Permissions Department, 1 Lake St., Upper Saddle River, NJ 07458.

10 9 8 7 6 5 4 3 2 1

PEARSON

ISBN - 10: 0-205-24796-2
ISBN - 13: 978-0-205-24796-7

CONTENTS

Preliminar   Bienvenidos   1

CAPÍTULO 1   ¿Qué estudias?   19

CAPÍTULO 2   ¿Quiénes son tus amigos?   41

CAPÍTULO 3   ¿Qué hacen para divertirse?   61

CAPÍTULO 4   ¿Cómo es tu familia?   83

CAPÍTULO 5   ¿Dónde vives?   101

CAPÍTULO 6   ¿Qué te gusta comprar?   121

CAPÍTULO 7   ¿Cuál es tu deporte favorito?   141

CAPÍTULO 8   ¿Cuáles son tus tradiciones?   163

CAPÍTULO 9   ¿Dónde trabajas?   183

CAPÍTULO 10   ¿Cuál es tu comida preferida?   207

CAPÍTULO 11   ¿Cómo te sientes?   229

CAPÍTULO 12   ¿Te gusta viajar?   251

CAPÍTULO 13   ¿Qué es arte para ti?   273

CAPÍTULO 14   ¿Cómo vivimos los cambios sociales?   291

CAPÍTULO 15   ¿Qué nos trae el futuro?   311

Appendix   Stress and written accents in Spanish   A-1

NEW to the sixth edition of the Student Activities Manual

Mosaicos continues to evolve in response to current standards of language teaching as well as the new technologies that transform the potential for achieving more and better communication in the classroom. As such, the sixth edition of the *Mosaicos* Student Activities Manual now provides a multifaceted approach to practicing and improving language skills outside the classroom with the introduction of a series of new, interactive activities that are offered exclusively through MySpanishLab. These activities, referenced in the printed version of the Student Activities Manual, reinforce what students have learned from the new *Enfoque cultural* and *Mosaico cultural* sections in the textbook, as well as the *¡Cineastas en acción!* video and select grammar and vocabulary topics from the chapter. The online-only activities provide a much more visual and engaging orientation to language learning that cannot be achieved via the print medium, allowing for practice to be made more meaningful. We encourage you to explore these enhanced, interactive offerings in MySpanishLab and to take full advantage of the complete online learning experience.

Preliminar Bienvenidos

Enfoque cultural

MySpanishLab
Interactive activities indicated here are available only in MySpanishLab.

OP-01

Vocabulario en contexto

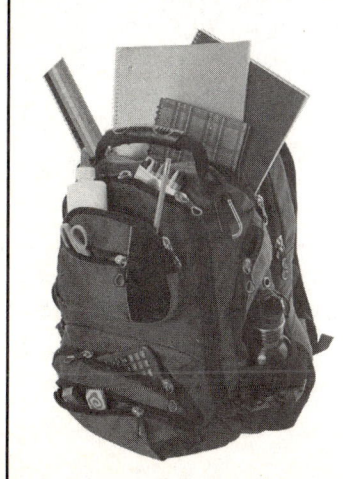

MySpanishLab
Interactive activities indicated here are available only in MySpanishLab.

OP-02

OP-03

OP-04

Nombre: _____ Fecha: _____

OP-05 María e Isabel. María and Isabel are meeting for the first time. Listen to María's statements and questions, and choose the most appropriate response for Isabel.

1. _____   a. Mucho gusto.   b. Encantada.   c. Me llamo Isabel.
2. _____   a. ¿Cómo te llamas? b. Igualmente.   c. ¿Y tú?
3. _____   a. ¿Y tú?   b. Mucho gusto.   c. Igualmente.

OP-06 Saludos. Match each statement with the most appropriate response.

1. ¡Hola! ¿Cómo está usted? _____   a. De nada.
2. Muchas gracias. _____   b. Encantado.
3. Me llamo Ana María. ¿Y tú? _____   c. Lo siento.
4. Mucho gusto. _____   d. Muy bien gracias. ¿Y usted?
5. Mal, Luis, mal. _____   e. Me llamo Susana López.

OP-07 ¿Qué tal? You are chatting online with a new Spanish pen pal, Pedro, for the first time. Read each line that he writes to you and then respond using an appropriate phrase.

PEDRO: ¡Hola! Me llamo Pedro Sánchez. ¿Cómo te llamas?

1. _____

PEDRO: ¿Cómo estás?

2. _____

PEDRO: ¡Hasta luego!

3. _____

OP-08 ¿Usted? Indicate whether the following introductions are **formal** or **informal**.

1. ___ formal   ___ informal

SRA. GÓMEZ: Buenos días, señor González.
SR. GONZÁLEZ: Buenos días, señora Gómez. ¿Cómo está usted?
SRA. GÓMEZ: Bien, gracias. ¿Y usted?
SR. GONZÁLEZ: Bastante bien, gracias.

2. ___ formal   ___ informal

ROSA: Hola, ¿qué tal?
PEDRO: Regular.
ROSA: ¡Oh! Lo siento.

3. ___ formal   ___ informal

ISABEL: Hola, ¿cómo se llama?
CARLOS: Me llamo Carlos Aguirre, ¿y usted?
ISABEL: Soy Isabel Carrasco. Encantada.
CARLOS: Igualmente.

4. ___ formal   ___ informal

JUANA: Marisol, mi amiga Inés.
MARISOL: Hola, Inés. Mucho gusto.
INÉS: Mucho gusto. ¿Cómo estás?

Nombre: _____   Fecha: _____

	MARISOL:	Bien, gracias. ¿Y tú?
	INÉS:	Muy bien, gracias.

5. ___ formal   ___ informal

	JOSÉ:	¡Hola! ¿Cómo te llamas?
	ANDRÉS:	Me llamo Andrés. ¿Y tú?
	JOSÉ:	Me llamo José. Mucho gusto.
	ANDRÉS:	Encantado.

OP-09 **¿Formal o informal?** Listen to each of the introductions and indicate whether the speakers use **formal** or **informal** address to speak with each other.

Conversación 1:   formal   informal

Conversación 2:   formal   informal

Conversación 3:   formal   informal

OP-10 **¿Tú o usted?** Indicate the appropriate form of *you*, either **usted** or **tú**, that is used when speaking to the following people in Spanish.

1. la profesora _____

2. un amigo _____

3. un doctor _____

4. una chica _____

5. un estudiante _____

OP-11 **¿Qué dices?** Listen to the conversations, and then indicate in which conversation you hear the following.

1. tú   Conversación 1   Conversación 2

2. usted   Conversación 1   Conversación 2

3. ¿Qué tal?   Conversación 1   Conversación 2

4. ¿Cómo estás?   Conversación 1   Conversación 2

5. ¿Cómo está usted?   Conversación 1   Conversación 2

OP-12 **Al teléfono.** You work for a company in Mexico answering phones. Write the greeting you would use at the following times of day.

1. 9:00 A.M. _____

2. 3:00 P.M. _____

3. 10:30 A.M. _____

4. 12:10 P.M. _____

5. 10:00 P.M. _____

6. 5:00 P.M. _____

Nombre: _____ Fecha: _____

OP-13 **¿Qué dices tú?** Match the most appropriate expression you would use for each situation.

1. _____ It is 9:00 a.m. You see your friend in class.
2. _____ You are saying good-bye to your friend, but you will see him tomorrow.
3. _____ You see your neighbor at the store at 2:00 p.m.
4. _____ You will see your professor within an hour.
5. _____ Your friend from Chile is leaving and you are saying good-bye to him.
6. _____ You see your neighbor at 10:00 p.m.

a. Buenas tardes.
b. Chao.
c. Buenos días.
d. Hasta mañana.
e. Buenas noches.
f. Hasta luego.

OP-14 **¡Ayuda!** Help Mike respond in Spanish to his friends at a party. Choose the best response in each of the following situations.

1. Buenas noches, Mike. _____
   a. Buenas noches. b. ¿Cómo está usted? c. ¿Cómo estás?
2. Hola, Mike. _____
   a. ¿Qué tal? b. Mucho gusto. c. Igualmente.
3. Hola. ¿Cómo estás? _____
   a. Lo siento. b. Bastante bien. c. Gracias.
4. Hasta luego, Mike. _____
   a. Hola. ¿Qué tal? b. Buenos días. c. Adiós.

OP-15 **¿Cómo están?** Listen once to the conversation between Tomás, Pedro, and Ana to get the general idea. Then listen again and complete the conversation with the words you hear to describe how they are feeling. Finally, answer the two questions that follow.

TOMÁS: ¡Hola, Ana! ¡Hola, Juan! ¿Qué tal?
ANA: (1) _____, ¿y tú?
TOMÁS: Bastante (2) _____.
PEDRO: Lo siento, Tomás.
TOMÁS: ¿Y cómo estás tú, Pedro?
PEDRO: Yo estoy (3) _____, gracias.

4. Who is feeling best? _____
5. Who is feeling worst? _____

OP-16 **Situaciones.** Complete each situation with the most appropriate Spanish expression from the list. One of the answers will be used twice.

| Con permiso. | De nada. | Gracias. | Perdón. | Por favor. |

1. You apologize for spilling some coffee on your friend. _____
2. You ask your friend to lend you her class notes. _____
3. You ask your father to lend you money. _____

Nombre: _____   Fecha: _____

4. You say "you're welcome" after your mother thanks you for helping her. _____

5. You are walking down the hallway and need to get your professor's attention. _____

6. You thank your brother for lending you his car. _____

OP-17 **Cortesía.** Listen to each statement and give the most appropriate response orally. Review the phrases on pages 7 and 8 of your textbook before starting.

1. ...

2. ...

3. ...

4. ...

5. ...

OP-18 **Más expresiones.** Tony is going to have lunch before his afternoon classes start, and he encounters the following situations. Read each situation and choose with the appropriate expression he could use in each case.

Adiós.	Hasta luego.
Con permiso.	Hasta mañana.
Gracias.	Perdón.

1. Tony is going out to lunch but will be coming back later. He says good-bye to his classmates. _____

2. Tony is trying to leave the classroom, but another student is blocking the door. Tony politely lets her know that he needs to move past her. _____

3. The student at the door moves aside and lets Tony walk out. Tony thanks her. _____

4. As he walks out, Tony bumps into his Spanish teacher. Tony apologizes. _____

5. He says good-bye to his teacher; they will see each other again tomorrow. _____

OP-19 **En la clase.** In each of the following groups of items found in the classroom, select the item that does not belong.

1. mesa   borrador   silla   escritorio

2. computadora televisor   tableta   cesto

3. bolígrafo   lápiz   cuaderno   marcador

4. silla   pizarra   marcador   borrador

5. televisor   toca DVD   mochila   pantalla

© 2015 Pearson Education, Inc.

Nombre: _____ Fecha: _____

OP-20 **¿Qué tiene?** Identify the numbered items in Raúl's Spanish classroom.

1. _____
2. _____
3. _____
4. _____
5. _____

OP-21 **Los días de la semana.** Write in Spanish the day of the week that best corresponds to each statement.

1. This is the first day of the weekend. _____
2. This is the first day of the week on calendars in most Hispanic countries. _____
3. This is the last day of the week on calendars in most Hispanic countries. _____
4. Thanksgiving is traditionally celebrated on this day of the week. _____
5. When the 13th falls on this day, some in the United States consider it bad luck. _____

OP-22 **Los meses.** Think of the holidays on the United States calendar, and match each holiday with the appropriate month.

1. el Día del Trabajo (*Labor Day*) _____
2. el Día de Año Nuevo (*New Year's Day*) _____
3. el Día de San Patricio (*Saint Patrick's Day*) _____
4. el Día de Acción de Gracias (*Thanksgiving*) _____
5. el Día de la Raza (*Columbus Day*) _____
6. el Día de la Independencia _____
7. la Navidad (*Christmas*) _____
8. el Día de los Presidentes _____

a. julio
b. septiembre
c. diciembre
d. febrero
e. enero
f. noviembre
g. octubre
h. marzo

Nombre: _____   Fecha: _____

OP-23 **Fechas y días.** Help your classmates get the date and day correct by responding orally. Use complete sentences to answer the following two questions.

1. ¿Qué fecha es hoy?

2. ¿Qué día es hoy?

OP-24 **Más días y meses.** Mark is still having some trouble remembering the days of the week and the months in Spanish. Listen to him and write the days and the months he is forgetting in the spaces provided and in chronological order.

Días de la semana: 1. _____   2. _____

Meses del año: 3. _____   4. _____   5. _____

OP-25 **Los cumpleaños.** You are talking with your friends in Spanish class about birthdays (**cumpleaños**). Following the model, write out the names of the people in the list and their birthdays.

	Nombre	Fecha
MODELO: tu compañera de apartamento	Julia	el 12 de enero
tú	1. _____	2. _____
tu mejor amigo/a	3. _____	4. _____
alguien (*someone*) de tu familia	5. _____	6. _____
alguien famoso	7. _____	8. _____

OP-26 **¿Qué tiempo hace?** Write a complete sentence that describes the weather in each of the pictures.

1.    2.    3.

1. _____.
2. _____.
3. _____.

Nombre: _____ Fecha: _____

OP-27 **¿Y qué tiempo hace hoy?** Use complete sentences to describe orally what the weather is like today.

OP-28 **Las vacaciones.** Write complete sentences to describe the typical weather in the following cities.

MODELO: Chicago, Illinois, en diciembre:

En Chicago hace frío en diciembre.

1. San Diego, California, en junio:
_____

2. Phoenix, Arizona, en julio:
_____

3. Ciudad de Nueva York, Nueva York, en enero:
_____

4. Seattle, Washington, en abril:
_____

5. Boston, Massachusetts, en octubre:
_____

OP-29 **¿Quién lo dice?** Indicate who would be most likely to make the following statements in a Spanish classroom: a student (**estudiante**), an instructor (**profesor**), or both (**ambos**).

1. ¿Comprenden?   estudiante   profesor   ambos
2. ¿En qué página?   estudiante   profesor   ambos
3. ¿Tienen alguna pregunta? estudiante   profesor   ambos
4. Más despacio, por favor. estudiante   profesor   ambos
5. Tengo una pregunta.   estudiante   profesor   ambos
6. Presente.   estudiante   profesor   ambos
7. Otra vez.   estudiante   profesor   ambos

OP-30 **En la clase.** You will hear several expressions that are frequently used in class. Write in the space provided the letter of the expression that best describes each illustration.

1. _____   2. _____   3. _____   4. _____

Nombre: _____ Fecha: _____

OP-31 **¿Qué dices tú?** Choose the most appropriate phrase from the list for each situation.

> Contesta   Más alto, por favor
> No comprendo   No sé
> Repita, por favor

1. You want the professor to repeat something he/she just said. _____.
2. You ask your classmate to speak more loudly. _____.
3. You do not understand something. _____.
4. You do not know the answer. _____.

OP-32 **¡Escucha!** You will hear some additional classroom expressions. Select the English equivalent for each one.

1. _____ a. The homework, please.   b. Again, please.   c. Go to the board.
2. _____ a. Raise your hand.   b. Write.   c. Answer.
3. _____ a. Answer.   b. Repeat.   c. Read.
4. _____ a. Talk.   b. Read.   c. Write.

OP-33 **Nombres hispanos.** You and your friends are organizing a party, and you are in charge of calling six of the guests. Listen to your friend as he spells the first names of the six friends you have to call, and then choose the correct spelling of each name; select **X** if neither option is correct.

1. Beatris   Beatriz   X
2. Yolanda   Jolanda   X
3. Jorxe   Gorge   X
4. Inaki   Iñaki   X
5. Joakín   Joaquín   X
6. Ignacio   Ignaxio   X

OP-34 **Más nombres hispanos.** Do you recognize the names of these Hispanic celebrities? Listen to the spelling and write each first and last name. Be sure to use capital letters when necessary.

1. _____
2. _____
3. _____
4. _____

OP-35 **El mensaje.** Two of your friends are on vacation in Cancun. You call the hotel and the receptionist asks you to leave a message. Spell their first and last names, as well as your own, orally for her.

MODELO: *Mi amiga se llama Katie Smith: k-a-t-i-e s-m-i-t-h...*

Nombre: _____ Fecha: _____

Funciones y formas

1. Identifying and describing people: Singular forms of *ser* (Textbook p. 19)

OP-37 **¿Cierto o falso?** Felipe wants to learn more about Linda's friend. Listen to Felipe's conversation with Linda and then indicate whether each statement is true (**Cierto**), false (**Falso**), or whether it is not mentioned (**No se menciona**).

1. Linda está muy mal.   Cierto   Falso   No se menciona
2. La amiga de Linda se llama Carmen.   Cierto   Falso   No se menciona
3. Carmen es amiga íntima de Felipe.   Cierto   Falso   No se menciona
4. Carmen es sentimental.   Cierto   Falso   No se menciona

OP-38 **¿De qué habla?** Read each description and indicate to which person or object it refers.

1. Es atractivo. _____
   a. el campus   b. los estudiantes   c. la chica
2. Eres valiente. _____
   a. yo   b. la profesora   c. tú
3. Soy responsable. _____
   a. el chico   b. yo   c. el estudiante
4. Es sentimental. _____
   a. tú   b. el actor   c. las profesoras

OP-39 **Tus opiniones.** How would you describe the following people? Write a sentence for each, expressing your opinion. Remember to give the correct form of the adjective according to the gender of the subject, when necessary.

MODELO: El presidente de la universidad
              El presidente de la universidad es responsable.

1. Jennifer López

10 ■ Mosaicos   Student Activities Manual

Nombre: _____ Fecha: _____

2. mi padre

_____

3. mi amigo

_____

OP-40 **¿Cómo son?** Marco invited Irene to go to Teresa's party with him. Read Marcos's conversation with Irene and then indicate whether each statement is true (**Cierto**), false (**Falso**), or whether it is not mentioned (**No se menciona**).

MARCOS: Hola, Irene, ¿qué tal?

IRENE: Muy bien, ¿y tú?

MARCOS: Muy bien, gracias. Mi amiga Teresa va a (*is going to*) tener una fiesta. ¿Vienes? (*Are you coming?*)

IRENE: ¿Y cómo es Teresa?

MARCOS: Es muy interesante y popular.

IRENE: ¿Sí? Entonces es extrovertida.

MARCOS: Sí, y es muy dinámica y atractiva... pero tú eres dinámica y atractiva también (*too*).

IRENE: Gracias, Marcos.

1. Irene está bien.	Cierto	Falso	No se menciona
2. La amiga de Marcos se llama Teresa.	Cierto	Falso	No se menciona
3. Teresa es amiga íntima de Irene.	Cierto	Falso	No se menciona
4. Teresa es interesante y dinámica.	Cierto	Falso	No se menciona
5. Irene es rebelde.	Cierto	Falso	No se menciona

OP-41 **¿Cómo son Felipe y Carmen?** Linda wants to arrange for Felipe and Carmen to meet because she thinks they are similar and would like each other. Listen to their conversation and select whether the following characteristics describe **Carmen, Felipe,** or both (**ambos**).

1. optimista	Felipe	Carmen	ambos
2. idealista	Felipe	Carmen	ambos
3. sentimental	Felipe	Carmen	ambos
4. realista	Felipe	Carmen	ambos
5. inteligente	Felipe	Carmen	ambos

OP-42 **Opuestos.** Jorge and Luis are brothers, but they are complete opposites. Based on the adjectives used to describe Jorge, write the opposite word from the list that describes what Luis is like.

introvertido	paciente	serio
nervioso	pesimista	tradicional

Nombre: _____ Fecha: _____

JORGE	LUIS
1. optimista	_____
2. liberal	_____
3. extrovertido	_____
4. tranquilo	_____
5. cómico	_____
6. impaciente	_____

OP-43 Cognados. Because cognates can be helpful in understanding language, it is important to recognize them when you hear them. Listen to the following list of words, four of which are cognates. Write the cognates in the order you hear them.

1. _____
2. _____
3. _____
4. _____

OP-44 ¿Cómo eres? Respond orally to the following questions using at least three personality description words in each answer.

1. ¿Cómo eres?
2. ¿Cómo es tu mejor amigo/a?

2. Locating people and things: *Estar* + location (Textbook p. 21)

MySpanishLab
Interactive activities indicated here are available only in MySpanishLab.

OP-45

12 ■ Mosaicos Student Activities Manual © 2015 Pearson Education, Inc.

Nombre: _____ Fecha: _____

OP-46 **¿Dónde está?** Help José, a new student in your math class, to locate items in the classroom. Listen to the questions and consult the drawing of the classroom to correctly answer each question.

1. _____
   a. Está enfrente del profesor.
   b. Está detrás del profesor.
   c. Está al lado del profesor.

2. _____
   a. Está debajo del escritorio.
   b. Está detrás del escritorio.
   c. Está sobre el escritorio.

3. _____
   a. Está sobre el televisor.
   b. Está detrás del televisor.
   c. Está debajo del televisor.

4. _____
   a. Está entre Marcos y Miguel.
   b. Está enfrente de Miguel.
   c. Está detrás de Marcos.

5. _____
   a. Está encima del profesor.
   b. Está sobre la mesa.
   c. Está detrás de los estudiantes.

OP-47 **El salón de clase.** Think about your Spanish classroom and use the phrases to indicate where the following objects and persons are located in your classroom.

| al lado de | detrás de | entre |
| debajo de | enfrente de | sobre |

MODELO: el libro: *El libro está sobre la mesa.*

1. el/la profesor/a:
   _____

2. el cesto:
   _____

3. la ventana:
   _____

4. la pizarra:
   _____

Capítulo preliminar **Bienvenidos** ■ 13

Nombre: _____ Fecha: _____

3. Using numbers: Numbers 0 to 99 (Textbook p. 23)

MySpanishLab
Interactive activities indicated here are available only in MySpanishLab.

OP-48

OP-49 Números de teléfono. You wrote down the telephone numbers of your classmates, but you may have mixed some of them up. Match the phone numbers with the right people.

1. Amanda: seis, sesenta y dos, noventa, quince _____
2. Alberto: ocho, cuarenta y tres, ochenta y uno, cincuenta y dos _____
3. Luis: seis, ochenta y cinco, veintidós, trece _____
4. Teresa: ocho, cuarenta y tres, veintisiete, ochenta y dos _____
5. Marcos: cinco, dieciocho, sesenta y tres, treinta y nueve _____

a. 843-2782
b. 685-2213
c. 518-6339
d. 662-9015
e. 843-8152

OP-50 Agenda de teléfonos. You need to get the phone numbers of your study group members. Listen to them as they say their phone numbers, and write the correct number next to each name. Be sure to write them as you would a seven-digit phone number in the United States.

MODELO: Luis: *477-2212*

1. Amelia: _____
2. Susana: _____
3. Mateo: _____
4. Beatriz: _____
5. David: _____

OP-51 Problemas. Solve the following problems, spelling out the answers. Be sure to follow the model exactly.

MODELO: 1 + 3 = *cuatro*

1. 10 + 1 = _____
2. 7 + 6 = _____
3. 35 – 12 = _____
4. 99 – 22 = _____
5. 50 – 15 = _____
6. 20 + 2 = _____
7. 15 + 21 = _____
8. 48 – 2 = _____

4. Expressing time in Spanish: Telling time (Textbook pp. 25–26)

MySpanishLab
Interactive activities indicated here are available only in MySpanishLab.

OP-52

OP-53 **¿Qué hora es?** You will hear five different times. For each one, select the time from the clock that shows that time.

1. _____   a. 6:20

2. _____   b. 2:15

3. _____   c. 6:50

4. _____   d. 4:10

5. _____   e. 11:00

Nombre: _____   Fecha: _____

OP-54 La hora del tren. Your friend Cara is traveling in Spain and has asked you to pick her up at the station today. Listen to the arrival times (**llega** = arrives) for tonight and write them down in digits.

1. Málaga: _____
2. Barcelona: _____
3. Valencia: _____
4. Sevilla: _____
5. Toledo: _____

OP-55 Las clases. María and Susana have to take the same classes this semester. Susana does not get along with María and does not want to take any classes at the same time as her. The available class schedule and María's schedule are provided. Complete Susana's schedule to avoid taking classes at the same time as María. Spell out the appropriate times, and remember to indicate morning (**de la mañana**) or afternoon (**de la tarde**).

Horario de clases:

ESPAÑOL	COMUNICACIÓN	HISTORIA	LITERATURA	INGLÉS	MATEMÁTICAS
Sección 1 9:30 A.M.	Sección 1 11:00 A.M.	Sección 1 12:30 P.M.	Sección 1 9:30 A.M.	Sección 1 10:40 A.M.	Sección 1 10:20 A.M.
Sección 2 1:00 A.M.	Sección 2 2:30 P.M.	Sección 2 4:45 P.M.	Sección 2 11:00 A.M.	Sección 2 2:15 P.M.	Sección 2 1:15 P.M.

Clases de María:

Español, Sección 2   Historia, Sección 1   Comunicación, Sección 1

Literatura, Sección 1   Inglés, Sección 2   Matemáticas, Sección 2

Clases de Susana:

MODELO: hora de la clase de matemáticas: *las diez y veinte de la mañana*

1. hora de la clase de español: _____
2. hora de la clase de historia: _____
3. hora de la clase de literatura: _____
4. hora de la clase de comunicación: _____
5. hora de la clase de inglés: _____

OP-56 **Tu horario.** You are telling your friends in Spanish class about your **horario** (schedule). Write out what time it is when you typically do the activities depicted in each of the images. Don't forget to mention whether it is in the morning, in the afternoon, or at night.

MODELO: *Son las cuatro y media de la tarde.*

1. _____

2. _____

3. _____

1 ¿Qué estudias?

Enfoque cultural

MySpanishLab
Interactive activities indicated here are available only in MySpanishLab.

01-01

Vocabulario en contexto

MySpanishLab
Interactive activities indicated here are available only in MySpanishLab.

01-02

01-03

01-04

Nombre: _____ Fecha: _____

🔊 **01-05** **Mi vida de estudiante.** Daniel, an American study abroad student in Spain, is introducing himself to his classmates. Read the following statements, listen to Daniel, and finally indicate whether each statement is true (**Cierto**), false (**Falso**), or is not mentioned (**No se menciona**) in the student's introduction.

1. Daniel estudia en la Universidad de Salamanca.   Cierto   Falso   No se menciona
2. Daniel no trabaja.   Cierto   Falso   No se menciona
3. Daniel estudia matemáticas y psicología.   Cierto   Falso   No se menciona
4. La clase de estadística es fácil.   Cierto   Falso   No se menciona
5. Daniel saca malas notas en historia.   Cierto   Falso   No se menciona
6. La profesora de español es buena.   Cierto   Falso   No se menciona
7. Daniel practica español en la oficina.   Cierto   Falso   No se menciona
8. Daniel trabaja con personas estadounidenses.   Cierto   Falso   No se menciona

01-06 **El horario de clases.** Chris, another study abroad student at the Universidad Complutense in Madrid, is describing the courses he is taking this semester. Match each course with the correct description.

1. _____ Esta clase es difícil. Practico mucho con la computadora.
2. _____ En esta clase aprendemos sobre (*learn about*) muchos acontecimientos, como la Guerra Civil de Estados Unidos que tuvo lugar de 1861 a 1865.
3. _____ Esta es mi clase favorita. Uso un mapa y aprendo las realidades geofísicas del planeta.
4. _____ En esta clase hablamos sobre el estado mental de las personas.
5. _____ En esta clase a veces necesito un diccionario. También aprendo mucho vocabulario y gramática.

a. informática
b. geografía
c. historia
d. español
e. psicología

🔊 **01-07** **¿Cuánto cuesta?** Daniel needs to buy his school supplies but he is on a tight budget. Listen to Daniel's conversation with the clerk at the bookstore and then match each item with the correct price. There are more options than needed.

1. ___ la calculadora
2. ___ el cuaderno
3. ___ el bolígrafo
4. ___ el rotulador
5. ___ el lápiz

a. dos euros
b. tres euros
c. siete euros
d. ocho euros
e. diez euros
f. doce euros
g. quince euros

🔊 **01-08** **Una conversación con Andrea.** Daniel has met Andrea in their biology class. Listen to their conversation and then complete Andrea's answers with the correct information.

1. La clase de _____ es mi favorita.
2. Sí, trabajo en una _____.
3. Tomo _____, literatura y economía.
4. No, todas mis clases son _____.
5. La clase de historia es muy _____.
6. Estudio para los exámenes en la _____.

Nombre: _____ Fecha: _____

01-09 El alumno nuevo. Miguel is telling Daniel about some of his classes, but he is a little confused. Read Miguel's statements and choose the most logical class to complete each statement.

1. En la clase de _____ hablamos de los presidentes, como Abraham Lincoln, y de otra gente importante, como Susan B. Anthony.
   - **a.** historia
   - **b.** literatura
   - **c.** informática
   - **d.** geografía

2. En la clase de _____ tocamos (*play*) el piano y la guitarra.
   - **a.** economía
   - **b.** estadística
   - **c.** música
   - **d.** literatura

3. Todos los días en la clase de _____ necesito un mapa del mundo (*world*).
   - **a.** literatura
   - **b.** geografía
   - **c.** sociología
   - **d.** psicología

4. A veces en la clase de _____ necesitamos una calculadora.
   - **a.** economía
   - **b.** historia
   - **c.** música
   - **d.** ciencias políticas

5. En la clase de _____ usamos las computadoras.
   - **a.** literatura
   - **b.** historia
   - **c.** música
   - **d.** informática

01-10 ¿Similar o diferente? Daniel has now spent a few weeks in Spain, and he has learned some things about college life. Listen to him talk about some of the differences between college life in the United States and in Spain. Finally, answer the questions with the information you hear.

	ESTUDIANTES EN ESTADOS UNIDOS	ESTUDIANTES EN ESPAÑA
¿Trabajan y estudian?	Sí	(1) _____
¿Qué hacen por las tardes?	Van al gimnasio.	Van a la plaza.
¿Qué deporte practican?	(2) _____	fútbol
¿Dónde estudian?	(3) _____	(4) _____
¿Dónde toman algo por la noche?	(5) _____	(6) _____

01-11 Tu horario. Write your schedule for this semester, indicating the time, day, and name of each class. Don't forget to use phrases like **de la mañana** and **de la tarde** for the **HORA** column. Your options for the **DÍA** column are **lunes, martes, miércoles, jueves,** and **viernes.**

HORA	DÍA	CLASE
MODELO:		
8:00 de la mañana	*lunes, miércoles y viernes*	*biología*
_____	_____	_____
_____	_____	_____
_____	_____	_____
_____	_____	_____

Nombre: _____ Fecha: _____

01-12 ¿Qué opinas? Indicate your opinion about the following, using the correct forms of the verb **ser** and the adjectives provided. Be sure to make the adjectives agree with the subjects given in number and gender.

| aburrido/a | difícil | excelente | grande | malo/a | regular |
| bueno/a | ~~divertido/a~~ | fácil | interesante | pequeño/a | |

MODELO: mi clase de español   *Mi clase de español es divertida.*

1. mis clases _____
2. mis amigos _____
3. mi casa _____
4. montar en bicicleta _____
5. bailar salsa _____
6. las telenovelas (*soap operas*) _____
7. hablar por teléfono _____
8. el cine _____
9. la cafetería de la universidad _____
10. la playa _____

01-13 Tu clase favorita. In preparation for writing a brief paragraph in Spanish describing your favorite class, take some quick notes on the following information:

- mi clase favorita _____
- el día y la hora de mi clase favorita _____
- características de la clase (fácil, difícil, interesante, etc.) _____
- cantidad (*amount*) de tarea (mucha, poca) _____
- tus notas (buenas o malas) _____

Now write a brief paragraph of at least five sentences in Spanish describing your favorite class. Use your notes to guide you.

_____
_____
_____
_____
_____
_____
_____

Nombre: _____ Fecha: _____

 01-14 **Responsabilidades e intereses.** Listen to what the following people have to say about their responsibilities and interests. Complete the table with the information they mention about their classes, schools, and activities.

	CLASE	FACULTAD DE...	ACTIVIDAD
1. Julia	_____	_____	_____
2. Carlos	_____	_____	_____
3. Ricardo	_____	_____	_____

Mosaico cultural

MySpanishLab
Interactive activities indicated here are available only in MySpanishLab.

01-15

01-16

Funciones y formas

1. Talking about academic life and daily occurrences: Present tense of regular -*ar* verbs (Textbook pp. 42–43)

MySpanishLab
Interactive activities indicated here are available only in MySpanishLab.

01-17

© 2015 Pearson Education, Inc. Capítulo 1 ¿Qué estudias? ■ 23

Nombre: _____   Fecha: _____

01-18 **¿Qué actividad?** Match each phrase with the most appropriate activity.

1. _____ dos exámenes de química
2. _____ *Dexter* y *Wheel of Fortune*
3. _____ música salsa en la discoteca
4. _____ Parque Nacional Acadia
5. _____ playa Waikiki en Hawái

a. mirar la televisión
b. montar en bicicleta
c. estudiar en la biblioteca
d. bailar con los amigos
e. caminar y practicar voleibol

01-19 **Un día típico.** Luis is a professor in Madrid, and many of his daily activities are similar to those of his students. Read the list of activities, and then listen to Luis. Finally, select the activities that Luis mentions.

1. tomar café _____
2. estudiar en la biblioteca _____
3. bailar en la discoteca _____
4. trabajar en la oficina _____
5. revisar las tareas de los estudiantes _____
6. caminar hasta mi casa _____
7. montar en bicicleta _____
8. practicar piano _____

01-20 **¿Quién?** Daniel, Andrea, and their friends have a very busy life. Read the following sentences and write the correct subject pronoun(s) to indicate who does each of the activities.

1. Practica español en clase. _____
2. Escucho música rock. _____
3. Compran libros para (*for*) la clase de literatura americana. _____
4. Conversas por teléfono. _____
5. Preparamos la cena en el apartamento. _____
6. Miro la televisión por la noche. _____
7. Estudias en la biblioteca. _____
8. Habla con su novia todos los días. _____
9. Trabajan en un restaurante. _____

yo
tú
él/ella/usted
nosotros/nosotras
ellos/ellas/ustedes

01-21 **Andrea.** Andrea is a typical student. Complete the sentences that describe her with the correct forms of the verbs in parentheses.

1. Andrea _____ (llegar) a la universidad a las ocho de la mañana.
2. Todos los días _____ (estudiar) en la biblioteca.
3. En clase, siempre _____ (escuchar) al profesor.
4. Todos los días _____ (trabajar) por la tarde.
5. Muchas veces _____ (mirar) la televisión por la noche.
6. Los fines de semana _____ (bailar) en una discoteca.

Nombre: _____   Fecha: _____

01-22 La vida de los estudiantes. Complete the following paragraph with the correct verb forms to indicate the typical activities you and your friends do at the university.

En la universidad, mis amigos y yo (1) _____ (estudiar) en la biblioteca. Mi amiga (2) _____ (montar) en bicicleta después de las clases. Mis amigos (3) _____ (bailar) en la discoteca los sábados por la noche. Uno de ellos (4) _____ (sacar) buenas notas en sus clases. Por la noche, él (5) _____ (tomar) café en la cafetería de la universidad. Yo (6) _____ (mirar) la televisión después de estudiar. Mis amigos y yo (7) _____ (practicar) baloncesto los fines de semana.

01-23 Un día típico en tu vida. Explain orally the things you do on a typical day, and be sure to include at least three different activities from the list.

MODELO: *Yo camino hasta la universidad todos los días.*

bailar	estudiar	montar
caminar	hablar	practicar
comprar	llegar	tomar
escuchar	mirar	trabajar

2. Talking about academic life and daily occurrences: Present tense of regular -*er* and -*ir* verbs (Textbook pp. 46–47)

MySpanishLab
Interactive activities indicated here are available only in MySpanishLab.

01-24

Nombre: _____   Fecha: _____

🔊 **01-25 ¿Estudiante o profesor?** Listen to a student and a professor talk about their daily activities. Then indicate whether each statement refers to the student, the professor, or both (**los dos**).

1. Mira la televisión.	estudiante	profesor	los dos
2. Aprende inglés.	estudiante	profesor	los dos
3. Lee libros de detectives.	estudiante	profesor	los dos
4. Come en la cafetería de la universidad.	estudiante	profesor	los dos
5. Monta en bicicleta los fines de semana.	estudiante	profesor	los dos
6. Llega a la universidad por la tarde.	estudiante	profesor	los dos
7. Asiste a conferencias sobre biología.	estudiante	profesor	los dos
8. Escribe composiciones.	estudiante	profesor	los dos

🔊 **01-26 Mis amigos.** Listen to Daniel describe his life. Then, complete the sentences so that they describe what you just heard about Daniel and his friends.

MODELO: You hear: Mi amigo Raúl y yo estudiamos biología.

You write: Raúl y Daniel *estudian* biología.

1. Daniel y sus amigos _____ en un apartamento.
2. Por la mañana, Daniel _____ jugo de naranja.
3. Más tarde, Daniel y sus amigos _____ a clase.
4. Raúl y Javier _____ una película después de clase.
5. Los viernes por la noche, ellos _____ una pizza.

01-27 ¿Los conoces bien? For each of the following people, write three sentences that describe what each person or people do on a typical day. Use at least three different verbs from the list for each one. Pay attention to how you conjugate the verbs!

| aprender | comer | escribir | hablar | practicar |
| asistir | comprar | estudiar | leer | vivir |

tu mejor amigo/a

MODELO: *Mi mejor amigo come en la cafetería.*

_____
_____
_____

tus padres

_____
_____
_____

Nombre: _____ Fecha: _____

tú

_____

_____

_____

01-28 Sugerencias. Listen to what Eduardo Santos, a history professor, tells you about his daily routine. Then indicate (✓) the activities that professor Santos thinks that he should do.

1. ___ hacer ejercicio
2. ___ ver una película
3. ___ tomar más agua
4. ___ ser más puntual
5. ___ caminar hasta la universidad
6. ___ llegar tarde a clase
7. ___ tomar café
8. ___ trabajar más

01-29 Problemas en la universidad. Read the following sentences describing the problems that some people have at the university. Then choose a phrase from the list that describes what those people should do. Use *deber* + *infinitive* to turn the phrase into a sentence.

asistir a clase todos los días	beber más agua
correr por la mañana	leer el libro de español
responder en español	caminar a la universidad

MODELO: Yo hablo en inglés durante (*during*) la clase de español. Yo *debo responder en español*.

1. Yo bebo mucho café. Yo _____.
2. Mis compañeros de clase no comprenden el español. Ellos _____.
3. Nosotros nunca hacemos ejercicio. Nosotros _____.
4. Laura no asiste a clase. Ella _____.

© 2015 Pearson Education, Inc.   Capítulo 1   ¿Qué estudias?   ■   27

Nombre: _____   Fecha: _____

3. Specifying gender and number: Articles and nouns (Textbook pp. 50–51)

MySpanishLab
Interactive activities indicated here are available only in MySpanishLab.

01-30

01-31 **Horas de oficina.** Andrea wants to speak to her professor, señor Torres, during his office hours. Complete the conversation she has with his secretary with **el, la, los, las,** or **X** if no article is needed.

ANDREA: Buenos días, (1) _____ señor Marín. ¿Está (2) _____ señor Torres en (3) _____ oficina?

SR. MARÍN: No, no está en este momento.

ANDREA: Ah... y, ¿cuándo tiene horas de oficina (4) _____ señor Torres?

SR. MARÍN: Todos (5) _____ días, a (6) _____ diez y media de la mañana.

ANDREA: ¡Gracias, (7) _____ señor Marín!

01-32 **¡Yo tengo dos!** Daniel and Andrea have purchased their school supplies. Andrea likes to be prepared, so she bought two of everything just in case. Listen to what Daniel says, and then write Andrea's response. Be sure to follow the model exactly.

MODELO: You hear: Yo tengo un bolígrafo.
You write: *Yo tengo dos bolígrafos.*

1. _____
2. _____
3. _____
4. _____
5. _____

Nombre: _____   Fecha: _____

01-33 **¿Qué necesita?** Each of these people wishes to do (**quiere** + infinitive) several activities, but they lack the things they need. Using the correct form of **necesitar,** write the item or place that they need to complete their tasks. Remember to include the appropriate indefinite article: **un, una, unos, unas.**

| bolígrafo | diccionario | librería | televisor |
| calculadora | discoteca | mapa | |

MODELO: Diana quiere estudiar literatura.   *Necesita un libro.*

1. Carlos quiere tomar apuntes. _____
2. Luis y Javier quieren buscar el significado (*meaning*) de "escritorio". _____
3. Raúl quiere practicar matemáticas. _____
4. Emilia quiere comprar un libro. _____
5. Tú quieres bailar salsa. _____
6. Yo quiero buscar las naciones que limitan (*border*) con Colombia. _____
7. Chris quiere mirar el programa *American Idol*. _____

01-34 **De compras.** Chris wants to buy many items at the store. Write the plural form of the following items he is looking to purchase.

1. lápiz _____
2. bolígrafo _____
3. mochila _____
4. cuaderno _____
5. mapa _____
6. calculadora _____
7. cesto _____
8. papel _____
9. libro _____
10. computadora _____

01-35 **¿Cuántos necesitas?** Read Chris's shopping list and tell Andrea the number of items he needs. Be sure to use the plural forms when necessary.

MODELO: You see: libro (6)
You say: *Necesita seis libros.*

1. lápiz (5)
2. bolígrafo (5)
3. mochila (2)
4. cuaderno (4)
5. mapa (3)
6. calculadora (2)
7. cesto (1)
8. papel (25)
9. libro (8)
10. computadora (1)

Nombre: _____ Fecha: _____

01-36 **¿Qué necesito comprar?** To write a brief paragraph on the school supplies you need, make a short list in Spanish of the supplies you need this semester.

_____
_____
_____

Now write a brief paragraph of at least four complete sentences listing all the supplies you need in order to do well in your classes. Remember to include the appropriate indefinite articles: **(un, una, unos, unas)** if you are not going to specify the exact number of each item that you need. You may also state the class for which you need the supplies.

_____
_____
_____
_____
_____
_____

4. Expressing location and states of being: Present tense of *estar* (Textbook p. 53)

MySpanishLab
Interactive activities indicated here are available only in MySpanishLab.

01-37

01-38 **Una cita.** Andrea calls her friend Jaime on his cell phone to see if he wants to meet with her. Complete their conversation with the correct form of **estar**.

ANDREA: Hola, Jaime, soy Andrea. ¿Cómo (1) _____?

JAIME: Hola, Andrea. (2) _____ muy bien, ¿y tú?

ANDREA: Yo, bien, gracias. ¿Dónde (3) _____ ahora (*now*)?

JAIME: (4) _____ en casa, y miro la televisión. ¿Y tú?

ANDREA: (5) _____ en la universidad.

JAIME: ¿Daniel (6) _____ en la universidad también (*too*)?

ANDREA: No, él (7) _____ en la oficina, pero llega a las tres. ¿Quieres venir?

Nombre: _____   Fecha: _____

JAIME: Sí. ¿Las tres y media es una buena hora? Generalmente, ¿dónde (8) _____ ustedes a las tres y media?

ANDREA: A las tres y media Daniel y yo (9) _____ en la cafetería.

JAIME: Perfecto. Hasta entonces (*Until then*).

01-39 **¿Dónde están?** Consider what the following people are doing, and use the phrases given to indicate where they are. Be sure to use the correct form of **estar.**

| en la biblioteca | en la discoteca | en la librería |
| en clase | en el gimnasio | en el restaurante |

MODELO: Javier nada.   *Está en la playa.*

1. Daniel estudia. _____
2. Tú bailas. _____
3. Chris y Daniel comen. _____
4. Andrea y Marisa practican gimnasia aeróbica. _____
5. Carlos y yo compramos un libro. _____
6. Yo tomo apuntes. _____

01-40 **Algunas preguntas.** Your friend is asking you several questions about school. Choose the best answer for each of your friend's questions.

    a. Está fácil.   **c.** Estoy bien.   **e.** Están emocionados.
    b. Estoy en la biblioteca.   **d.** Estamos nerviosos.   **f.** Están en la oficina.

1. ¿Dónde están los profesores cuando hablan con los estudiantes? _____
2. ¿Dónde estás tú cuando estudias para un examen? _____
3. ¿Cómo estás esta mañana? _____
4. ¿Cómo están tú y tus amigos antes del examen final? _____
5. ¿Cómo están tus amigos durante un partido de fútbol americano? _____

01-41 **Tu rutina y la de tus amigos.** Write sentences describing where you and your friends are at the following times. Remember to write out the times in words.

MODELO: tú, el miércoles a las 8:00 de la mañana

        A las ocho de la mañana, estoy en el gimnasio.

1. tu mejor amiga, el lunes a las 3:30 de la tarde

_____

2. tú, el domingo a las 10:00 de la mañana

_____

3. tu madre, el martes a las 4:00 de la tarde

_____

Nombre: _____ Fecha: _____

4. tú, el miércoles a las 7:00 de la tarde
_____

5. tú y tu compañero/a de cuarto (*roommate*), el sábado a las 9:00 de la noche
_____

🔊 **01-42 ¿Dónde está la biblioteca?** Listen to your friend María give directions to the campus library. Look at the campus map and label the names of the buildings she describes until you find the library. Finally, make note of exactly where the library is.

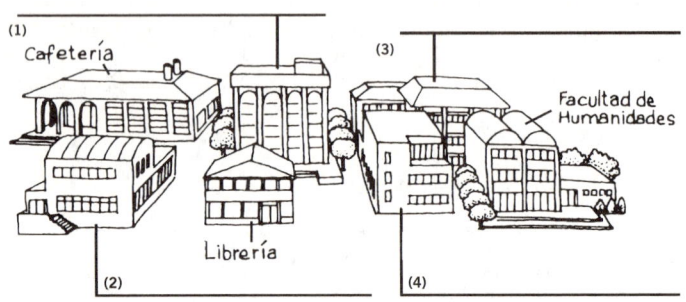

5. La biblioteca está entre _____ y _____.

5. Asking and answering questions: Interrogative words (Textbook pp. 55–56)

MySpanishLab
Interactive activities indicated here are available only in MySpanishLab.

01-43

🔊 **01-44 En orden.** Last week you interviewed your friend Carlos, but you realize you did not ask the questions in the order you had written them. Listen to the recording and match the appropriate answer with the corresponding question.

1. Tú eres español, ¿verdad? _____
2. ¿Dónde estudias? _____
3. ¿Por qué estudias allí? _____
4. ¿Cuántas clases tomas? _____
5. ¿Qué clases tomas? _____
6. ¿Cuál es tu clase favorita? _____
7. ¿Cómo es el profesor de esa clase? _____
8. ¿Estudias inglés? _____

Nombre: _____   Fecha: _____

01-45 Interferencias. You are listening to an interview of an exchange student from Spain on the university radio station. However, there is a lot of static and you cannot hear the interviewer very well. After hearing each answer from the students, choose the question that prompted each response.

MODELO: You hear: Estudio en la residencia estudiantil.
   You choose: *c*

   a. ¿Con quién estudias?   **b.** ¿Cómo estudias?   **c.** ¿Dónde estudias?

1. _____
   a. ¿De dónde eres?   **b.** ¿Cómo eres?   **c.** ¿Cuál eres?
2. _____
   a. ¿Cuál es tu nombre?   **b.** ¿Quién es tu amigo?   **c.** ¿Cómo se llama el profesor?
3. _____
   a. ¿Cuántas clases tienes?   **b.** ¿Cómo son tus clases?   **c.** ¿Dónde son tus clases?
4. _____
   a. ¿Cuándo trabajas?   **b.** ¿Dónde trabajas?   **c.** ¿Con quién trabajas?
5. _____
   a. ¿Con quién estás en Estados Unidos?   **b.** ¿Por qué estás en Estados Unidos?   **c.** ¿Por cuánto tiempo estás en Estados Unidos?
6. _____
   a. ¿Quién eres?   **b.** ¿Cómo eres?   **c.** ¿Cuál eres?
7. _____
   a. ¿Por qué estás en la biblioteca?   **b.** ¿Dónde está la biblioteca?   **c.** ¿Cuánto tiempo pasas en la biblioteca?

01-46 La entrevista. You are completing a student survey about your experience at the university. Write a complete sentence responding to each question to share information about your college experience. Remember, since this is a formal survey, the questions address you as **usted!**

1. ¿Cómo se llama usted? _____.
2. ¿De dónde es? _____.
3. ¿Dónde vive en el campus? _____.
4. ¿Cuántas clases toma este semestre? _____.
5. ¿Cómo son sus clases? _____.
6. ¿Dónde come normalmente (*ordinarily*)? _____.

01-47 Otra entrevista. Your classmate Sara wants to find out about some of the activities you do in your free time **(tiempo libre)**. Listen carefully to her questions, and respond orally to each one.

1. …   4. …
2. …   5. …
3. …   6. …

Nombre: _____   Fecha: _____

En acción

MySpanishLab
Interactive activities indicated here are available only in MySpanishLab.

01-48

01-49

01-50

Mosaicos

Escucha

01-51 **¿Es típico?** While studying abroad, Daniel has found that many aspects of his lifestyle and routine in the United States are not so common among his new friends in Spain. Make a list in Spanish of habits, routines, or activities that may be typical of American college students, but that might not be typical for students in other countries.

_____
_____
_____
_____

🔊 **01-52** **¿Similares?** Listen once for the gist of the passage. Listen again and select the activities that Daniel mentions.

1. Limpia el apartamento los fines de semana. _____
2. Hace ejercicio en el gimnasio de la universidad. _____
3. Estudia en la biblioteca. _____
4. Come en la cafetería o en un restaurante. _____
5. Monta en bicicleta en el campus de la universidad. _____

01-53 **Más actividades.** Now write the activities or routines from your list that Daniel did not mention.

_____
_____

¿Tienen ustedes mucho en común (*in common*)? _____

34 ■ Mosaicos Student Activities Manual   © 2015 Pearson Education, Inc.

Nombre: _____ Fecha: _____

Habla

01-54 Más preguntas. Your friend Daniel is studying abroad this year and you would like to ask him some questions about his experience. You call him and reach his voice mail. Leave a message for Daniel and ask at least five questions so that you can gather more information about his university life in Spain.

MODELO: *Daniel, ¿qué clases tienes?*

Lee

01-55 Preparación. Look at the following text and identify what type of text it is.

a. un artículo   **b.** un anuncio (*ad*)   **c.** un ensayo (*essay*)

La Universidad de Deusto, un centro jesuita de enseñanza e investigación (*teaching and research*) con larga (*long*) tradición, es una de las instituciones privadas más prestigiosas de España. Dos expresidentes de España y varios congresistas son exalumnos (*former alumni*) de esta universidad. Todos los años vienen a la Universidad de Deusto estudiantes de todo el mundo. La universidad está en un lugar (*place*) excelente, enfrente del Museo Guggenheim, en Bilbao, en el centro de la ciudad. Los profesores utilizan tecnología moderna en sus clases.

La universidad ofrece (*offers*) muchos cursos para extranjeros (*foreign students*):

SEMESTRE:
- Español 1, 2 y 3
- Civilización y cultura españolas
- Cultura y lengua vascas (*Basque*)
- Español para negocios (*business*)
- Cine y literatura española
- Literatura española: Siglos XVI a XVII
- Literatura española: Siglos XVIII a XIX
- Literatura española: Siglo XX
- Ficción española: Siglo XX
- Composición y sintaxis del español
- Historia de España hasta el siglo XVIII
- Variedades de español
- Europa en el mundo

VERANO (*SUMMER SESSION*):
- Español 1, 2 y 3
- Civilización y cultura españolas
- Literatura española: Siglo XX
- España en Europa
- Español académico

Otras facultades, como la de Economía y la de Ingeniería, suplementan la oferta básica. Además, hay excursiones guiadas (*guided tours*) a Madrid, Segovia, Toledo, Burgos, el sur de Francia y Pamplona.

Nombre: _____   Fecha: _____

01-56 La Universidad de Deusto. Read each statement given. Then, read the text in its entirety, and finally indicate whether each statement is true (**Cierto**), false (**Falso**), or not mentioned (**No se menciona**).

La Universidad de Deusto, un centro jesuita de enseñanza e investigación (*teaching and research*) con larga (*long*) tradición, es una de las instituciones privadas más prestigiosas de España. Dos expresidentes de España y varios congresistas son exalumnos (*former alumni*) de esta universidad. Todos los años vienen a la Universidad de Deusto estudiantes de todo el mundo. La universidad está en un lugar (*place*) excelente, enfrente del Museo Guggenheim, en Bilbao, en el centro de la ciudad. Los profesores utilizan tecnología moderna en sus clases.

La universidad ofrece (*offers*) muchos cursos para extranjeros (*foreign students*):

SEMESTRE:
- Español 1, 2 y 3
- Civilización y cultura españolas
- Cultura y lengua vascas (*Basque*)
- Español para negocios (*business*)
- Cine y literatura española
- Literatura española: Siglos XVI a XVII
- Literatura española: Siglos XVIII a XIX
- Literatura española: Siglo XX
- Ficción española: Siglo XX
- Composición y sintaxis del español
- Historia de España hasta el siglo XVIII
- Variedades de español
- Europa en el mundo

VERANO (*SUMMER SESSION*):
- Español 1, 2 y 3
- Civilización y cultura españolas
- Literatura española: Siglo XX
- España en Europa
- Español académico

Otras facultades, como la de Economía y la de Ingeniería, suplementan la oferta básica. Además, hay excursiones guiadas (*guided tours*) a Madrid, Segovia, Toledo, Burgos, el sur de Francia y Pamplona.

---

1. En la Universidad de Deusto hay pocos (*few*) cursos de español para extranjeros (*foreigners*).	Cierto	Falso	No se menciona
2. La Universidad de Deusto es una institución nueva (*new*).	Cierto	Falso	No se menciona
3. La Universidad de Deusto no usa tecnología.	Cierto	Falso	No se menciona
4. En la Universidad de Deusto hay clases sobre muchas disciplinas (*subjects*).	Cierto	Falso	No se menciona
5. En el programa para extranjeros de la Universidad de Deusto hay solo (*only*) clases de español.	Cierto	Falso	No se menciona
6. La Universidad de Deusto ofrece (*offers*) la oportunidad de practicar muchos deportes.	Cierto	Falso	No se menciona

Nombre: _____   Fecha: _____

01-57 **¡Deseo solicitar el ingreso!** After reading the announcement for the University of Deusto, you decide to study abroad for one year. Answer the following application questions.

1. ¿Qué cursos deseas (*do you wish*) tomar? _____
2. ¿En qué universidad estudias ahora? _____
3. ¿Qué actividades deseas hacer en tu tiempo libre en Bilbao? _____
4. ¿Deseas vivir con una familia o en la residencia estudiantil? _____

Escribe

01-58 **Preparación.** You have decided to study at the **Universidad de Deusto**. In addition to the application form, you need to send a letter about yourself. Before you write the letter, write three words in Spanish that describe your personality and three that indicate your interests.

CARACTERÍSTICAS DE PERSONALIDAD	INTERESES
_____	_____
_____	_____
_____	_____

Now, write a letter to the dean of Admissions describing yourself. Also mention your field(s) of interest, and give two reasons why you want to study in Deusto.

_____
_____
_____
_____
_____
_____
_____
_____
_____
_____
_____
_____
_____

Nombre: _____ Fecha: _____

Repaso

MySpanishLab
Interactive activities indicated here are available only in MySpanishLab.

01-59

01-60 **¿Qué materia?** Match each statement with the most appropriate word that completes it.

1. Este semestre tomo inglés, español y francés.
   Me gusta estudiar _____.
2. Jorge está investigando la historia de los incas.
   Él estudia _____.
3. Mi amigo diseña (*designs*) casas y edificios.
   Él estudia _____.
4. Luisa sabe mucho de números muy bien.
   Ella estudia _____.
5. Hoy mapas de Centroamérica y España en clase.
   Estudiamos _____.

a. arquitectura
b. contabilidad
c. antropología
d. geografía
e. lenguas

01-61 **Los lugares.** Emilia is new to the university and she wants to become acquainted with university life. Help her by matching the most appropriate activity with each of the places listed.

1. _____ la librería
2. _____ la biblioteca
3. _____ el café
4. _____ la discoteca
5. _____ el laboratorio de lenguas

a. hablar y escuchar español
b. comer con los amigos
c. comprar libros
d. bailar
e. estudiar

01-62 **La primera semana de clase.** Emilia runs into her Spanish professor in the hallway and the two chat for a moment. You will hear the professor's side of the conversation; help Emilia respond to her professor by choosing the most logical response to what the professor says.

1. _____
2. _____
3. _____
4. _____

a. Estoy nerviosa porque hoy tengo un examen de filosofía.
b. Hola, profesora Sánchez. ¿Cómo está?
c. Hasta mañana.
d. No, porque hay mucha tarea.

Nombre: _____   Fecha: _____

01-63 Preguntas y más preguntas. Emilia has just met Juan Carlos, a student in her Spanish class. To find out more about him, she asks him questions about his academic and personal life. Use the interrogative words you have learned to choose the most appropriate question to complete their conversation.

EMILIA: Hola, Juan Carlos. ¿Cómo estás?
JUAN CARLOS: Hola, ¿qué tal?
EMILIA: Bien. (1) _____
  a. ¿Te gusta la clase de economía?
  b. ¿Qué clases tomas?
  c. ¿Es difícil la clase de español?
  d. ¿Cómo te llamas?
JUAN CARLOS: Yo estudio español, economía y matemáticas. ¿Y tú?
EMILIA: ¡Qué bien! Yo también estudio español.
  (2) _____
  a. ¿Cuál es tu clase favorita?
  b. ¿Cuándo es tu clase de español?
  c. ¿Para qué necesitas el libro?
  d. ¿Cuántas clases tienes?
JUAN CARLOS: Mi clase favorita es español.
EMILIA: Ah, muy bien. ¿Y tienes muchos amigos en la clase?
JUAN CARLOS: Sí, tengo tres amigos en la clase.
EMILIA: (3) _____
  a. ¿Cómo eres?
  b. ¿Cuántos estudiantes hay en tu clase de español?
  c. ¿Dónde está tu clase de español?
  d. ¿Cómo se llaman tus amigos de la clase?
JUAN CARLOS: Se llaman Julio, Patricia y Pilar.
EMILIA: En mi clase hay nueve estudiantes, pero no tengo muchos amigos.
  (4) _____
  a. ¿Te gusta la clase de español?
  b. ¿Quién es tu profesor de español?
  c. ¿Cuántos estudiantes hay en tu clase?
  d. ¿Necesitas un libro para la clase?
JUAN CARLOS: En mi clase hay diez estudiantes.
EMILIA: Después de la universidad yo trabajo en un restaurante.
  (5) _____
  a. ¿Dónde trabajas?
  b. ¿Cómo llegas al trabajo?
  c. ¿Estudias mucho para la clase de español?
  d. ¿Cuál clase te gusta más?
JUAN CARLOS: Trabajo en la biblioteca.
EMILIA: ¡Ah, qué bien! Bueno, nos vemos pronto, Juan Carlos. Chao.
JUAN CARLOS: Hasta pronto.

Nombre: _____ Fecha: _____

01-64 **Mi primer día de clases.** Listen to the conversation between two of Emilia's classmates, and then indicate whether each statement is true (**Cierto**), false (**Falso**), or not mentioned (**No se menciona**).

1. Iris está en la clase de la Sra. Kelly.   Cierto   Falso   No se menciona
2. El esposo de la Sra. Kelly es de Buenos Aires.   Cierto   Falso   No se menciona
3. La clase de la Sra. Kelly no es muy interesante.   Cierto   Falso   No se menciona
4. Los estudiantes en la clase de la Sra. Kelly miran la televisión.   Cierto   Falso   No se menciona
5. En la clase de español hay tarea de lunes a viernes.   Cierto   Falso   No se menciona

01-65 **La Universidad de Granada.** Emilia would like to know more about the universities in Spain. Help her by reading this article you researched, and then indicate whether each statement is true (**Cierto**), false (**Falso**), or not mentioned (**No se menciona**).

El sistema universitario español y el estadounidense tienen características comunes. En la Universidad de Granada, por ejemplo, los estudiantes tienen la posibilidad de tomar los mismos (*the same*) cursos que en Estados Unidos. Hay facultades de arquitectura, ciencias, humanidades y medicina, entre otras, en la Universidad de Granada. Además, los estudiantes con muy buenas notas tienen la oportunidad de solicitar becas (*scholarships*), aunque (*although*) la mayoría de las becas son para las ciencias y la medicina.

Sin embargo (*however*), también hay diferencias entre los dos sistemas. Las clases en Granada empiezan (*begin*) entre el 1 y el 7 de octubre y terminan en junio. Además, la universidad ofrece beneficios para las familias con muchos hijos (*children*). Las familias numerosas no necesitan pagar la educación universitaria. Esta es probablemente la diferencia más grande entre la Universidad de Granada y las universidades estadounidenses.

1. Los sistemas universitarios en España y en Estados Unidos tienen algunas características comunes.   Cierto   Falso   No se menciona
2. Muchas de las becas son para las humanidades.   Cierto   Falso   No se menciona
3. La Universidad de Granada ofrece clases para niños.   Cierto   Falso   No se menciona
4. Las clases en la Universidad de Granada empiezan en octubre.   Cierto   Falso   No se menciona
5. La diferencia más grande entre los dos sistemas es el tipo de cursos que ofrecen.   Cierto   Falso   No se menciona

2 ¿Quiénes son tus amigos?

Enfoque cultural

MySpanishLab
Interactive activities indicated here are available only in MySpanishLab.

02-01

Vocabulario en contexto

MySpanishLab
Interactive activities indicated here are available only in MySpanishLab.

02-02

02-03

02-04

Nombre: _____   Fecha: _____

02-05 **¿Es cierto?** Complete each statement about the characteristics of several famous people by choosing the most appropriate trait. If you are unsure of who these people are, try looking them up on your favorite search engine.

1. Danny De Vito es ___.
   a. alto   b. bajo   c. de estatura mediana

2. Bill Gates es ___.
   a. rico   b. rubio   c. pobre

3. Jennifer López es ___.
   a. antipática   b. baja   c. fea

4. Eva Longoria es ___.
   a. vieja   b. gorda   c. delgada

5. Chris Rock es ___.
   a. moreno   b. hispano   c. pelirrojo

6. Selena Gómez es ___.
   a. joven   b. vieja   c. pobre

7. Ricky Martin es ___.
   a. pelirrojo   b. bilingüe   c. viejo

8. Salma Hayek es ___.
   a. rubia   b. gorda   c. morena

02-06 **Las descripciones.** Choose the most appropriate answer according to the context.

1. Mis abuelos tienen 80 años. Ellos son ___.
   a. viejos   b. jóvenes   c. altos   d. gordos

2. En la clase de alemán, Carlos no habla. Él es muy ___.
   a. conversador   b. callado   c. bajo   d. alto

3. El niño de Gloria es muy ___. Él va (goes) a muchas fiestas.
   a. callado   b. divertido   c. fuerte   d. trabajador

4. No soy alta pero (but) no soy baja. Yo soy ___.
   a. morena   b. pelirroja   c. alta   d. de estatura mediana

5. Uso ___ porque no veo (I see) muy bien.
   a. pelo   b. bolígrafo   c. ojos   d. lentes de contacto

6. —¿De qué color es el pelo de Kobe Bryant?
   —Es ___.
   a. verde   b. negro   c. anaranjado   d. azul

Nombre: _____   Fecha: _____

02-07 ¿Cómo son? Write a descriptive word for each of the following people. For more information about the celebrities, you may look them up on your favorite search engine.

1. Lebron James   _____
2. Penélope Cruz   _____
3. Oprah Winfrey   _____
4. Arnold Schwarzenegger   _____
5. Robert DeNiro   _____
6. el/la profesor/a de español   _____
7. su compañero/a de cuarto   _____

02-08 Opuestos. Complete each statement using the most appropriate word.

1. Selena Gómez no es antipática. Es _____.
2. Justin Bieber no es viejo. Es _____.
3. Barack Obama es trabajador. No es _____.
4. Tom Cruise no es alto. Es muy _____.
5. Mi amigo Carlos no es fuerte. Es _____.

a. débil
b. simpática
c. bajo
d. joven
e. perezoso

02-09 La nueva amiga de Rafael. Some of the rumors you have heard about Rafael's new friend are inaccurate. Read the statements. Then listen to the conversation between two of Rafael's friends and indicate whether each statement is true (**Cierto**), false (**Falso**), or whether it is not mentioned (**No se menciona**).

1. La amiga de Rafael se llama Antonia.   Cierto   Falso   No se menciona
2. Antonia es estadounidense.   Cierto   Falso   No se menciona
3. Estudia en la universidad este semestre. Cierto   Falso   No se menciona
4. Es de estatura mediana.   Cierto   Falso   No se menciona
5. Desea ser profesora de economía.   Cierto   Falso   No se menciona

02-10 Más amigos hispanos. You have just met some Spanish-speaking students, Ernesto, Ana, Claudia, and David, at the Hispanic Cultural Center at your university. Listen to them describe themselves, and then write the name of the person that best answers each question.

1. ¿Quién tiene veintidós años, es morena y divertida? _____
2. ¿Quién tiene pelo negro, es alto y activo? _____
3. ¿Quién es chilena, pelirroja y tiene veintidós años? _____
4. ¿Quién es argentino, moreno y alto? _____

Nombre: _____ Fecha: _____

02-11 Los colores. Select the color that most commonly describes each object.

1. una banana
   amarilla   verde   azul   marrón   gris
2. una esmeralda (*emerald*)
   morada   blanca   gris   verde   azul
3. una pizarra
   roja   negra   morada   anaranjada   rosada
4. la nieve (*snow*)
   azul   rosa   blanca   gris   negra
5. el café
   verde   marrón   amarillo   morado   gris

02-12 Nacionalidades. Choose the correct country for each of the following celebrities and write the appropriate adjective of nationality. If you are unsure about where each person comes from, try looking them up on your favorite search engine.

| Colombia | España | Guatemala | Panamá | Venezuela |
| Cuba | Estados Unidos| México | Puerto Rico | |

MODELO: Mariano Rivera es *panameño*.

1. Ricky Martin es _____.
2. Carolina Herrera es _____.
3. Fidel Castro es _____.
4. Enrique Iglesias es _____.
5. Jennifer López es _____.
6. Rigoberta Menchú es _____.
7. Emiliano Zapata era _____.
8. Gabriel García Márquez es _____.

02-13 Mis atletas y artistas favoritos. Make a list of your favorite athletes and artists, then write their nationality. Choose at least three different nationalities.

MODELO: *Shakira, colombiana*

Nombre: _____   Fecha: _____

02-14 Crucigrama. Read the following clues and complete the crossword puzzle with the correct vocabulary words.

HORIZONTALES

1. la nacionalidad de Salma Hayek
2. Una chica con pelo negro es...
3. la nacionalidad de Antonio Banderas

VERTICALES

4. Una muchacha que no es bonita es...
5. uno de los colores de la bandera de Estados Unidos
6. No es gordo; es...

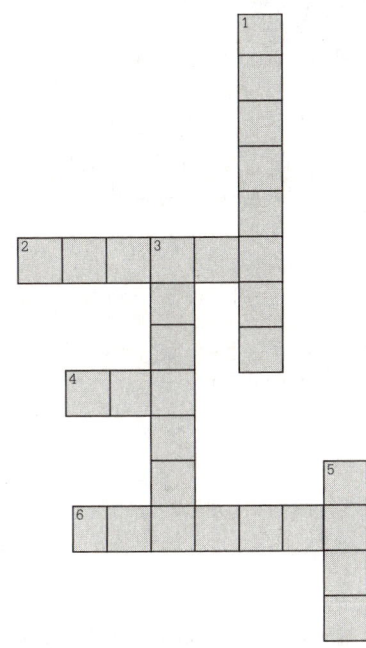

Mosaico cultural

MySpanishLab
Interactive activities indicated here are available only in MySpanishLab.

02-15

02-16

© 2015 Pearson Education, Inc.   Capítulo 2   ¿Quiénes son tus amigos? ■ **45**

Nombre: _____ Fecha: _____

Funciones y formas

1. Describing people, places, and things: Adjectives (Textbook pp. 76–77)

MySpanishLab
Interactive activities indicated here are available only in MySpanishLab.

02-17

02-18 ¿Quién es? Listen to the following adjectives and decide whether each describes **Ana, Ernesto, Ernesto y David,** or **Ana o Ernesto**. Remember that Spanish adjectives agree in gender and number with the nouns they describe.

1. Ana	Ernesto	Ernesto y David	Ana o Ernesto
2. Ana	Ernesto	Ernesto y David	Ana o Ernesto
3. Ana	Ernesto	Ernesto y David	Ana o Ernesto
4. Ana	Ernesto	Ernesto y David	Ana o Ernesto
5. Ana	Ernesto	Ernesto y David	Ana o Ernesto
6. Ana	Ernesto	Ernesto y David	Ana o Ernesto
7. Ana	Ernesto	Ernesto y David	Ana o Ernesto
8. Ana	Ernesto	Ernesto y David	Ana o Ernesto

02-19 La universidad. The following adjectives describe objects and people you can find on a university campus. Read each adjective and indicate the object or person being described.

1. aburridas _____

   las profesoras   la historia   los libros   la estudiante

2. sincero _____

   mis amigas   el profesor   la actriz   los estudiantes

3. necesarios _____

   el diccionario   las clases   la biblioteca   los cuadernos

4. optimista _____

   el estudiante   las chicas   los amigos   las profesoras

5. moderno _____

   el laboratorio   los libros   las clases   la biblioteca

46 ■ Mosaicos Student Activities Manual   © 2015 Pearson Education, Inc.

Nombre: _____ Fecha: _____

02-20 ¿Cómo son los estudiantes? Your friend Rafael knows some other Hispanic students and he wants you to meet them. First read what Rafael says. Then listen to him and fill in the missing adjectives.

Sí, Nico y Elsa son (1) _____. Son muy (2) _____, y me gusta mucho conversar con ellos. Nico es muy (3) _____ y (4) _____. Elsa es más (5) _____, pero es (6) _____ también. Elsa estudia economía y es muy (7) _____ y (8) _____. Todos los días estudia mucho en la biblioteca. Nico también es (9) _____, aunque es un poco (10) _____.

02-21 Cualidades esenciales. You and a friend are discussing the qualities that you think a good friend must have. Write a list of these qualities in complete sentences.

MODELO: *Un buen amigo es simpático.*

1. _____
2. _____
3. _____

02-22 ¿Cómo eres tú? You are very excited because you are going to Mexico on a study abroad program. Write an e-mail message to your host family to introduce yourself, and include a description of your physical characteristics and personality traits.

De: _____

Para: _____

Tema: ¡Hola! Me llamo…

_____
_____
_____
_____

2. Identifying and describing; expressing origin, possession, location of events, and time: Present tense of ser (Textbook pp. 80–81)

MySpanishLab
Interactive activities indicated here are available only in MySpanishLab.

02-23

Capítulo 2 ¿Quiénes son tus amigos? ■ 47

Nombre: _____ Fecha: _____

02-24 El concierto de Marc Anthony. The local radio announcers are talking about Marc Anthony's concert. Read the following statements; then listen to the information and indicate whether each statement is true (**Cierto**), false (**Falso**), or is not mentioned (**No se menciona**).

1. Marc Anthony vive en Miami.   Cierto   Falso   No se menciona
2. Marc Anthony es de Nueva York.   Cierto   Falso   No se menciona
3. Sus padres (*parents*) son de Puerto Rico.   Cierto   Falso   No se menciona
4. Es bilingüe: habla inglés y francés.   Cierto   Falso   No se menciona
5. Marc Anthony es muy divertido.   Cierto   Falso   No se menciona
6. Su concierto es esta noche, en la plaza.   Cierto   Falso   No se menciona

02-25 Las personas en la universidad. Rafael is describing some of the people in his university. Complete the sentences with the correct form of **ser**.

1. Mi profesora favorita _____ fantástica.
2. Mis compañeros _____ simpáticos y alegres.
3. Yo _____ un estudiante inteligente.
4. Mi mejor amigo _____ muy trabajador.
5. Nosotros _____ jóvenes y alegres.
6. Tú _____ soltero/a.

02-26 ¿Cómo son? Think about your university life and describe the following people, places or things. Be sure to modify the adjectives as necessary so that they agree with the things or people being described.

MODELO: *La profesora de español es inteligente y simpática.*

1. mi compañero/a de cuarto _____
2. mi mejor amigo en la universidad _____
3. mis clases _____
4. la cafetería _____
5. yo _____

02-27 ¿De quién es? Look at the people in the images and use the elements given to write a complete sentence that indicates the owner for each object.

Juan

la profesora

Susana

Pablo

la familia Alba

Nombre: _____ Fecha: _____

MODELO: el sofá

Es de la familia Alba.

1. el televisor _____
2. los libros _____
3. la computadora _____
4. el teléfono _____
5. el dinero (*money*) _____

02-28 Hora y lugar. Tomorrow is Saturday. You already know about the Marc Anthony concert, but Rafael wants to tell you about the other activities going on. Listen to Rafael and complete each sentence with the correct information.

1. El concierto de Marc Anthony es a las _____ de la _____.
2. La conferencia sobre el Amazonas es en _____.
3. El baile de la Asociación de Estudiantes de Puerto Rico es en _____.
4. La película *Diarios de motocicleta* es a las _____.

3. Expressing qualities, emotions, and conditions: *Ser* and *estar* with adjectives (Textbook pp. 83–84)

02-30 Una conversación telefónica. Rafael's mother is away from home on a business trip, and she has just called to find out how things are going at home. Complete the conversation by writing the correct forms of **ser** or **estar**.

RAFAEL: ¡Hola mamá! ¿Cómo (1) _____ tú?

MAMÁ: Estoy bien, ¿y tú?

RAFAEL: Bien. ¿Dónde estás?

MAMÁ: (2) _____ en mi habitación del hotel.

RAFAEL: ¿Cómo se llama el hotel?

Nombre: _____   Fecha: _____

MAMÁ: Es el Hotel Victoria.

RAFAEL: ¿Cómo es?

MAMÁ: (3) _____ grande y lujoso.

RAFAEL: ¿(4) _____ enfrente de la playa?

MAMÁ: No, no hay playa cerca. ¿Dónde (5) _____ tu padre?

RAFAEL: Papá (6) _____ en el supermercado.

MAMÁ: Bueno, (7) _____ tarde, y tengo una reunión ahora. ¡Hasta pronto!

02-31 ¿Qué pasa? Read the following statements about Ana. Then decide how Ana is and/or feels in these situations. Write the appropriate form of the verbs **ser** or **estar** and the correct adjective from the options given.

MODELO: A Ana le gusta hablar con sus amigos.

Es conversadora. (conversadora/gorda)

1. Ana practica gimnasia rítmica por (*for*) dos horas. _____ (inteligente/cansada)
2. Ana está en casa y no hace nada (*nothing*). _____ (trabajadora/aburrida)
3. Ana trabaja todos los días. _____ (trabajadora/inteligente)
4. Ana es una estudiante excelente y saca muy buenas notas. _____ (triste/inteligente)
5. Ana va a un funeral. _____ (triste/gorda)

02-32 Mi vida en la universidad. Ana tells you about her life at the university in Santo Domingo. Fill in the missing forms of **ser** or **estar** to complete Ana's description.

La vida (*life*) en Santo Domingo (1) _____ muy interesante. La universidad (2) _____ grande y antigua, y mis clases (3) _____ buenas. Hoy (4) _____ un poco nerviosa porque tengo un examen en mi clase de literatura. La clase (5) _____ interesante, pero el profesor (6) _____ muy exigente. Tengo muchos amigos y estudio con un grupo de compañeros. Nosotros (7) _____ seis estudiantes en la clase, y estudiamos juntos (*together*) los martes por la noche. Mis amigos (8) _____ nerviosos también por (*on account of*) el examen. Yo (9) _____ muy cansada, pero (10) _____ contenta aquí porque Santo Domingo y la universidad son espectaculares.

02-33 Diferentes. Everybody seems to be acting differently these days! Listen to Rafael's statements and express how the following people are behaving. Be sure to use the correct form of **estar** and an appropriate adjective.

MODELO: You hear: Claudia es agradable.

You write: Sí, pero ahora *está enojada*.

1. Sí, pero ahora _____.
2. Sí, pero ahora _____.
3. Sí, pero ahora _____.
4. Sí, pero ahora _____.

Nombre: _____ Fecha: _____

02-34 Una entrevista. You are going to interview your roommate for the school newspaper. Complete the questions you are going to ask him/her by writing the correct form of **ser** or **estar**. Review the uses of **ser** and **estar** before starting.

1. ¿_____ contento/a en la universidad?
2. ¿_____ inteligentes tus profesores?
3. ¿_____ nervioso/a por tus exámenes?
4. ¿_____ difíciles tus exámenes?
5. ¿_____ listo/a para los exámenes?
6. ¿_____ un/a estudiante responsable y trabajador/a?

02-35 Ahora tú. Your friend from home would like to know how you feel about university life. Answer the questions orally in complete sentences, remembering to start each one with the first person singular form of **ser** or **estar**.

1. ¿_____ contento/a en la universidad?
2. ¿_____ inteligentes tus profesores?
3. ¿_____ nervioso/a por tus exámenes?
4. ¿_____ difíciles tus exámenes?
5. ¿_____ listo/a para los exámenes?
6. ¿_____ un/a estudiante responsable y trabajador/a?

4. Expressing ownership: Possessive adjectives (Textbook pp. 87–88)

MySpanishLab
Interactive activities indicated here are available only in MySpanishLab.

02-36

02-37 El examen de español. The Spanish professor is speaking to her class about their upcoming exam. Complete the conversation by filling in the appropriate possessive adjectives.

PROFESORA: Bien, clase. Entonces, el examen es el lunes. No olviden (1) _____ bolígrafos y (2) _____ cuadernos.

RAFAEL: Profesora, ¿puedo usar (3) _____ diccionario durante el examen?

PROFESORA: No, Rafael, no puedes usar (4) _____ diccionario durante el examen.

MARÍA: Profesora, ¿podemos usar (5) _____ libros en el examen?

PROFESORA: No, María. No deben usar (6) _____ libros. Todos los estudiantes necesitan hacer (7) _____ tarea antes del examen.

Capítulo 2 ¿Quiénes son tus amigos? ■ 51

Nombre: _____ Fecha: _____

02-38 **¡A la playa!** Some of your friends at school are going to spend Saturday morning at the beach, and you want your friend Roberto to come along. Complete the conversation with the correct form of the appropriate possessive adjective.

TÚ: Mañana vienes (*you are coming*) a la playa con nosotros, ¿verdad?

ROBERTO: No, (1) _____ examen de matemáticas es el lunes, y quiero estudiar.

TÚ: Pero si (2) _____ examen es el lunes, estudias el domingo.

ROBERTO: Quiero estudiar todo el fin de semana. El profesor García es muy exigente, y (3) _____ exámenes son siempre muy difíciles.

TÚ: Es más (*more*) divertido estar en la playa... además viene (4) _____ amiga favorita...

ROBERTO: ¿Susana?

TÚ: Sí, todos (5) _____ amigos vienen.

ROBERTO: Muy bien, entonces estudio el domingo. Pero no quiero sacar una mala nota en (6) _____ examen.

02-39 **Cosas y personas favoritas.** Do you know your best friend well? Write a complete sentence about his/her favorite things. Be sure to use the appropriate possessive adjective.

MODELO: color favorito: *Su color favorito es el morado.*

1. programa de televisión favorito: _____.
2. actor/actriz favorito/a: _____.
3. restaurante favorito: _____.
4. grupos musicales favoritos: _____.
5. clases favoritas: _____.
6. actividades favoritas: _____.

02-40 **¿Qué opinas?** Give your opinion about the following people or things. Be sure to use the possessive adjective and the word that best describes how you feel about each one.

MODELO: tu hermano *Mi hermano es divertido.*

1. tu carro _____
2. tus exámenes _____
3. tus vacaciones _____
4. tu madre _____
5. tu mejor amigo _____

02-41 **Los planes del verano.** You are reading an article in the school newspaper about the summer plans of some students. Complete the article by filling in the appropriate possessive adjectives.

¡Llegan las vacaciones de verano! Muchos estudiantes visitan a (1) _____ familias, o viajan (*travel*) con (2) _____ amigos. Por ejemplo, Diego y Alfredo son dos hermanos (*brothers*) que viven en Miami con (3) _____ padres. (4) _____ abuelos (*grandparents*) viven en Argentina. Este verano, Diego y Alfredo visitan a (5) _____ abuelos en Buenos Aires. (6) _____ amigo Julio y yo viajamos a California para visitar a (7) _____ amiga Ana, que estudia en Los Ángeles. Carlos y Diana no viajan porque trabajan este verano. Carlos trabaja en una oficina; (8) _____ trabajo es muy fácil. Diana trabaja en un laboratorio; (9) _____ experimentos son muy interesantes.

5. Expressing likes and dislikes: *Gustar* (Textbook pp. 90–91)

02-43 **¿Qué les gusta?** Indicate what the following people like or dislike, based on the form of **gustar** that is used.

1. A mí no me gusta...
   a. las clases por la tarde.
   b. la clase de alemán.
   c. los conciertos de jazz.
   d. las ciencias sociales.
2. A los estadounidenses les gusta...
   a. las clases interesantes.
   b. los fines de semana.
   c. mirar televisión.
   d. las vacaciones.
3. A los estudiantes no les gusta...
   a. las ciencias.
   b. estudiar mucho.
   c. los exámenes.
   d. las matemáticas.
4. A mi amigo le gustan...
   a. las fiestas.
   b. bailar tango.
   c. usar la computadora.
   d. la música clásica.
5. A mi hermana (*sister*) le gusta...
   a. los videojuegos.
   b. leer en la biblioteca.
   c. las películas (*films*) cómicas.
   d. los libros de ciencia ficción.
6. A mi mejor amiga y a mí nos gustan...
   a. la universidad.
   b. tomar café.
   c. el chocolate.
   d. los coches nuevos.

Nombre: _____ Fecha: _____

02-44 **¿Te gusta?** Write sentences to express your likes and dislikes about the following topics. Be sure to use the correct form of **gustar** and follow the model exactly.

MODELO: los gimnasios: *Me gustan/No me gustan los gimnasios.*

1. las discotecas: _____
2. la arquitectura colonial: _____
3. las películas de Brad Pitt: _____
4. estudiar: _____
5. cantar: _____

02-45 **¿Les gusta?** Now think about your family and friends. Complete the sentences to indicate how the following people feel about each of these things. Be sure to use the correct form of **gustar**.

MODELO: A mi primo *le gusta/no le gusta* el teatro.

1. A mi madre _____ los libros de John Grisham.
2. A mi hermano/a _____ la música de Eminem.
3. A mi mejor amigo/a _____ las comedias.
4. A mis amigos _____ bailar en las fiestas.
5. A mi padre _____ viajar.

02-46 **Un nuevo compañero de cuarto.** You are looking for a new roommate with whom you will be compatible, so you decide to put an ad on Craigslist. First, give a description of yourself orally. Specifically mention the things you like and dislike, and then describe the kind of roommate you are looking for.

En acción

MySpanishLab
Interactive activities indicated here are available only in MySpanishLab.

02-47

02-48

02-49

54 ■ Mosaicos Student Activities Manual   © 2015 Pearson Education, Inc.

Nombre: _____ Fecha: _____

Mosaicos

Escucha

02-50 Preparación. You will hear two friends talk about Miguel Hernández, a nineteen-year-old exchange student. Before you listen, list two expressions in each of the following categories that may be used to describe him.

características físicas: _____

personalidad: _____

02-51 Un estudiante de intercambio. Now listen to the conversation and focus on the specific information you need to answer the following questions. Be sure to give only one-word answers.

1. ¿De qué nacionalidad es Miguel Hernández? _____
2. ¿Cómo es su pelo? _____
3. ¿Qué clase tiene Miguel? _____
4. ¿Cuántos años tiene? _____
5. ¿Es simpático o antipático? _____
6. ¿Es inteligente o tonto? _____

02-52 ¿Qué tienen en común? Do you and Miguel have anything in common? List two or three similarities or differences.

_____
_____
_____

Habla

02-53 Tu media naranja (*other half*). You are thinking about trying an online dating service, and you must record a detailed description of yourself for other prospective daters. Be sure to include a description of your physical and personality traits, as well as your likes and dislikes. Also, mention how you feel about joining the dating service.

Lee

02-54 ¿Qué tipo de texto es? Read the title of the following text. What service is being advertised? You may write your answer in English.

> Amor Verdadero: Servicio de citas por Internet
> ¡Enamórate (*fall in love*) por las razones correctas!

_____
_____
_____
_____

Nombre: _____ Fecha: _____

02-55 Citas por Internet. Read the ad about online dating, and indicate whether each statement is true (**Cierto**), false (**Falso**), or is not mentioned (**No se menciona**).

Amor verdadero: Servicio de citas por Internet

¡Enamórate (*fall in love*) de la persona ideal!

Hay más de 100 millones de solteros en el mundo. ¡Buenas noticias!, ¿verdad? Pero a veces encontrar una pareja (*partner*) es muy difícil, especialmente la persona ideal.

Este servicio de Internet es para solteros que buscan relaciones REALES. Los anuncios personales describen con mucho detalle (*detail*) las características físicas y de personalidad de cada persona.

Hay más de tres millones de personas que buscan pareja en Amor verdadero, y cada semana se anotan más de 50 mil. OR ... se anotan otras 50 mil más. Hay muchos videos y miles (*thousands*) de grabaciones disponibles (*recordings available*) en nuestra página web. También hay servicios de mensajes instantáneos con video, audio y texto, y líneas de chat.

Ponga su anuncio GRATIS para encontrar a su pareja ideal.

---

1. Amor verdadero tiene muchos miembros activos.   Cierto   Falso   No se menciona
2. Amor verdadero también tiene un servicio para encontrar amigos.   Cierto   Falso   No se menciona
3. Amor verdadero es un servicio para buscar pareja.   Cierto   Falso   No se menciona
4. Poner su anuncio cuesta mucho dinero.   Cierto   Falso   No se menciona
5. Amor verdadero usa mucha tecnología.   Cierto   Falso   No se menciona

02-56 Su perfil. After reading the ad for **Amor verdadero**, you have decided to submit your profile to **Amistad verdadera**, the sister site that helps people find friends. Fill in the following profile with appropriate real or imagined personal information.

1. Nombre: _____
2. Dirección: _____
3. Número de teléfono: _____
4. Dirección de correo electrónico (*e-mail*): _____
5. Sexo (hombre/mujer): _____
6. Edad (*age*): _____
7. Nacionalidad: _____
8. Características físicas: _____
9. Características de personalidad: _____
10. Gustos (aficiones [*hobbies*], intereses, actividades favoritas): _____
11. ¿Qué tipo de persona busca usted? (edad, características físicas y de personalidad) _____
12. ¿Por qué desea usar Amistad verdadera? _____

Nombre: _____ Fecha: _____

Escribe

02-57 **¡Por fin!** You have received a response from **Amistad verdadera** with the profile of two people with whom you might want to be friends. Read the statements and look at the descriptions of each person. Then, in the numbered items, indicate who is being described by selecting (**A**) for Anthony, (**C**) for Cristina, or (**ambos**) for both of them.

Anthony (A):	**Cristina (C):**
21 años	22 años
estadounidense	argentina
estudiante	estudiante
guapo	guapa
delgado	baja
simpático	optimista
alegre	callada
pobre	rica
listo	lista

1. Su actitud es siempre positiva.   A   C   ambos
2. A veces necesita dinero.   A   C   ambos
3. Habla poco (*not much*).   A   C   ambos
4. No es muy alto/a.   A   C   ambos
5. Es inteligente.   A   C   ambos
6. No es antipático/a.   A   C   ambos
7. No es gordo/a.   A   C   ambos

02-58 **La carta.** Now write a letter to a person you would like to meet through **Amistad verdadera**. Introduce and describe yourself. Then suggest a meeting in person, and tell him/her your plans for that meeting (what you are going to do, where you are planning to go).

Estimado/a _____:

_____
_____
_____
_____
_____
_____
_____
_____
_____
_____
_____

Nombre: _____ Fecha: _____

02-59 **Un/a amigo/a.** You decided to do something fun with your new friend you met through **Amistad verdadera**. Answer the following questions in complete sentences to talk about you and your new friend.

1. ¿Dónde están ustedes?
   _____

2. ¿Cómo están?
   _____

3. ¿Cómo es la persona?
   _____

4. ¿Cómo son sus amigos y su familia?
   _____

5. ¿Qué le gusta o no le gusta hacer (*do*)?
   _____

Repaso

MySpanishLab
Interactive activities indicated here are available only in MySpanishLab.

02-60

02-61 **¿Cómo son?** Complete the descriptions of the following people with the correct adjectives.

| alegre | casado/a | fuerte | listo/a | pobre | rico/a |

1. Él es _____.
2. Ella es _____.
3. Ella es _____.

4. Ellos son _____.
5. Él es _____.

58 ■ Mosaicos Student Activities Manual   © 2015 Pearson Education, Inc.

Nombre: _____   Fecha: _____

02-62 Más opuestos. Complete the following statements with the correct adjectives from *Capítulo 2*.

1. Irene no es gorda, es _____.
2. Ricardo no es tonto, es _____.
3. Jorge no es trabajador, es _____.
4. Isabel no es fea, es _____.
5. Ricardo no es antipático, es _____.

02-63 Anuncio personal. You have noticed that your friend Rafael is making a lot of friends in a chat room and you would like to meet some new people also. Write a personal ad and include the following information:

- A physical description of yourself
- Two activities you like to do and two you don't like to do
- What you do in your free time
- A description of your ideal friend

ANUNCIO PERSONAL

_____
_____
_____
_____
_____
_____
_____
_____
_____
_____

Nombre: _____   Fecha: _____

🔊 **02-64** **El auto de Rafael.** Read the following sentences and then listen to the conversation between Roberto and Susana. Finally, indicate whether each statement is true (**Cierto**), false (**Falso**), or is not mentioned (**No se menciona**).

1. Hay un auto enfrente de la cafetería.   Cierto   Falso   No se menciona
2. El auto de Rafael está al lado de la Facultad de Ciencias.   Cierto   Falso   No se menciona
3. El auto de Rafael es verde.   Cierto   Falso   No se menciona
4. El auto azul es del profesor de arte.   Cierto   Falso   No se menciona
5. El auto de Rafael es un Jaguar.   Cierto   Falso   No se menciona

🔊 **02-65** **¿Qué les gusta?** You, Claudia, and David are talking about the things you like and do not like to do. Listen to Claudia and David discuss their preferences and indicate which of them likes each activity by selecting **Claudia, David,** or **ambos** (*both*).

1. montar en bicicleta   Claudia   David   ambos
2. practicar béisbol   Claudia   David   ambos
3. conversar con amigos en la computadora   Claudia   David   ambos
4. ir a un café   Claudia   David   ambos
5. estudiar en la biblioteca   Claudia   David   ambos

3 ¿Qué hacen para divertirse?

Enfoque cultural

MySpanishLab
Interactive activities indicated here are available only in MySpanishLab.

03-01

Vocabulario en contexto

MySpanishLab
Interactive activities indicated here are available only in MySpanishLab.

03-02

03-03

03-04

Nombre: _____ Fecha: _____

03-05 **Diversiones.** Listen to Daniel and Teresa describe themselves and their activities, and focus on getting the general idea. Then listen again and indicate whether each statement is true (**Cierto**), false (**Falso**), or whether it is not mentioned (**No se menciona**).

1. Daniel va al cine con sus amigos.	Cierto	Falso	No se menciona
2. Daniel escucha música en casa.	Cierto	Falso	No se menciona
3. A Daniel le gusta tomar café.	Cierto	Falso	No se menciona
4. A Daniel le gusta hablar de política.	Cierto	Falso	No se menciona
5. A Daniel no le gusta leer novelas.	Cierto	Falso	No se menciona
6. Daniel nunca lee el periódico.	Cierto	Falso	No se menciona
7. Teresa estudia solo (*only*) arte.	Cierto	Falso	No se menciona
8. Teresa es estadounidense.	Cierto	Falso	No se menciona
9. Teresa va a Perú durante las vacaciones.	Cierto	Falso	No se menciona
10. El amigo de Teresa también toca la guitarra.	Cierto	Falso	No se menciona
11. Teresa canta canciones peruanas.	Cierto	Falso	No se menciona
12. A Teresa le gusta bailar.	Cierto	Falso	No se menciona

03-06 **Más diversiones.** Choose the most appropriate answer to complete the following sentences.

1. Vamos _____ para ver la película *Men in Black 3*.
   a. al cine **b.** al laboratorio **c.** a la discoteca **d.** a la playa

2. Tenemos una fiesta para celebrar _____ de mi hermano. Va a cumplir 30 años.
   a. el amor **b.** el cine **c.** el cumpleaños **d.** la reunión

3. Este fin de semana voy a la playa para tomar _____.
   a. la fiesta **b.** el sol **c.** el periódico **d.** la película

4. Todos necesitamos _____ para descansar porque trabajamos mucho.
   a. la reunión **b.** la revista **c.** la canción **d.** las vacaciones

5. Voy a _____ en la playa esta tarde.
   a. alquilar **b.** bailar **c.** cantar **d.** nadar

6. Carlos Santana canta y _____ la guitarra muy bien.
   a. limpia **b.** toca **c.** come **d.** escribe

7. Esta noche mis amigos y yo vamos a _____ en el restaurante Pollo Loco.
   a. cenar **b.** alquilar **c.** correr **d.** nadar

8. En Nueva York, me gusta _____ por Central Park por la tarde.
   a. beber **b.** escribir **c.** correr **d.** nadar

9. Mañana vamos a ver _____ *The Dark Knight*.
   a. la película **b.** el periódico **c.** la revista **d.** la canción

10. El domingo vamos a _____ la exposición de las pinturas de Frida Kahlo en el museo.
    a. cantar **b.** alquilar **c.** ver **d.** tocar

Nombre: _____   Fecha: _____

11. Mañana es el cumpleaños de mi mejor amigo. Vamos a darle (*give him*) una fiesta. Él no sabe (*does not know*). Es una _____.

   a. sorpresa   **b.** reunión   **c.** música   **d.** revista

12. Necesito _____ porque trabajo y estudio todos los días.

   a. descansar   **b.** celebrar   **c.** escribir   **d.** decidir

13. Voy a _____ la composición para la clase de inglés esta noche.

   a. descansar   **b.** correr   **c.** cantar   **d.** escribir

14. Los domingos siempre leo _____ *The Wall Street Journal* por la mañana.

   a. la revista   **b.** la canción   **c.** el periódico   **d.** el libro

03-07 El fin de semana. You will hear three college students talk about their weekend activities. Write the activities from the list in the order that you hear them. Mario's first activity is filled in as a model.

bailar en la discoteca	ir al cine	tomar algo en un café
conversar en la computadora	leer el periódico	tocar la guitarra
escuchar música	leer revistas	ver televisión

1. Las actividades de Mario: *leer el periódico*, _____ y _____.

2. Las actividades de Patricia: _____, _____ y _____.

3. Las actividades de Emilio: _____, _____ y _____.

03-08 El tiempo libre. Write complete sentences describing the leisure activities you usually enjoy on the weekends.

MODELO: viernes por la noche
   Los viernes por la noche yo ceno en un restaurante.

1. viernes por la noche

2. sábado por la mañana

3. sábado por la noche

4. domingo por la tarde

Nombre: _____ Fecha: _____

03-09 Este fin de semana. You are in a café having lunch with your friend. Explain to him/her orally what you and your roommate usually do, using the **nosotros** form, and then invite him/her to come along. You may start by saying **Los fines de semana mi compañero/a y yo...**

03-10 Una invitación. José calls Mariana with an invitation. Put the following phrases in order to complete their conversation.

1. MARIANA: _____
2. JOSÉ: _____
3. MARIANA: _____
4. JOSÉ: _____
5. MARIANA: _____

a. Nos vemos en la biblioteca a las cuatro de la tarde.
b. ¡Hola, Mariana! ¿Qué te parece si vamos a la biblioteca a estudiar?
c. ¡Qué buena idea! Tengo un examen de francés mañana.
d. ¿Dónde nos vemos?
e. Sí, diga.

03-11 En el supermercado. It is your turn to go grocery shopping. Your shopping list is long, so you call your roommate to find out which things are essential. Listen to her and select all the items she wants you to buy.

_____ agua mineral   _____ arroz
_____ cereal   _____ cerveza
_____ chocolate   _____ fruta
_____ helado   _____ huevos
_____ jugo de naranja _____ leche
_____ lechuga   _____ pan
_____ papas   _____ pollo
_____ refrescos   _____ tomate

03-12 ¿Qué comida? Choose the most appropriate food to complete each sentence.

1. En la cafetería voy a comer _____ con papas fritas porque tengo mucha hambre.
2. Mi mamá siempre prepara _____ muy grande en la Navidad.
3. Me gustan mucho las frutas. Voy a comer _____ para el desayuno.
4. Mis amigos van a tomar _____ alcohólica para celebrar su graduación.
5. No comemos carne. Vamos a pedir (ask for) _____.

a. una ensalada de verduras
b. una bebida
c. una naranja
d. una hamburguesa
e. una cena

03-13 Asociaciones. Choose the most appropriate word that completes each sentence.

1. Un postre muy frío es _____.
2. Una comida típica de China y Japón es _____.
3. Una verdura verde que se usa para preparar un sándwich es _____.
4. Un plato de pescado típico de Perú es _____.
5. Una carne típica para la barbacoa es _____.

a. el ceviche
b. el bistec
c. la lechuga
d. el helado
e. el arroz

Nombre: _____ Fecha: _____

03-14 La comida y las bebidas. Complete the following crossword puzzle by solving the clues.

Horizontales

4. A muchos niños les gusta comer pizza con mucho _____.
5. Es bueno comer _____ cuando uno está enfermo (*sick*).
6. A las personas que están a dieta les gusta comer esta comida que contiene verduras.
8. Esta fruta roja es la base de muchos platos italianos.
10. Este es un postre que se come con mucha frecuencia durante el verano.
11. Es muy común tomar café o _____ en el desayuno.
12. Una persona puede comer esto con leche por la mañana.

Verticales

1. Algunas marcas (*brands*) de esta bebida alcohólica son Coors Light, Budweiser y Corona.
2. Esta bebida alcohólica se hace de uvas.
3. Salmón y atún son ejemplos.
7. Esta comida se hace (*is made*) con pan, jamón y queso. Se come para el almuerzo.
8. Si una persona quiere tomar una bebida caliente pero no quiere café, puede tomar eso.
9. Este líquido es esencial para la vida humana.

Mosaico cultural

MySpanishLab
Interactive activities indicated here are available only in MySpanishLab.

03-15

03-16

© 2015 Pearson Education, Inc.   Capítulo 3 ¿Qué hacen para divertirse? ■ **65**

Funciones y formas

1. Talking about daily activities: Present tense of *hacer, poner, salir, traer,* and *oír* (Textbook p. 111)

MySpanishLab
Interactive activities indicated here are available only in MySpanishLab.

03-17

03-18 Elena y su familia. Complete Elena's description of her family's routine, using the present tense forms of **salir, poner, oír, traer,** or **hacer.**

Por la mañana mi padre y mi hermano, Carlos, (1) _____ de casa a las siete de la mañana. Mi padre siempre (2) _____ la radio del auto y (3) _____ las noticias. Llegan a la universidad a las ocho. Mi padre va a la oficina, y mi hermano Carlos va a la biblioteca, donde (4) _____ su tarea. Yo (5) _____ el despertador para las ocho de la mañana. (6) _____ de la casa a las nueve de la mañana y llego a la universidad a las nueve y media. Primero voy a la clase de biología y (7) _____ los experimentos en el laboratorio. Cuando termino, voy a mis otras clases.

Por la noche, mi mamá (8) _____ música mientras prepara la cena. Mi padre llega a las seis, más o menos, y siempre (9) _____ pan fresco (*fresh*) para la cena. Mi hermano y yo (10) _____ la mesa, y todos cenamos juntos y hablamos de las actividades del día.

03-19 Mi rutina. Tell your friend Elena about what you do during the day, including at least two activities you like to do in the morning, two in the afternoon, and two in the evening. Be sure to use the correct present tense form of the verbs. You may want to start by saying **Por la mañana...**

Nombre: _____ Fecha: _____

03-20 ¿Qué hacemos? Elena and Teresa are telling Carlos about their usual weekend activities. Complete the dialogue with the correct activities. Be sure to use the correct forms of the verbs.

| hacer ejercicio | poner flores | salir |
| oír música | poner la mesa | traer vino |

ELENA: El sábado por la mañana voy al gimnasio y (1) _____.

TERESA: ¡Qué bien! ¡A mí también me gusta mucho ir al gimnasio! Los sábados por la noche voy a un concierto y allí (there) (2) _____.

ELENA: ¡Qué divertido! Me encantan los conciertos. Muchas veces los sábados por la noche me quedo (I stay) en casa, preparo la cena, (3) _____ y ceno con mi novio.

TERESA: Eso es muy romántico, ¿no?

ELENA: Sí, también (4) _____ para beber durante la cena y a veces (5) _____ para decorar la mesa.

TERESA: Yo los fines de semana no me quedo en casa; (6) _____ y paseo en el parque con mi perro o voy al cine o de compras (shopping).

ELENA: ¡Siempre estás haciendo algo, Teresa! Un día debemos ir de compras juntas.

TERESA: ¡Por qué no!

03-21 Un día difícil. Listen to the conversation between Carlos and his mother and complete the sentences with an appropriate verb form; you will need to use one of the verbs twice.

| hacer | oír | poner | salir | traer |

1. Carlos no contesta, pero él sí _____ a su mamá.
2. Carlos está ocupado porque _____ la tarea.
3. La madre de Carlos siempre _____ huevos y café para el desayuno.
4. Finalmente, Carlos _____ la mesa y _____ las tostadas.
5. Carlos _____ para la universidad a las 8:30 de la mañana.

03-22 Carlos también. Carlos's mother wants him to help out more at home, as his siblings do, but Carlos argues that he already does his share. Listen to Carlos's mother and write his response.

MODELO: You hear: Ellos ponen la mesa.

You write: *Yo pongo la mesa también.*

1. _____
2. _____
3. _____
4. _____

Nombre: _____ Fecha: _____

2. Expressing movement and plans: Present tense of *ir* and *ir a* + *infinitive* (Textbook p. 115)

MySpanishLab
Interactive activities indicated here are available only in MySpanishLab.

03-23

 03-24 **¿Adónde van de vacaciones?** Dani and Cristina are planning a vacation with friends. They will be traveling separately at first and will meet later. Look at the map to get acquainted with the names of the cities. Then listen to Dani and Cristina and write the name of the city where each is going.

1. Cristina _____
2. Dani _____
3. Diego y Enrique _____
4. Elisa _____
5. Todos los amigos _____

Nombre: _____   Fecha: _____

03-25 Los planes. Carlos and his friends are making plans for Saturday. Match each sentence with the appropriate subject.

_____ 1. Voy a las diez de la mañana con mi hermano.   **a.** Elena y Carlos
_____ 2. Van a las once de la mañana.   **b.** Tú
_____ 3. Vamos al parque.   **c.** Yo
_____ 4. Vas también.   **d.** Teresa
_____ 5. Va con Elena y Carlos en el auto.   **e.** Mi hermano y yo

03-26 ¿Adónde van? Read the following sentences about what Teresa and her friends need. Then complete the sentences by indicating where they are going to go to get what they need.

| a la cafetería | a la discoteca | a la playa | al supermercado |
| al cine | a la librería | a la residencia estudiantil | a la universidad |

MODELO: Yo necesito sacar (*take out*) un libro para mi clase de historia.
Yo *voy a la biblioteca.*

1. Teresa necesita comprar un libro para su clase de literatura inglesa.
   Teresa _____.
2. Elena y Carlos necesitan pollo y verduras para la cena. Ellos _____.
3. Tú asistes a una clase a las once de la mañana. Tú _____.
4. Matt y yo deseamos beber café. Nosotros _____.
5. Tú deseas ver una película de Brad Pitt. Tú _____.
6. Ustedes están muy cansados y desean descansar. Ustedes _____.
7. Elena desea bailar y escuchar música el fin de semana. Ella _____.
8. Teresa y su novio desean tomar el sol. Ellos _____.

03-27 ¿Qué van a hacer? Consider where the following people are located and indicate what they are going to do.

1. _____ En el café, Teresa...   **a.** van a leer libros.
2. _____ En el cine, tú...   **b.** va a tomar un refresco.
3. _____ En mi casa, yo...   **c.** vas a ver una película.
4. _____ En la biblioteca, ellos...   **d.** voy a hacer la tarea.
5. _____ En el concierto, Elena y yo...   **e.** vamos a escuchar música clásica.

03-28 ¿Qué van a hacer ahora? Complete the following sentences by indicating what you think these people are going to do in their respective locations.

| comprar un libro | escuchar música | tomar una cerveza |
| descansar | tomar el sol | ver una película |

Nombre: _____ Fecha: _____

MODELO: Teresa está en una tienda (*store*).

Ella *va a comprar unos jeans.*

1. Carlos está en la librería. Carlos _____.
2. Tú estás en una fiesta en casa de tu amigo. Tú _____.
3. Los muchachos están en el cine. Ellos _____.
4. Yo estoy en mi habitación en casa. Yo _____.
5. Elena y Carlos están en la playa. Ellos _____.
6. Teresa y yo estamos en un concierto. Nosotros _____.

03-29 Actividades y lugares. Listen to the following questions and respond in writing. Use the appropriate form of the verb **ir** and a place from the list.

| la biblioteca | el cine | la librería |
| la cafetería | la discoteca | la playa |

MODELO: You hear: ¿Adónde va el profesor para cenar?

You write: *Va al restaurante.*

1. _____   4. _____
2. _____   5. _____
3. _____   6. _____

03-30 Tu fin de semana. Think about your plans for the weekend. Write the activities you will do, using the verbs provided, as necessary. Don't forget to use the **ir a + infinitive** construction.

| bailar | escribir | estudiar | ir | mirar | ver |
| comer | escuchar | hablar | leer | trabajar | |

MODELO: viernes

A las 8:30 de la noche, *voy a ir a la casa de una amiga.*

sábado

A las 9:00 de la mañana, _____.

A las 12:30 de la tarde, _____.

A las 5:30 de la tarde, _____.

A las 10:00 de la noche, _____.

domingo

A las 11:30 de la mañana, _____.

A las 2:00 de la tarde, _____.

A las 6:00 de la tarde, _____.

A las 9:00 de la noche, _____.

03-31 Mis planes. Carlos would like you to go to the beach with him over the weekend, but you already have plans. Look at the following pictures and tell Carlos orally about your plans for Friday, Saturday, and Sunday. Don't forget to use the **ir a + infinitive** construction.

viernes

sábado

domingo

Nombre: _____   Fecha: _____

3. Talking about quantity: Numbers 100 to 2,000,000 (Textbook p. 119)

03-33 Lotería. Elena, Teresa, and Carlos are playing the lottery, and one of them has won. First, take note of the numbers that have been called, and then write the name of the winner. The person who completes the entire card will be the winner.

Números anunciados:

doscientos treinta   cuatrocientos sesenta y cinco   ochocientos cuarenta y nueve
setecientos doce   novecientos sesenta y cuatro   seiscientos cincuenta y cinco
dos mil quinientos dieciocho   quince mil setecientos doce   seis mil seis
cuatrocientos veintitrés   quinientos once   seiscientos sesenta y seis

ELENA

320	413	676
15.712	712	512
230	6.060	964
665	2.518	575

TERESA

230	511	2.518
666	712	964
849	655	423
15.712	465	6.006

CARLOS

774	656	2.185
220	475	323
612	6.066	501
849	51.612	655

Ganador (*winner*): _____

 03-34 Identificación. You will hear one number from each of the following groups. To maximize your listening comprehension, read all the numbers in each series before listening. Then choose the number you hear.

1. 277   287   368   167
2. 104   205   405   504
3. 213   312   203   103
4. 406   624   704   640
5. 100   101   110   1.000

🔊 **03-35** **¿Adónde voy?** You have taken a part-time job delivering for a local restaurant. As you leave with your first orders, you realize that the house numbers are missing! Listen and complete the addresses by writing the correct numerals.

1. Calle María de Molina _____
2. Plaza Mayor _____
3. Paseo de la Castellana _____
4. Calle Princesa _____
5. Calle de Lima _____
6. Avenida de la Ilustración _____

4. Stating what you know: *Saber* and *conocer* (Textbook p. 123)

MySpanishLab
Interactive activities indicated here are available only in MySpanishLab.

03-36

🔊 **03-37** **Un trabajo nuevo.** Listen to Carlos' job interview with Sr. Martínez in the human resources department, and complete the statements with the appropriate (conjugated) form of **saber** or **conocer**.

1. Carlos _____ usar computadoras.
2. Carlos _____ al profesor González.
3. Carlos _____ inglés y francés.
4. Carlos _____ que tiene que trabajar treinta horas por semana.
5. Carlos _____ a varios estudiantes que trabajan allí.

03-38 **La familia de su novio (*boyfriend*).** Elena has a new boyfriend, and her mother wants to know how well Elena knows him. Complete Elena's mother's questions with the correct form of **saber** or **conocer**.

1. ¿_____ tú a toda su familia?
2. ¿_____ cocinar bien la mamá de tu novio?
3. ¿Tu novio _____ tocar un instrumento musical?
4. ¿_____ tú a sus amigos?
5. ¿Tu novio _____ nadar?
6. ¿Los padres (*parents*) de tu novio _____ hablar español?

Nombre: _____   Fecha: _____

03-39 El nuevo chico. Elena and Teresa are talking about a new student in the class. Complete their conversation with the correct form of **saber** or **conocer**. Careful, you may need to conjugate the verbs or leave them in the infinitive.

ELENA: Teresa, ¿(1) _____ tú a ese chico?

TERESA: Sí, se llama Michael Stewart, y es muy amigo de Carlos. ¿Por qué?

ELENA: Es muy guapo y...

TERESA: Lo quieres (2) _____, ¿verdad?

ELENA: Sí, ¿(3) _____ tú qué estudia?

TERESA: Yo (4) _____ que estudia ciencias económicas.

ELENA: ¿(5) _____ tú dónde vive?

TERESA: Creo que vive en la residencia estudiantil, pero no estoy segura. Mi hermano (6) _____ muy bien dónde vive.

ELENA: Mira, viene a sentarse (*sit*) donde estamos nosotras.

TERESA: Magnífico, así lo puedes (7) _____.

03-40 ¿Y tú? Your Spanish professor needs an assistant and you would like to apply for the job. Listen to his questions and answer them truthfully in Spanish using complete sentences.

MODELO: ¿Sabes usar la computadora?

Sí, sé usar la computadora.

1. _____
2. _____
3. _____
4. _____
5. _____
6. _____

5. **Expressing intention, means, movement, and duration: Some uses of *por* and *para* (Textbook p. 127)**

MySpanishLab
Interactive activities indicated here are available only in MySpanishLab.

03-41

74 ■ Mosaicos Student Activities Manual   © 2015 Pearson Education, Inc.

Nombre: _____ Fecha: _____

03-42 Un viaje a Lima. Teresa and Elena made reservations for a vacation, and now their friends are asking them questions about it. Listen to the following questions and complete their answers with **por** or **para**.

1. La reserva es _____ nosotras.
2. _____ supuesto.
3. Vamos a nadar y a caminar _____ la playa.
4. Vamos a estar allí _____ cinco días.

03-43 Para viajar a Perú. Complete the following text, in which some advice is given to tourists coming to Peru, using **por** or **para**.

Para viajar a otro país, usted debe prepararse. (1) _____ ejemplo, usted debe hacer reservas de avión y de hotel. Es posible hacer las reservas (2) _____ teléfono o (3) _____ Internet. (4) _____ supuesto, usted también debe tener un pasaporte (5) _____ viajar a Perú.

Ahora, en los aeropuertos es muy importante el control de la seguridad. Muchas veces usted debe esperar (6) _____ horas antes de subir al avión. (7) _____ eso, es importante salir temprano (8) _____ el aeropuerto.

03-44 Conversación. Carlos and Elena are talking about Elena's plans for the evening. Read their conversation and then complete each sentence with **por** or **para**.

ELENA: Esta noche vamos a un restaurante. Mis amigas van (1) _____ el restaurante ahora.
CARLOS: ¿Y tú? ¿Cuándo vas?
ELENA: Yo voy a trabajar (2) _____ media hora más, y después voy.
CARLOS: ¿Vas a escribir el artículo (3) _____ la clase de historia ahora?
ELENA: No... esta noche no, pero (4) _____ mañana va a estar listo.
CARLOS: ¡Qué bien! (Great!)
ELENA: Después del restaurante vamos a la discoteca (5) _____ bailar.
CARLOS: ¿Qué discoteca?
ELENA: La de la calle Cuatro. Vamos a bailar (6) _____ unas horas.
CARLOS: ¿Y después?
ELENA: Después vamos a la casa de Amanda.
CARLOS: Bien, nos vemos entonces.
ELENA: Bueno, hasta pronto.

03-45 La carta. Carlos is reading a letter that his sister Ana sent him from Peru, where she is completing a study abroad program. Complete the letter with **por** or **para**.

Hola Carlos:

¡(1) _____ fin tengo tiempo (2) _____ escribir! Escribo esta carta (3) _____ ti y (4) _____ papá. Estoy muy contenta en Lima. Me gusta mucho caminar (5) _____ las calles de la ciudad (6) _____ la tarde. Voy a clase todos los días. Las clases son difíciles, pero estudio (7) _____ tres horas todas las noches. Bueno, no tengo mucho tiempo ahora; la próxima semana escribo más.

Besos y abrazos,

Ana

Nombre: _____ Fecha: _____

En acción

MySpanishLab
Interactive activities indicated here are available only in MySpanishLab.

03-46

03-47

03-48

Mosaicos

Escucha

03-49 Perú. Think about a possible trip you might take to Peru, and fill in the following information based on your background knowledge and personal preferences.

1. número de días que vas a pasar en Perú: _____
2. ciudades que vas a visitar: _____, _____
3. precio del viaje (*trip*): _____

03-50 Las vacaciones de Elena y Teresa. Elena and Teresa are planning their vacation, and they discuss a travel package they have found. Listen to their conversation and select the answers to the following questions.

1. ¿Adónde van a ir Elena y Teresa?
   - **a.** a Lima
   - **b.** a tres ciudades en Perú
   - **c.** a Miami

2. ¿Por cuántos días van a ir?
   - **a.** siete días
   - **b.** diez días
   - **c.** dos semanas

3. ¿Cuánto cuestan las vacaciones?
   - **a.** 250 dólares
   - **b.** 25.000 dólares
   - **c.** 2.500 dólares

4. ¿Dónde hay restaurantes buenos?
   - **a.** en Cuzco
   - **b.** en Lima
   - **c.** en Machu Picchu

5. ¿Para qué van a llamar a la agencia?
   - **a.** para hacer las reservas
   - **b.** para confirmar sus reservas
   - **c.** para hacer unas preguntas

6. ¿Cuál es el número de teléfono de la agencia?
   - **a.** 667-2245
   - **b.** 267-3245
   - **c.** 667-3245

Nombre: _____ Fecha: _____

03-51 Planeamos el viaje. Use the names of the cities and the following verbs to express a few of the things that Elena and Teresa plan to do while in Peru. Don't forget to use the **ir a + infinitive** construction.

alquilar	cenar	nadar
bailar	conversar	tomar el sol
cantar	descansar	ver

MODELO: *Teresa y Elena van a cenar en un restaurante en Lima.*

1. _____
2. _____
3. _____

Habla

03-52 La fiesta de cumpleaños. You are planning a birthday party for your roommate, and you want to make sure that your friends from your Spanish class will be there. You call to invite some of them, but get the answering machine. Leave a message and tell them about the party. Give them information about the location, the food you are going to eat and the drinks you are going to have. Remember to include the details of the fun activities that will be happening. Don't forget to use the **ir a + infinitive** construction.

Lee

03-53 De vacaciones. Briefly look at the heading from an article about Lima, Peru, and answer the questions.

Lima: Una ciudad fascinante

Lima es una ciudad fascinante, con muchas actividades para adultos y niños. Esta ciudad ofrece al turista muchas actividades culturales, de turismo arqueológico y de turismo de aventura. Es imposible aburrirse en Lima.

---

1. ¿Dónde aparece este artículo? _____
   a. en una revista de negocios
   b. en una revista de turismo
   c. en una revista de cocina

2. ¿Cuál es la función principal del artículo? _____
   a. informar a los turistas de las posibles actividades en esta ciudad
   b. avisar de los peligros que hay en esta ciudad
   c. describir las comidas más populares en esta ciudad

Nombre: _____   Fecha: _____

03-54 **¿Qué hacemos en Lima?** Read the article about Lima and indicate whether each statement is true (**Cierto**), false (**Falso**), or whether it is not mentioned (**No se menciona**).

LIMA: UNA CIUDAD FASCINANTE

Lima es una ciudad fascinante, con muchas actividades para adultos y niños. Esta ciudad ofrece al turista muchas actividades culturales, de turismo arqueológico y de turismo de aventura. Es imposible aburrirse en Lima.

Oferta cultural:

- Caminar por la Plaza de Armas
- Admirar la Catedral de Lima
- Ver la Iglesia y Convento de San Francisco
- Ir a las casonas: la casa Aliaga y la casa Goyoneche
- Visitar el Museo de la Nación
- Ir al Palacio de Torre Tagle
- Ver la ciudad prehispánica de Caral
- Visitar Machu Picchu y las otras zonas arqueológicas
- Visitar el santuario Pachacamac
- Visitar el Palacio de Gobierno
- Ver el Tribunal del Santo Oficio

Para los niños:

- Visitar el zoológico: Parque las Leyendas, donde la familia puede (*can*) ver animales exóticos y los parques: El Parque Universitario y Pantanos de Villa
- Visitar playas y balnearios: Pulpos, El Silencio, Punta Hermosa y Punta Rocas
- Ir al Museo Nacional de Arqueología, Antropología e Historia

Turismo arqueológico: Ir a Machu Picchu, la fortaleza de Sacsayhuaman, Ollantaytambo y el Camino Inca

Turismo de aventura: Para los jóvenes y los amantes (*lovers*) de actividades extremas, hay muchas posibilidades: ciclismo de montaña en la Reserva de Paracas, andinismo en la Cordillera Blanca, surfing en Cabo Blanco.

Artesanías: Visitar el Mercado en la Plaza de Armas, en el centro de la ciudad

Restaurantes:

Brujas de Cachiche	Comida peruana y criolla
Vivaldino	Comida internacional

Hoteles:

Hotel Grand Bolívar	Hotel de 5 * tradición cosmopolita
Hotel Basadre	Hotel de 4 * experiencia y tradición

Nombre: _____ Fecha: _____

1. No es buena idea ir con niños a Lima porque no hay actividades para los niños.	Cierto	Falso	No se menciona
2. En esta ciudad se pueden visitar las antiguas casonas.	Cierto	Falso	No se menciona
3. En el Parque las Leyendas los niños pueden aprender y divertirse.	Cierto	Falso	No se menciona
4. En Lima se puede comer comidas de otros países.	Cierto	Falso	No se menciona
5. La Plaza de Armas no está en el centro de la ciudad.	Cierto	Falso	No se menciona
6. Para tomar el sol es buena idea visitar El Silencio.	Cierto	Falso	No se menciona
7. En Lima se puede visitar el teatro y ir a una ópera.	Cierto	Falso	No se menciona

03-55 De viaje. Answer your friend's questions about what you like to do on vacation in complete sentences. Make sure to review the use of the verb **gustar** before you begin.

1. ¿Te gustan los museos? ¿Qué tipo de arte te gusta más?

   _____

2. ¿Te gusta caminar, o vamos a alquilar un coche?

   _____

3. ¿Te gustan las aventuras, o prefieres las actividades tranquilas? ¿Qué tipo de actividades te gustan más?

   _____

4. ¿Te gusta probar (*try*) comidas nuevas?

   _____

Escribe

03-56 A planear. The following is a list of activities you can do in Lima and the places where you can stay and eat. Write the ones that interest you most.

Destinos

La ciudad prehispánica de Caral
Iglesia y Convento de San Francisco
La plaza de Armas
El Museo de la Nación
El Palacio de Torre Tagle
La Casa Aliaga
La Casa Goyoneche

El Palacio de Gobierno
La playa y los balnearios
La catedral
Machu Picchu
El zoológico: Parque las Leyendas
El Parque Universitario
El ciclismo de montaña en la Reserva de Paracas

Hoteles

Hotel Basadre
Double Tree el Pardo
Hotel el Ducado
Hotel Grand Bolívar
Plaza del Bosque
Delfines Hotel y Casino

Restaurantes

José Antonio – comida criolla
Señorío de Sulco – comida peruana
Zeño Manuel – comida criolla
Vivaldino – comida internacional
Costa Verde – pescados y mariscos

Nombre: _____ Fecha: _____

03-57 Vacaciones fantásticas. You are spending two weeks in Peru with your friend. Write a postcard to a classmate in your Spanish class. Tell him/her where you are staying and your plans for the next few days. Use **Querido/a + name**, followed by colon (e.g., **Querida Ana:**) to address your friend, and use **Un saludo cariñoso de + your name** as a closing.

_____
_____
_____
_____
_____
_____

03-58 De vuelta. You and your friend just returned from Lima, Peru. Match each name with the correct description of the type of place it is.

1. _____ de la Nación
2. _____ Ollantaytambo
3. _____ Pulpos
4. _____ Plaza de Armas
5. _____ Parque las Leyendas
6. _____ San Francisco

a. playa
b. mercado
c. museo
d. iglesia
e. zoológico
f. zona arqueológica

Repaso

MySpanishLab
Interactive activities indicated here are available only in MySpanishLab.

03-59

03-60 ¿Qué deben comer? Complete the following sentences with the most appropriate food.

1. Mi mamá está gorda y desea bajar de peso (*lose weight*). Ella debe comer _____.
2. A mi hermano le gusta la carne. Él debe comer _____.
3. A mi papá le gustan los productos de mar. Él debe comer _____.
4. Mi amigo está enfermo. Él debe comer _____.
5. Tengo un nivel de colesterol muy alto. No debo comer _____.

a. huevos y queso
b. camarones
c. sopa de pollo
d. verduras y frutas
e. bistec

Nombre: _____ Fecha: _____

03-61 La comida y las bebidas. Teresa and Elena enjoy going out and eating in different restaurants and cafés. Write a list of foods and drinks that they might enjoy for breakfast, lunch, and dinner.

Desayuno: _____
_____
_____
_____

Almuerzo: _____
_____
_____
_____

Cena: _____
_____
_____
_____

03-62 Vamos a preparar flan. Elena and Teresa decide to make flan, a typical dessert in Hispanic countries. Read the recipe for flan. Then read the statements and indicate whether each statement is true (**Cierto**), false (**Falso**), or whether it is not mentioned (**No se menciona**).

> Flan
> 1/2 litro de leche
> 4 huevos
> 200 gramos de azúcar (*sugar*)
> 1 cucharada (*tablespoon*) de vainilla
>
> Primero, debes calentar (*heat*) 50 gramos de azúcar en un recipiente para hacer un almíbar (*syrup*). Segundo, necesitas poner al fuego (*put on the burner*) la leche y un poco de vainilla. Mientras se calienta la leche, el resto del azúcar con los huevos y mezclar (*mix*) todo debes poner. Después, es necesario añadir (*add*) la leche con los huevos y el azúcar al recipiente donde está el almíbar. Ahora necesitas poner el flan en el horno (*oven*) por 35 a 45 minutos. Cuando el flan está listo, debes ponerlo en un plato.

1. El flan es un postre dulce.   Cierto   Falso   No se menciona
2. Para preparar flan, necesitas media botella de vainilla.   Cierto   Falso   No se menciona
3. La leche debe estar fría cuando la mezclas (*you mix it*) con los huevos.   Cierto   Falso   No se menciona
4. Necesitas mezclar 150 gramos de azúcar con los huevos.   Cierto   Falso   No se menciona
5. El flan tiene que estar en el horno por más de (*more than*) media hora.   Cierto   Falso   No se menciona
6. Se come el flan con una taza de café.   Cierto   Falso   No se menciona

Nombre: _____ Fecha: _____

3-63 **El cumpleaños de Teresa.** Teresa's birthday is this weekend, and Elena is planning several special activities to celebrate. Imagine that you are Elena, and write an e-mail to Teresa including the following information:

- the reason for the celebration
- where you are going to celebrate
- three sentences explaining what you and Teresa are going to do
- where both of you are going to eat
- what you are going to eat

See textbook pages 105 to review making plans and 115 to review **ir a + infinitive.**

A: teresarivera@aol.com
De: Elenita@netserve.com
Asunto: ¡Tu cumpleaños!

4 ¿Cómo es tu familia?

Enfoque cultural

MySpanishLab
Interactive activities indicated here are available only in MySpanishLab.

04-01

Vocabulario en contexto

MySpanishLab
Interactive activities indicated here are available only in MySpanishLab.

04-02

04-03

04-04

04-05 **¿Quién es?** Match the following descriptions with the correct members of the family.

1. La hija de mis padres es mi _____.   a. tío
2. El hermano de mi padre es mi _____.   b. abuela
3. Los hijos de mis tíos son mis _____.   c. primos
4. La madre de mi madre es mi _____.   d. hermana

Nombre: _____ Fecha: _____

04-06 **La familia de Julieta.** Using the information from Julieta's family tree, complete the following sentences.

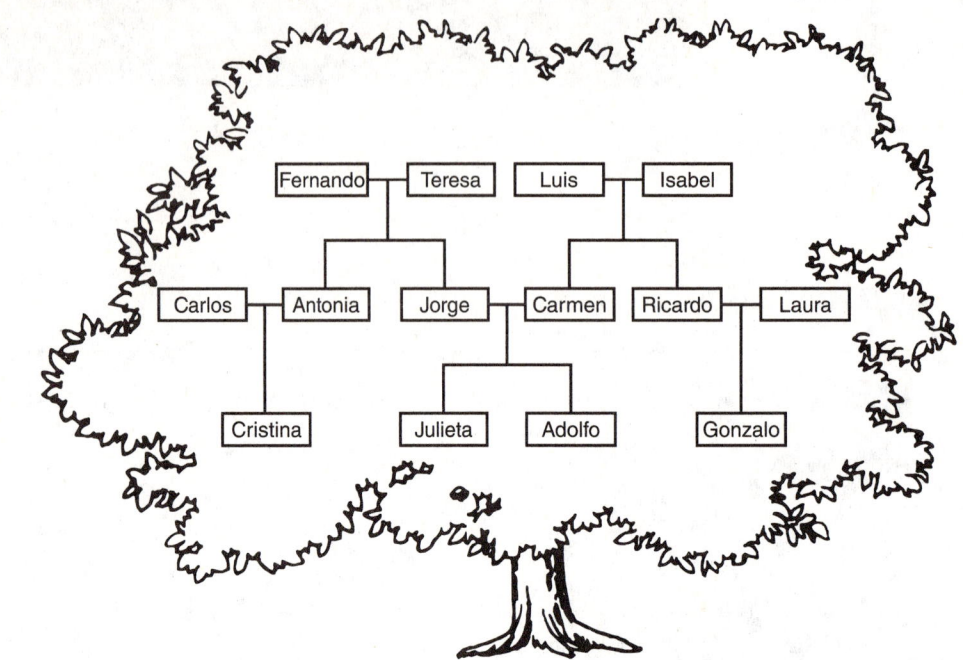

1. Fernando es el _____ de Julieta.
2. Cristina y Adolfo son _____.
3. Ricardo es el _____ de Julieta.
4. Carmen es la _____ de Adolfo.
5. Cristina es la _____ de Ricardo.
6. Adolfo es el _____ de Luis.
7. Julieta y Adolfo son _____.
8. Antonia es la _____ de Adolfo.

04-07 **Los parientes de Julieta.** You will hear some family relationship words. Listen carefully, and for each one write the name of the person who has that relationship to Julieta. If more than one person has that relationship to Julieta, write just one name.

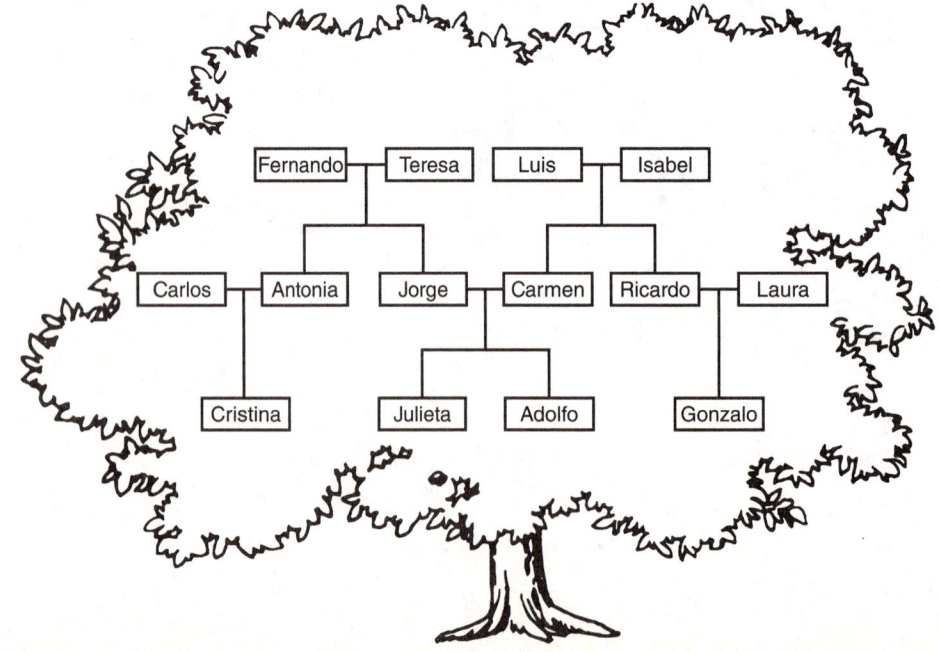

84 ■ Mosaicos Student Activities Manual   © 2015 Pearson Education, Inc.

Nombre: _____ Fecha: _____

MODELO: You hear: abuelo
You write: *Luis*

1. _____ 5. _____
2. _____ 6. _____
3. _____ 7. _____
4. _____

04-08 **Los famosos.** Indicate the relationship the following famous people share by writing the correct word from the list. If you are not sure who some of these people are, look them up on your favorite search engine.

abuela	hermanos	padre
esposos	hijo	prima
hermana	nieto	sobrina

MODELO: Mary Kate Olsen y Ashley Olsen   *hermanas*

1. Julio Iglesias y Enrique Iglesias   _____ e _____
2. Charlie Sheen y Emilio Estévez   _____
3. Penélope Cruz y Javier Bardem   _____
4. Michael Jackson y Janet Jackson   _____
5. La reina (*queen*) de Inglaterra y el príncipe Guillermo   _____ y _____

04-09 **¿Y cómo es tu familia?** Answer the following questions using complete sentences.

1. ¿Tienes una familia grande?
_____

2. ¿Cómo se llaman tus padres?
_____

3. ¿Cuántos hermanos tienes? ¿Tienes hermanas?
_____

4. ¿Cuántos tíos tienes? ¿Y tías?
_____

5. ¿Cómo se llaman tus primos?
_____

Nombre: _____ Fecha: _____

04-10 ¿Quiénes son? Read the following passage and match each statement with the most appropriate word that completes it.

Me llamo Felipe. Soy el único hijo de la familia. Mis padres están divorciados. Vivo con mi mamá y mi padrastro, José. José tiene dos hijas, Cristina y Adriana. Son muy simpáticas. Cristina está casada con César y ellos tienen una niña que se llama Guadalupe. Adriana es soltera pero tiene un novio que se llama Juan.

1. Adriana es mi _____.
2. Mi mamá es la _____ de Cristina.
3. César es el _____ de Cristina.
4. Guadalupe es la _____ de José.
5. Adriana es la _____ de Guadalupe.

04-11 Tu familia. Give a short oral presentation on your family. Be sure to mention the name of each family member, his/her age, and his/her relationship to other family members. Also, if you are describing brothers and sisters, be sure to include information on the birth order.

04-12 El bautizo. Read the statements, and then listen to the description of the baptism of a new member of the Orjuela family. Finally, indicate whether each statement is true (**Cierto**), false (**Falso**), or whether it is not mentioned (**No se menciona**).

1. Los Orjuela van a celebrar el bautizo de su hijo.   Cierto   Falso   No se menciona
2. La hermana del bebé se llama Ana María.   Cierto   Falso   No se menciona
3. El niño se llama Adolfo José, como su padrino.   Cierto   Falso   No se menciona
4. Los abuelos van a ser los padrinos.   Cierto   Falso   No se menciona
5. El bautizo va a ser en una iglesia (*church*).   Cierto   Falso   No se menciona
6. El bautizo es a las seis de la tarde.   Cierto   Falso   No se menciona
7. Solo la familia va al bautizo.   Cierto   Falso   No se menciona

04-13 Las familias de Julieta y Eduardo. You will hear Julieta García and Eduardo Orjuela, two college students from Bogotá, describe their families. Before listening, try to anticipate which relatives they will mention. Then listen to the passage. As you listen, complete the lists with the information you hear.

LA FAMILIA DE JULIETA

NOMBRE	RELACIÓN	¿CÓMO ES?
1. Jorge	padre	_____
2. _____	hermano	listo
3. Carmen	_____	conversadora
4. Antonia	tía	_____
5. _____	primo	divertido

LA FAMILIA DE EDUARDO

NOMBRE	RELACIÓN	¿CÓMO ES?
6. Ernesto	_____	_____
7. _____	madre	ocupada
8. Pedro	_____	trabajador
9. Esther	_____	trabajadora
10. Leonor	_____	_____

Nombre: _____ Fecha: _____

04-14 La familia de Ana. Complete each statement with the most appropriate term.

1. Ana tiene una familia muy grande. Tiene muchos tíos y primos. Ana tiene muchos ____.

2. Tres tíos de Ana no tienen esposas. Son ____.

3. Ana también tiene siete hermanos y todos tienen hijos. Ella tiene muchos ____.

4. Dos sobrinos de Ana se parecen (*look alike*) mucho porque son ____.

5. Los tíos de Ana no viven juntos (*together*) porque están ____.

a. divorciados
b. gemelos
c. parientes
d. solteros
e. sobrinos

Mosaico cultural

MySpanishLab
Interactive activities indicated here are available only in MySpanishLab.

04-15

04-16

Funciones y formas

MySpanishLab
Interactive activities indicated here are available only in MySpanishLab.

04-17

Nombre: _____ Fecha: _____

1. **Expressing opinions, plans, preferences, and feelings: Present tense of stem-changing verbs: e → ie, o → ue, and e → i** (Textbook pp. 147–148)

04-18 ¿Quién es? Eduardo is Colombian, and this year he is studying in the United States. Listen as he talks about some things he and other people (including you) do at college. Indicate whether his statements refer to himself (**yo**), to you (**tú**), to his roommate Marcos (**Marcos**), to both Marcos and himself (**Marcos y yo**), or to his friends (**mis amigos**).

    a. yo   **b.** tú   **c.** Marcos   **d.** Marcos y yo   **e.** mis amigos

1. _____   5. _____
2. _____   6. _____
3. _____   7. _____
4. _____   8. _____

04-19 La rutina de Eduardo. Although many of Eduardo's daily activities are still the same in the United States, his routine has changed in some ways. Listen to Eduardo and indicate whether the following statements refer to his life in Colombia, in the United States, or both (**ambas**).

1. Eduardo no entiende todo en clase.
   Colombia   Estados Unidos   ambas
2. Las clases empiezan muy temprano.
   Colombia   Estados Unidos   ambas
3. Eduardo duerme ocho horas.
   Colombia   Estados Unidos   ambas
4. Eduardo puede ir a la biblioteca hasta (*until*) las doce de la noche.
   Colombia   Estados Unidos   ambas
5. Eduardo juega al fútbol.
   Colombia   Estados Unidos   ambas

04-20 Las actividades de Eduardo. Read the following sentences. Then complete each one with the correct form of the verb in parentheses.

1. Mis compañeros de clase _____ (poder) explicar las cosas que son difíciles para mí.
2. En Colombia yo _____ (dormir) ocho horas porque normalmente puedo ir a clases por la tarde.
3. En Colombia y en Estados Unidos yo _____ (tener) mucha tarea.
4. Mis amigos _____ (venir) a mi apartamento para estudiar; yo _____ (venir) directamente a mi casa después de mis clases porque puedo estudiar tranquilamente..
5. Aquí los libros _____ (costar) mucho dinero.
6. En Colombia yo _____ (jugar) al fútbol.
7. En Estados Unidos los jóvenes _____ (jugar) el béisbol o el básquetbol.

88 ■ Mosaicos Student Activities Manual

Nombre: _____   Fecha: _____

04-21 La carta a los Reyes Magos. Eduardo's five year old nephew Antonio has written a letter to the three Wise Men (*los tres Reyes Magos*), telling them the gifts (*los regalos*) he and his parents want. Help Antonio complete the letter with the correct verb forms.

> Queridos Reyes Magos:
>
> Mis amigos (1) _____ (decir) que los Reyes Magos no existen, pero yo (2) _____ (pensar) que eso es falso. Este año, yo (3) _____ (querer) muchas cosas porque soy muy bueno. Yo (4) _____ (pedir) un auto de juguete, una bicicleta, unos libros y unos videojuegos. (5) _____ (preferir) una bicicleta roja, por favor. También Lassie, mi perrita (*little dog*), necesita una casita. Ahora ella (6) _____ (dormir) en el jardín (*yard*). Mi mamá (7) _____ (querer) un televisor nuevo, pero mi papá (8) _____ (preferir) una computadora portátil.
>
> Bueno… pues, es todo. Gracias por los regalos. En la mesa hay leche y galletas (*cookies*).
>
> Antonio

04-22 ¿Pueden o no pueden? Indicate whether the following people can or cannot do each of these activities by completing the sentences with the correct form of the verb **poder**.

MODELO: Un joven de 17 años *puede* manejar un carro en mi país.

1. Un bebé de tres meses _____ caminar.
2. Una persona de 95 años _____ correr diez millas.
3. Los estudiantes _____ usar una computadora.
4. Una persona con mucha responsabilidad en una compañía _____ ir de vacaciones tres meses por año.
5. Los niños de diez años _____ ver todas las películas de la televisión.

2. Talking about daily routine: Reflexive verbs and pronouns (Textbook pp. 153–155)

MySpanishLab
Interactive activities indicated here are available only in MySpanishLab.

04-23

Nombre: _____   Fecha: _____

04-24 Dos hermanos diferentes. Julieta and Adolfo are brother and sister, but they do not have the same habits. Read the statements, and then listen to the passage in which Julieta talks about herself and her brother. Finally, indicate whether the information refers to **Julieta, Adolfo,** or both (**ambos**).

Adolfo	Julieta	ambos

1. Se levanta a las siete todos los días. _____
2. Duerme hasta las once los fines de semana. _____
3. Come cereal. _____
4. No desayuna siempre. _____
5. Se viste rápidamente. _____
6. Se baña y se viste lentamente. _____
7. Duerme por lo menos (*at least*) siete horas. _____

04-25 Un día en la vida de Julieta. In this e-mail to you, Julieta talks about her daily activities as well as those of her parents. Complete it with the correct reflexive pronouns (**me, te, nos,** or **se**).

¡Hola!

En mi familia, todos estamos muy ocupados y generalmente (1) _____ levantamos muy temprano. A las siete de la mañana suena el despertador y yo (2) _____ despierto. En mi casa, mi padre (3) _____ baña primero; luego mi madre (4) _____ ducha y (5) _____ seca con una toalla. Yo (6) _____ visto en mi dormitorio. En la noche, yo (7) _____ acuesto temprano y mis padres (8) _____ acuestan más tarde. Todos (9) _____ dormimos antes de las doce. ¿Y tú? ¿A qué hora (10) _____ acuestas? ¿Cómo es la rutina diaria de tu familia?

04-26 ¿Qué hacen por la mañana? Complete these questions that you plan to ask your friends with the correct form of the verbs in parentheses. Be sure to include the reflexive pronoun and address your friends informally.

1. Pepe, ¿a qué hora _____ (levantarse)?
2. María, ¿cuándo _____ (bañarse)?
3. Juan, ¿cuándo _____ (vestirse)?
4. Vanesa, ¿_____ (acostarse) temprano todos los días?
5. Rigoberto, ¿_____ (lavarse) los dientes después de comer?

04-27 Mi prima Cristina. In another e-mail, Julieta tells you about her cousin Cristina and what she usually does during the day. Complete the following paragraph with the correct forms of the verbs from the list.

acostarse	levantarse	dormirse	vestirse	ducharse

Cristina (1) _____ tarde, como a las nueve o las diez de la mañana. Después (2) _____ y se seca. Ella es modelo, y siempre (3) _____ con ropa elegante porque tiene que practicar para sus desfiles. Después de un día de trabajo largo, Cristina llega a casa muy tarde y (4) _____ inmediatamente. A Cristina le gusta leer en cama las revistas de moda en cama. Después de leer por una hora o dos, (5) _____.

Nombre: _____   Fecha: _____

04-28 Mi rutina diaria. Your friends from home are all asking what your days are like at the university. Write them a short text message in which you describe your daily routine. Be sure to mention what time you wake up, what you do to get ready for classes, where you go after class, and what time you finally get to bed.

_____
_____
_____
_____
_____
_____
_____
_____

3. Expressing obligation: *Tener que* + infinitive (Textbook p. 157)

MySpanishLab
Interactive activities indicated here are available only in MySpanishLab.

04-29

04-30 ¿Qué tenemos que hacer? Indicate where Julieta and her friends have to go or what they need to do to get what they want. Complete the following sentences with the correct form of **tener que**.

MODELO: Julieta necesita comida para la cena.

Julieta *tiene que* ir al supermercado.

1. Eduardo quiere comprar un libro. Eduardo _____ ir a la librería.

2. Los estudiantes quieren sacar una buena nota en el examen de antropología. _____ estudiar.

3. Queremos cenar lasaña. Primero, _____ preparar la salsa.

4. Quiero tomar café con leche. _____ comprar café.

5. Si quieres tomar sol, _____ ir a la playa.

Nombre: _____ Fecha: _____

04-31 **¿Qué tienen que hacer?** Eduardo is a Resident Assistant at his university. Complete his responses to students' questions using the correct form of **tener que** and the most logical expression in parentheses.

MODELO: JUAN: Estoy muy preocupado porque saco muy malas notas en la universidad. Quiero sacar buenas notas, pero me gusta mirar televisión y jugar al golf. ¿Qué puedo hacer?

EDUARDO: Juan, tú <u>tienes que estudiar más.</u> (estudiar más/comprar un nuevo televisor)

1. ERNESTO: Tengo problemas de salud pero me gusta mucho comer hamburguesas y papas fritas. No me gusta hacer ejercicio. ¿Qué puedo hacer?

   EDUARDO: Ernesto, tú _____.
   (hablar con tu profesor/hacer ejercicio)

2. ELENA: Voy a ir a Colombia durante mis vacaciones. Es mi primer viaje a otro país. ¿Qué necesito hacer?

   EDUARDO: Elena, tú _____.
   (comprar ropa/sacar tu pasaporte)

3. MICHAEL: Tenemos una competencia muy importante de fútbol americano la próxima semana. Mis amigos y yo estamos muy nerviosos porque queremos ganar (win). ¿Qué podemos hacer?

   EDUARDO: Tú y tus amigos _____.
   (comer más/practicar más)

4. AMPARO Y JULIA: La música que tenemos está pasada de moda (outdated), y nuestros amigos van a venir a casa en una hora. ¿Qué podemos hacer?

   EDUARDO: Ustedes _____.
   (comprar unas canciones en iTunes/ir al centro comercial)

5. MARIO: Estoy enfadado (angry) con mi compañero de cuarto. Cuando yo tengo que estudiar, él habla por teléfono. ¿Qué puedo hacer?

   EDUARDO: Mario, tú _____.
   (hablar con tus padres/hablar con tu compañero)

04-32 **¿Qué tienes que hacer?** Respond in complete sentences to the questions you hear. Pay close attention to the verb **tener**.

1. _____
2. _____
3. _____
4. _____

04-33 **¿Y tú?** You are very busy. You cannot complete this week's homework, so you call your professor to ask for an extension. Leave her a message in which you explain your problem and tell her all the things you have to do this week.

Nombre: _____ Fecha: _____

4. Expressing how long something has been going on: *Hace* with expressions of time (Textbook p. 160)

04-35 ¡Cuánto tiempo! Read the questions. Then listen to the conversation between Julieta and her aunt Laura and complete the time expressions.

1. ¿Cuánto tiempo hace que Julieta no ve a su tía Laura?

   Hace _____.

2. ¿Cuánto tiempo hace que Julieta estudia en la universidad?

   Hace _____.

3. ¿Cuánto tiempo hace que Gonzalo toca la guitarra?

   Hace _____.

4. ¿Cuánto tiempo hace que Gonzalo toma clases de piano?

   Hace _____.

04-36 Las actividades de tu familia. Your family is involved in a number of activities. Describe how long each person has been doing their chosen activity by writing the sentence fragments in the correct order.

MODELO: cinco meses/hace/que no veo a mi prima Patricia

   Hace cinco meses que no veo a mi prima Patricia.

1. tres años/que mi hermana/juega al voleibol/hace

   _____

2. hace/que estudio español/un año

   _____

3. viven en/que mis padres/hace diez años/nuestra casa

   _____

Nombre: _____   Fecha: _____

4. tu coche nuevo/cuánto tiempo hace/que tienes

¿_____?

5. mi coche nuevo/que tengo/hace tres años

_____

🔊 **04-37** **¿Cuánto tiempo hace que...?** Listen to the following questions and respond with a complete sentence. If the question does not apply to you, use your imagination.

1. _____
_____

2. _____
_____

3. _____
_____

4. _____
_____

5. _____
_____

En acción

MySpanishLab
Interactive activities indicated here are available only in MySpanishLab.

04-38

04-39

04-40

Nombre: _____ Fecha: _____

Mosaicos

Escucha

04-41 Preparación. Your friend in Bogota wants to take you to a museum tomorrow. Check your calendar and then write in digits the times you are not available. Be sure to write them in order.

```
miércoles, 3 de octubre
9:00   Desayuno con Marina.
10:00  _____
11:00  _____
12:00  _____
1:00   _____
2:00   Como con Mirella y su familia.
3:00   Hago compras con Mirella.
4:00   _____
5:00   _____
6:00   _____
```

1. _____ de la mañana   2. _____ de la tarde   3. _____ de la tarde

04-42 El mensaje. Listen to the message from your friend Verónica and choose the option that describes what she is doing tomorrow at each of the times listed. If she does not mention any activity for a particular time, choose **nada** (nothing).

1. 10:00 _____

   clase de economía   clase de inglés   examen de sociología   fiesta   nada

2. 11:00 _____

   clase de economía   clase de inglés   examen de sociología   fiesta   nada

3. 12:00 _____

   clase de economía   clase de inglés   examen de sociología   fiesta   nada

4. 4:00 _____

   clase de economía   clase de inglés   examen de sociología   fiesta   nada

5. 6:00 _____

   clase de economía   clase de inglés   examen de sociología   fiesta   nada

6. 8:00 _____

   clase de economía   clase de inglés   examen de sociología   fiesta   nada

Nombre: _____ Fecha: _____

04-43 **¿Qué información necesitas?** Listen to your friend's message again and complete the sentences with the information you hear.

1. Mañana, Verónica va al _____ del Oro.
2. Está en la calle _____.
3. Cuesta _____ pesos para estudiantes.

Habla

04-44 **¡Vamos al museo!** You call Verónica and reach her voice mail. In your message, tell her how long it has been since you last visited the museum and that you really want to go. Let her know what times you are available tomorrow. Talk about your schedule for the day, and let her know what time you are able to go to the museum.

Lee

04-45 **¿Cómo se titula?** Read the first two lines of the article and answer the following question.

En la ciudad de Cali vive una pareja joven que se dedica a ayudar (*help*) a las familias pobres. Ayudan a los padres a buscar trabajo y mantienen una guardería (*daycare center*) gratis para los niños.

1. Which of the following would be the best title for it? _____
   a. La Fundación Amor y Paz: Casa y dinero para las familias pobres
   b. La Fundación Amor y Paz: Guardería para niños pobres
   c. La Fundación Amor y Paz: Gran ayuda para familias de recursos limitados

04-46 **La Fundación Amor y Paz.** Read the following article about a Colombian couple who started a nonprofit organization in Cali. Then indicate whether each statement is true (**Cierto**), false (**Falso**), or whether it is not mentioned (**No se menciona**).

En la ciudad de Cali vive una pareja joven que se dedica a ayudar (*help*) a las familias pobres. Ayudan a los padres a buscar trabajo y mantienen una guardería (*daycare center*) gratis para los niños.

Este joven matrimonio es muy respetado y admirado en la ciudad. El hombre, Camilo Gómez Buendía, licenciado (*graduated*) en ciencias económicas, decide dejar (*quit*) su carrera para comenzar esta labor. Su esposa, Mónica Jaramillo de Gómez, es su compañera de trabajo. El padre de Mónica, el conocido periodista (*well-known journalist*) Fernando Jaramillo Torres, publica un artículo sobre esta organización, y la reacción es (*was*) extraordinaria. Hoy en día la Fundación Amor y Paz ayuda a más de cien familias a rehacer su vida.

Mónica es la tercera (*third*) hija del matrimonio Jaramillo. Ella y su madre, Blanca Giraldo de Jaramillo, entrevistan a las familias y les ofrecen ayuda junto con psicólogos y voluntarios. Les ofrecen ayuda a las familias que la necesitan. Los hijos de Camilo y Mónica, de tres y cinco años, participan en los juegos y actividades de la guardería. De esta forma, toda la familia contribuye al trabajo de la fundación.

1. La Fundación Amor y Paz ofrece (*offers*) casas para las familias de recursos limitados.	Cierto	Falso	No se menciona
2. La guardería de la fundación cuesta mucho dinero.	Cierto	Falso	No se menciona
3. La hermana de Camilo también trabaja en la fundación.	Cierto	Falso	No se menciona
4. Las primas de Mónica también trabajan en la guardería.	Cierto	Falso	No se menciona
5. La madre de Mónica coopera en la fundación.	Cierto	Falso	No se menciona
6. La fundación busca trabajo para las familias que lo necesitan.	Cierto	Falso	No se menciona
7. Camilo y Mónica no tienen hijos.	Cierto	Falso	No se menciona
8. El padre de Mónica es psicólogo y ayuda a entrevistar a las familias.	Cierto	Falso	No se menciona

Nombre: _____ Fecha: _____

04-47 **¿Qué más?** Do you know of any organization(s) similar to La Fundación Amor y Paz? What programs might they be able to offer in addition to the ones they already offer? What programs does the organization you know offer? Indicate at least two programs.

_____
_____
_____

Escribe

04-48 **Ayuda. Preparación.** You have volunteered to be a pen-pal for one of the young people receiving help from the foundation. Write him/her a letter to introduce yourself. First, make a list of interesting facts about yourself and your family: who you are, what you do, and the activities or hobbies you enjoy.

_____
_____
_____
_____
_____
_____

Escribe. Now write a letter introducing yourself to your Colombian pen-pal. Tell him/her about yourself. Describe your family and mention what your daily routine is like. Use your notes from *Preparación*.

_____
_____
_____
_____
_____
_____
_____
_____
_____
_____
_____
_____

Nombre: _____ Fecha: _____

04-49 Una llamada telefónica. The volunteers at the foundation have arranged for you and your new pen-pal to speak on the phone. Think of all the things you would like to know about him/her, his/her family, and about Colombia. Write your list of questions to prepare for the phone conversation.

_____
_____
_____
_____
_____
_____
_____
_____
_____
_____

Repaso

MySpanishLab
Interactive activities indicated here are available only in MySpanishLab.

04-50

04-51 La rutina de mi familia. Use the information given to write about the daily routine of the different members of your family.

MODELO: (levantarse)

Mi padre se levanta temprano.

1. (ducharse) _____

2. (cenar) _____

3. (salir de la casa) _____

4. (acostarse) _____

5. (desayunar) _____

6. (maquillarse) _____

Nombre: _____ Fecha: _____

04-52 **El almuerzo en casa.** Pablo has a very large family and they are all very busy, but they make time to eat lunch at home together every day. Write to Pablo and describe the members of your family. Be sure to mention the following:

- where you live and how long you have lived there
- some of the daily activities of each member of your family
- the ways in which you spend time together

_____
_____
_____
_____
_____
_____
_____
_____
_____
_____

04-53 **El bautizo de Patricia.** There will soon be a baptism in Pablo's family, and everyone is preparing for this special day. Read the sentences that follow, and then listen to Pablo talk about the baptism. Finally select the answer that best completes each sentence.

1. Pablo va al bautizo de…
   - **a.** su prima.
   - **b.** su hermana.
   - **c.** su sobrina.

2. El abuelo de Patricia va a ser…
   - **a.** el sobrino.
   - **b.** el padre.
   - **c.** el padrino.

3. Los _____ de Patricia van a comprar el regalo.
   - **a.** hermanos
   - **b.** abuelos
   - **c.** padres

4. Después de cenar, toda la familia va a…
   - **a.** conversar.
   - **b.** tomar cerveza.
   - **c.** dormir.

5. Hace seis meses que Pablo…
   - **a.** va de compras.
   - **b.** estudia y trabaja.
   - **c.** mira la televisión.

Nombre: _____ Fecha: _____

04-54 El mundo literario. Pablo is studying literature and enjoys reading novels about families. The following is a description of a novel written by the Spanish author Carmen Laforet. Read the text, and then indicate whether each statement is true (**Cierto**), false (**Falso**), or whether it is not mentioned (**No se menciona**).

Nada es la historia de Andrea, una chica que va a estudiar a Barcelona. En Barcelona, vive en un apartamento sucio (*dirty*) con su abuela, su tía Angustias, sus tíos Juan y Román, la esposa de Juan y su hijo. Como indica el título, no ocurre mucho en la novela. Lo importante es el estado psicológico de Andrea y los cambios que experimenta durante un año en Barcelona. También impota el paralelismo entre los elementos grotescos de la novela y la situación social y política de España en la década de los cuarenta. Andrea sufre hambre (*hunger*) en la novela, como los españoles durante esa época.

La crítica y el público piensan que es una novela muy buena. Todavía (*Still*) hoy en día, en todo el mundo se compra y se lee esta novela excepcional.

1. *Nada* es la historia de una muchacha.   Cierto   Falso   No se menciona
2. El hijo de Juan es muy joven.   Cierto   Falso   No se menciona
3. Angustias es la esposa de Román.   Cierto   Falso   No se menciona
4. Andrea vive en Barcelona con su abuela, sus tíos y su primo.   Cierto   Falso   No se menciona
5. Andrea está con su familia en Barcelona para trabajar.   Cierto   Falso   No se menciona
6. La novela se relaciona con la situación política de los años treinta. Cierto Falso No se menciona
7. *Nada* es una novela popular hoy en día.   Cierto   Falso   No se menciona

5 ¿Dónde vives?

Enfoque cultural

MySpanishLab
Interactive activities indicated here are available only in MySpanishLab.

05-01

Vocabulario en contexto

MySpanishLab
Interactive activities indicated here are available only in MySpanishLab.

05-02

05-03

05-04

Nombre: _____ Fecha: _____

05-05 ¿Dónde los pongo? You are helping a friend move into a new apartment. Match each household item with the place it should logically go.

1. _____ la cama   a. el dormitorio
2. _____ el sofá   b. la sala
3. _____ el microondas   c. el baño
4. _____ la barbacoa   d. la cocina
5. _____ la ducha   e. el jardín

05-06 Mi casa. Your friend Adriana is telling you about the house she is going to rent. Complete her description with the words from the list.

| cama | lavabo | muebles | refrigerador |
| chimenea | lavaplatos | piscina | sofá |

La casa que voy a alquilar es grande, pero no tiene nada; no tiene (1) _____, así que para la habitación tengo que llevar mi propia (*own*) (2) _____ para poder dormir. Para la sala, llevo mi (3) _____ para sentarme (*sit*) a mirar la televisión. La cocina está completamente equipada (*equipped*). En la cocina tengo un (4) _____ para conservar la comida fría y un (5) _____ para lavar los platos después de comer. En el baño hay un (6) _____ de mármol (*marble*) para lavarme las manos. ¡Es muy bonito! Además, en la casa hay una (7) _____ para calentar la casa en el invierno. Y lo mejor de todo... en el jardín hay una (8) _____ grande donde puedo nadar con mis amigos en el verano.

05-07 Julián describe su casa. Julián is describing his home to a friend. Complete his description with the most logical word from the list.

| bonita | dos | pequeña | la sala |
| la cocina | flores | la piscina | un |

Mi casa es (1) _____ para tres personas, pero es muy (2) _____. Es de (3) _____ piso y tiene (4) _____ habitaciones. No hay espacio en (5) _____ para una mesa, pero está bien, porque me gusta comer y mirar la televisión en (6) _____. En el jardín hay muchas (7) _____. Me gusta mucho nadar en (8) _____.

05-08 El apartamento de Adriana. Your friend Adriana tells you about the apartment she has just rented. Now listen to Adriana, and match each piece of furniture or appliance to its location.

1. _____ el refrigerador   a. la sala
2. _____ la alfombra   b. el cuarto
3. _____ la mesa   c. la cocina
4. _____ la lavadora   d. el comedor
5. _____ la mesa de noche   e. el pasillo

Nombre: _____   Fecha: _____

05-09   Una casa para la familia Rivera. Professor Rivera and his family are looking for a house, and one of their friends has good news. Read the statements; then listen to him and indicate whether each statement is true (**Cierto**), false (**Falso**), or whether it is not mentioned (**No se menciona**).

1. Los señores Rivera quieren una casa en un barrio tranquilo.   Cierto   Falso   No se menciona
2. Los señores Rivera tienen siete hijas.   Cierto   Falso   No se menciona
3. Limpian la casa los sábados.   Cierto   Falso   No se menciona
4. La abuela visita a la familia a veces.   Cierto   Falso   No se menciona
5. La casa tiene dos pisos.   Cierto   Falso   No se menciona
6. Hay un garaje para tres coches.   Cierto   Falso   No se menciona
7. Hay cuatro dormitorios en la casa.   Cierto   Falso   No se menciona
8. No hay terraza, pero hay piscina.   Cierto   Falso   No se menciona

05-10   ¿En qué parte de la casa? You are helping the Rivera family move to their new house. Listen to questions from the movers and tell them to put each item in the room where it is usually found. You may want to review the vocabulary on textbook page 203 before you begin.

MODELO: You hear: ¿Dónde quiere la cómoda?

You say: *En el dormitorio, por favor.*

1. ...
2. ...
3. ...
4. ...
5. ...
6. ...
7. ...
8. ...

05-11   Las tareas domésticas. Adriana and her new roommates have just been chosen to appear on MTV's Room Raiders. Use the verbs given and the vocabulary from *Capítulo 5* to make a list of all the things they need to do to get the apartment ready.

barrer	ordenar	planchar	secar
limpiar	pasar	sacar	tender

MODELO: *secar los platos*

1. _____
2. _____
3. _____
4. _____
5. _____

Nombre: _____ Fecha: _____

05-12 Asociaciones. Match each statement with the most appropriate term that completes it.

1. Para leer bien por la noche, Roberto va a usar _____ en la sala.
2. Hace mucho calor. Voy a poner _____.
3. Para nadar, vamos a usar _____.
4. Vamos a cocinar el pollo en la barbacoa que está en _____.
5. Para secar la ropa, Antonio va a usar _____.
6. Para cocinar la comida, vamos a usar _____.
7. Para limpiar la alfombra, Roberto va a usar _____.
8. Hace mucho frío en la casa. Anita va a poner _____.
9. Voy a guardar mi ropa en _____.
10. Voy a bañarme ahora. ¿Dónde está _____?

a. la secadora
b. el aire acondicionado
c. el jabón
d. la piscina
e. el horno
f. la aspiradora
g. la cómoda
h. la calefacción
i. la terraza
j. la lámpara

05-13 ¿Qué hacen en la casa? Roberto and his family live in a huge house and each family member is doing a chore. Read each set of statements carefully and select the one in each set that is **lógico** (*logical*).

1. _____
   a. Roberto necesita una batidora para limpiar la alfombra.
   b. Roberto necesita una aspiradora para limpiar la alfombra.
   c. Roberto necesita un lavaplatos para preparar el desayuno.

2. _____
   a. Su mamá está cocinando la sopa de verduras con la secadora.
   b. Su mamá está barriendo el piso de la cocina.
   c. Su mamá está lavando el césped.

3. _____
   a. Su hermana Anita va a sacar la basura al garaje.
   b. Su hermana Anita va a tender la ropa en el inodoro.
   c. Su hermana Anita va a cortar el jabón.

4. _____
   a. La familia va a almorzar en el comedor.
   b. La familia va a regar la comida.
   c. La familia va a doblar el piso del baño.

5. _____
   a. Todos los sillones están sucios. Roberto va a usar la ducha.
   b. Todas las alfombras están sucias. Roberto va a pasar la aspiradora.
   c. Todos los platos están sucios. Roberto va a usar una manta.

6. _____
   a. Por la tarde, Roberto va a planchar el gato en la sala.
   b. Por la tarde, Roberto va a barrer la cama.
   c. Por la tarde, Roberto va a lavar el perro en el baño.

Nombre: _____ Fecha: _____

Mosaico cultural

Funciones y formas

1. Expressing ongoing actions: Present progressive (Textbook pp. 182–183)

05-17 Una conversación por teléfono. Adriana's sister, Amanda, calls from El Salvador to find out what everyone is doing. Help Adriana explain what everyone is doing by choosing the correct present progressive form for each sentence.

1. Yo _____ la televisión. Empieza mi telenovela favorita.
   a. está viendo   b. estoy viendo   c. estamos viendo

2. Mamá _____ un pastel para el cumpleaños de papá.
   a. estoy preparando   b. están preparando   c. está preparando

3. Papá _____ mi auto porque no funciona bien.
   a. está reparando   b. están reparando   c. estoy reparando

4. Alicia y Jaime _____ en la biblioteca para un examen que tienen mañana.
   a. está estudiando   b. estamos estudiando   c. están estudiando

5. Yo _____ un informe (*report*) para la clase de antropología.
   a. estoy escribiendo   b. estás escribiendo   c. están escribiendo

6. José _____ todavía (*still*) porque anoche (*last night*) fue a una fiesta y ahora está cansado.
   a. estoy durmiendo   b. está durmiendo   c. estamos durmiendo

Nombre: _____   Fecha: _____

05-18 La familia de Adriana. You and Adriana are studying when her sister Amanda calls again. Everyone is busy doing different things, so they cannot come to the phone. Listen to Adriana and match each activity with the name of the person who is doing it.

1. Adriana _____
2. La mamá _____
3. El papá _____
4. El abuelo _____
5. La abuela _____

a. está sacando la basura.
b. está lavando los platos.
c. está estudiando para un examen.
d. está conversando con un amigo.
e. está durmiendo en su cuarto.

05-19 Una nueva casa. Adriana's friends are helping her with the chores because she is expecting houseguests. Complete the sentences with the present progressive form of the most logical verb from the list.

| barrer | hacer | pasar |
| cortar | limpiar | |

MODELO: Susana y Carlos *están regando* las plantas.

1. Jaime _____ el césped.
2. Alicia _____ el baño.
3. El profesor Rivera _____ la terraza.
4. Víctor _____ la aspiradora.
5. Adriana _____ las camas.

05-20 ¿Qué están haciendo? Read the sentences about Professor Rivera, his wife, their two children, and Adriana. Based on where they are, indicate what they are probably doing.

MODELO: Jaime está en la cafetería.
Está tomando café.

1. Adriana está en la terraza.
   _____

2. Susanita está en la cama.
   _____

3. La señora Rivera está al lado del refrigerador.
   _____

4. Jorge está en el baño.
   _____

5. Adriana y la señora Rivera están en la cocina.
   _____

6. El profesor Rivera está en la sala.
   _____

7. Jorge está en el comedor.
   _____

Nombre: _____ Fecha: _____

05-21 Las actividades de la familia de Alicia. Alicia calls home and her father answers the phone. Read the questions that Alicia asks and then listen to her father's answers. Finally, write a complete sentence that gives the correct information.

MODELO: You read: ¿Mamá está lavando los platos?
→ If you hear: Sí, es verdad.
You write: *Mamá está lavando los platos.*
→ If you hear: No, mamá está pasando la aspiradora.
You write: *Mamá está pasando la aspiradora.*

1. Papá, ¿estás mirando la televisión?
   _____

2. ¿Clara está estudiando?
   _____

3. ¿Luis está comiendo un sándwich?
   _____

4. ¿Pablo está leyendo un libro?
   _____

5. ¿El abuelo está escuchando la radio?
   _____

6. ¿El perro está durmiendo en la cocina?
   _____

05-22 ¿Qué está haciendo tu familia? Can you guess what your family members are doing at this moment? Write a paragraph of three to five sentences about what the members of your family might be doing right now. Refer to textbook pages 182–183 if you need to review the present progressive.

_____
_____
_____
_____
_____
_____
_____

Nombre: _____   Fecha: _____

2. Describing physical and emotional states: Expressions with *tener* (Textbook p. 185)

MySpanishLab
Interactive activities indicated here are available only in MySpanishLab.

05-23

05-24 **¿Qué tienen?** Write the expression with **tener** that describes each of the pictures.

1. _____

4. _____

2. _____

5. _____

3. _____

6. _____

108 ■ Mosaicos Student Activities Manual   © 2015 Pearson Education, Inc.

Nombre: _____ Fecha: _____

05-25 Adriana y sus amigos. Read the statements about Adriana and her friends. Select the answer that indicates how they feel.

1. Adriana trabaja mucho y duerme muy poco. Por eso siempre _____.
   a. tiene suerte   b. tiene sueño   c. tiene razón

2. Jaime juega al tenis los sábados por la mañana. Después de jugar, toma agua porque _____.
   a. tiene frío   b. tiene miedo   c. tiene sed

3. Adriana y Alicia están a dieta. Solo toman jugo para el desayuno y comen vegetales y frutas para el almuerzo. A la hora de la cena ellas _____.
   a. tienen hambre   b. tienen prisa   c. tienen calor

4. Adriana y su hermana Amanda siempre juegan a la lotería, y nunca ganan (*win*). Ellas no _____.
   a. tienen cuidado   b. tienen suerte   c. tienen razón

5. La clase de español empieza en diez minutos, y Adriana todavía (*still*) está en la cafetería. No puede hablar con Jaime porque ella _____.
   a. tiene frío   b. tiene sed   c. tiene prisa

05-26 Y ahora, ¿qué tienen? Listen to the descriptions of Adriana and her friends and family. Write a complete sentence **with tener** to describe them.

MODELO: You hear: Adriana está corriendo en el parque y quiere beber agua.
You write: *Adriana tiene sed*.

1. Adriana _____.
2. Alicia _____.
3. Los niños _____.
4. Jaime _____.
5. El abuelo _____.

05-27 La familia del profesor Rivera. Look at the pictures of Professor Rivera and his family and write an expression using **tener** to describe each one.

1. El profesor Rivera
_____

2. La señora Rivera
_____

3. Susanita Rivera
_____

Capítulo 5   ¿Dónde vives?   ■   109

Nombre: _____   Fecha: _____

05-28 **¿Qué haces tú?** What do you do when you have certain feelings and emotions? Read the questions and explain orally what you usually do in each situation.

MODELO: You read: ¿Qué haces cuando tienes hambre?

You say: *Cuando tengo hambre, como una hamburguesa.*

1. ¿Qué haces cuando tienes sed?
2. ¿Qué haces cuando tienes sueño?
3. ¿Qué haces cuando tienes frío?
4. ¿Qué haces cuando tienes calor?

3. Avoiding repetition in speaking and writing: Direct object nouns and pronouns (Textbook pp. 188–189)

MySpanishLab
Interactive activities indicated here are available only in MySpanishLab.

05-29

05-30 **¿Qué quieren hacer?** Read the following sentences about what Adriana and her friends want to do, and replace the direct object noun with the appropriate pronoun.

MODELO: Adriana quiere preparar el pastel.

Lo quiere preparar.

1. Adriana quiere hacer las camas.

    _____ quiere hacer.

2. Adriana quiere comprar los libros.

    _____ quiere comprar.

3. Alicia quiere sacar la calculadora de la mochila.

    _____ quiere sacar.

4. Jaime quiere preparar la cena.

    _____ quiere preparar.

5. Yo quiero tomar café con leche.

    _____ quiero tomar.

6. Adriana y Alicia quieren limpiar el apartamento.

    _____ quieren limpiar.

7. Jaime quiere regar las plantas.

    _____ quiere regar.

Nombre: _____   Fecha: _____

05-31 **La primera fiesta.** Adriana and Alicia are planning a housewarming party in their new apartment and they are talking about what needs to be done. Read the statements. Then listen to the responses and match each response with the statement that correctly precedes it.

_____ 1. Primero, el apartamento está sucio.

_____ 2. Además la cocina está muy desordenada.

_____ 3. ¿Y para tomar? Tenemos que comprar unos refrescos.

_____ 4. Muy bien… y, ¿por qué no ponemos unas flores en la sala?

_____ 5. Otra cosa importante: tenemos que llamar a nuestros amigos.

05-32 **Preparando la fiesta.** As you listen to Adriana talking about the party, decide what she is talking about by selecting the correct direct object of each sentence, based on the pronoun she uses.

1. _____ a. el pan   b. la ensalada   c. los refrescos   d. las flores
2. _____ a. el baño   b. la cocina   c. los cuartos   d. las mesas
3. _____ a. el coche   b. la fruta   c. los platos   d. las sábanas
4. _____ a. Luis   b. Linda   c. Lisa y Oscar   d. Mirta y Ana
5. _____ a. el teléfono   b. la mesa   c. los discos   d. las sillas

05-33 **La perfecta anfitriona (*hostess*).** The guests have arrived. Listen to their questions and select the appropriate answers.

1. _____
   a. Claro que puedes tomarlo.   c. Claro que puedes tomarlos.
   b. Claro que puedes tomarla.   d. Claro que puedes tomarlas.

2. _____
   a. Sí, pueden usarlo.   c. Sí, pueden usarlos.
   b. Sí, pueden usarla.   d. Sí, pueden usarlas.

3. _____
   a. Lo tenemos en la cocina.   c. Los tenemos en la cocina.
   b. La tenemos en la cocina.   d. Las tenemos en la cocina.

4. _____
   a. Sí, está junto a la puerta; ¿lo ves?   c. Sí, están junto a la puerta; ¿los ves?
   b. Sí, está junto a la puerta; ¿la ves?   d. Sí, están junto a la puerta; ¿las ves?

5. _____
   a. Lo está tocando Tomás.   c. Los está tocando Tomás.
   b. La está tocando Tomás.   d. Las está tocando Tomás.

05-34 **Al día siguiente.** You have offered to help clean up after the party. Answer Adriana's and Alicia's questions, and give your responses orally. Be sure to use the correct pronouns in your answers.

MODELO: You hear: ¿Vamos a limpiar el apartamento?

You say: *Sí, lo vamos a limpiar.*

1. …
2. …
3. …
4. …

Nombre: _____ Fecha: _____

05-35 Las opiniones de Adriana. Read the paragraph in which Adriana explains how she feels about several people. Use complete sentences to express her attitude toward each person or persons.

Hay muchas personas importantes en mi vida. Quiero mucho a mis padres; son personas muy especiales. También aprecio mucho a mis abuelos. Siempre vienen de visita durante las vacaciones. Además, tengo una buena relación con mi hermana, Amanda. Mi hermana y yo tenemos intereses similares, así que la comprendo muy bien. Mis amigas son maravillosas. Finalmente, me gustan mis clases y respeto mucho a mis profesores.

MODELO: su padre: *Lo quiere mucho.*

1. su madre: _____
2. sus abuelos: _____
3. su hermana: _____
4. sus profesores: _____

05-36 La familia de Alicia. Read the following paragraph about Alicia's family and locate the five direct object pronouns. Write the person or persons to whom the direct object pronoun refers.

Mi familia es muy interesante. Mi madre trabaja en un banco y después va a casa para trabajar más. **La**[1] respeto y admiro porque trabaja mucho. Además, es muy cariñosa. Mi padre también es muy cariñoso. Mi hermano y yo siempre reñimos (*fight*), pero **lo**[2] quiero mucho. Tengo dos hermanas gemelas; tenemos una buena relación y **las**[3] quiero mucho. Mis abuelos viven lejos, pero **los**[4] visito una vez al año durante las vacaciones. Mi tía Margarita es soltera, y aunque tiene 40 años, vive con mis abuelos. Mi tía quiere mucho a mi abuela y siempre **la**[5] ayuda con las tareas domésticas.

1. _____
2. _____
3. _____
4. _____
5. _____

4. Pointing out and identifying people and things: Demonstrative adjectives and pronouns (Textbook pp. 193–194)

MySpanishLab
Interactive activities indicated here are available only in MySpanishLab.

05-37

05-38 ¿Dónde quiere los muebles? Alicia's mother has bought a few new things for her home. Complete her mother's conversation with the delivery man by writing the correct demonstrative adjectives.

EMPLEADO: ¿Dónde quiere (1) __este__ espejo que tengo aquí?

SRA. RUIZ: En (2) __aquel__ dormitorio de allá.

EMPLEADO: Y, ¿dónde pongo (3) __estas__ lámparas que están aquí?

SRA. RUIZ: La lámpara blanca va aquí, y las otras dos en (4) __esa__ habitación pequeña de ahí.

EMPLEADO: ¿Y (5) __estos__ cuadros que están aquí?

SRA. RUIZ: (6) __Ese__ cuadro de ahí va detrás del sofá.

EMPLEADO: ¿Y (7) __este__ otro que tengo en manos?

SRA. RUIZ: (8) __Ese__ otro va en el comedor.

05-39 ¿Qué es esto? You are not familiar with all of the items in a store, so you ask some questions. Complete the following conversation with the salesman using **esto, eso,** or **aquello.**

USTED: ¿Qué es (1) __eso__ que está ahí al lado suyo (*next to you*)?

VENDEDOR: ¿(2) __Esto__? Es un molinillo (*little grinder*). Lo usamos para moler (*grind*) el chocolate o el tiste, una bebida de maíz y cacao.

USTED: ¿Y (3) __aquello__ que está allá? ¿Qué es?

VENDEDOR: Es un guacal. Es una calabaza seca (*dry gourd*), y lo usamos para servir la comida. Y también usamos unos pequeños para servir bebidas.

USTED: ¿Y (4) __esto__ que está aquí?

VENDEDOR: (5) __Eso__ es una maraca, un instrumento musical. Usamos dos, una en cada mano, y con ellas seguimos el ritmo de la música.

05-40 De compras. You decide to buy a few more things. Complete the questions you are going to ask the store attendant with the correct demonstrative adjectives.

1. Ves un reloj en la pared (*wall*). Estás muy lejos del reloj. Le preguntas al dependiente (*clerk*): ¿Cuánto cuesta __aquel__ reloj?

2. Tienes una guitarra en la mano. Le preguntas al dependiente: ¿Cuánto cuesta __esta__ guitarra?

3. Tu amiga a tu lado (*next to you*) te muestra (*shows*) unos platos, y le preguntas al dependiente: ¿Cuánto cuestan __esos__ platos?

4. También ves unas películas al otro lado de la tienda. Le preguntas al dependiente: ¿Cuánto cuestan __aquellas__ películas que están allá?

5. Tienes un mapa en la mano, y lo necesitas para la clase de geografía. Le preguntas al dependiente: ¿Cuánto cuesta __este__ mapa?

Nombre: _____ Fecha: _____

05-41 Más cosas para el apartamento. You need some items for your new apartment. Adriana and Alicia offer some suggestions; unfortunately, you do not have the same taste. Listen to their suggestions and choose an appropriate response.

1. Sí, pero yo prefiero _____.
   - **a.** este
   - **b.** esta
   - **c.** estos
   - **d.** estas

2. Sí, pero a mí me gusta _____.
   - **a.** ese
   - **b.** esa
   - **c.** esos
   - **d.** esas

3. Sí, pero _____ son mejores (*better*).
   - **a.** aquel
   - **b.** aquella
   - **c.** aquellos
   - **d.** aquellas

4. Sí, pero quiero _____.
   - **a.** este
   - **b.** esta
   - **c.** estos
   - **d.** estas

5. Sí, pero _____ son mejores.
   - **a.** este
   - **b.** esta
   - **c.** estos
   - **d.** estas

En acción

MySpanishLab
Interactive activities indicated here are available only in MySpanishLab..

05-42

05-43

05-44

Mosaicos

Escucha

05-45 Nuevos vecinos. Your neighbors are cleaning their house. Before you listen, create a mental image of all the rooms in the house and the things that might need to be cleaned. Now make one list of rooms and another list of the chores that your neighbors might be doing.

CUARTOS
_____
_____
_____
_____
_____

TAREAS DOMÉSTICAS
_____
_____
_____
_____
_____

Nombre: _____   Fecha: _____

05-46 **Una reunión familiar.** Listen to the following passage once for the general idea: Why are the neighbors cleaning? Then listen again, paying close attention to the details of what each person is doing. Finally, indicate whether each statement is true (**Cierto**), false (**Falso**), or whether it is not mentioned (**No se menciona**).

1. Los abuelos van a llegar esta tarde.	Cierto	Falso	No se menciona
2. Los tíos están ayudando a la familia.	Cierto	Falso	No se menciona
3. El padre está bañando al perro.	Cierto	Falso	No se menciona
4. La mamá y su hija están poniendo la mesa.	Cierto	Falso	No se menciona
5. Hay un almuerzo de pollo, arroz y ensalada para la reunión familiar.	Cierto	Falso	No se menciona
6. Toda la familia está muy contenta por la visita de los abuelos.	Cierto	Falso	No se menciona

05-47 **¿Qué más tienen que hacer?** Did your new neighbors forget to do anything? Write any other chores that your neighbors might need to do before their guests arrive.

_____
_____
_____
_____

Habla

05-48 **Ahora tú.** You become acquainted with some of Adriana's new friends. Tell them about where you live: whether it is a house or an apartment, the different rooms it has, the furniture and other items in it, and the household chores you do. Do you like your current home? Why or why not? Review the end of chapter vocabulary list for help.

Lee

05-49 **El artículo.** Look at the title of the article. Before you read the article, review the list of activities. If the activity listed is a household chore, select **Sí**; if it is not, select **No.**

¿Quién es el responsable de las tareas domésticas?		
1. ganar dinero	Sí	No
2. trabajar fuera de casa	Sí	No
3. limpiar	Sí	No
4. barrer	Sí	No
5. planchar la ropa	Sí	No
6. quedarse en casa	Sí	No
7. casarse	Sí	No
8. cocinar	Sí	No

Nombre: _____ Fecha: _____

05-50 **¿Quién es el responsable?** Read the article and indicate whether each statement is true (**Cierto**), false (**Falso**), or whether it is not mentioned (**No se menciona**).

¿Quién es el responsable de las tareas domésticas?

Las amas de casa (*homemakers*) realizan cada día una labor de trabajo inmensa, pero no reciben un salario por su trabajo. En muchos casos el trabajo de estas mujeres pasa desapercibido (*unnoticed*), y ellas no reciben ni el agradecimiento (*gratitude*) de sus familias.

Aunque (*Although*) es cierto que en los últimos (*last*) años hay un aumento de mujeres en las diferentes áreas del mundo laboral —la industria, el comercio, e incluso (*even*) en la política— y como es natural reciben un salario por su trabajo, muchas mujeres todavía se dedican a los quehaceres del hogar, como limpiar la casa, lavar, planchar la ropa, coser (*sew*) y cuidar a los hijos.

Persiste un gran problema para las mujeres que trabajan en casa; no reciben ni salario ni recompensa (*compensation*) por las interminables horas de dedicación al hogar, y en muchas familias el hombre no participa en las tareas domésticas. Un estudio reciente revela que cuando una mujer se casa, el tiempo que pasa en las tareas domésticas aumenta (*goes up*) siete horas. Al contrario, cuando se casa un hombre, el tiempo que pasa en las tareas domésticas disminuye (*goes down*) una hora. Esta práctica es totalmente injusta; o las mujeres deben recibir un salario por su trabajo en la casa o deben recibir la ayuda del esposo. Por eso, antes del matrimonio, los esposos deben ponerse de acuerdo en las responsabilidades domésticas de cada uno.

Todos en el hogar deben ser responsables de las tareas domésticas. Así la vida es más fácil y justa.

---

1. Las mujeres reciben un salario por su trabajo en casa.　　Cierto　Falso　No se menciona
2. Muchos hombres trabajan para ganar dinero y para mantener (*support*) a la familia.　　Cierto　Falso　No se menciona
3. Las mujeres trabajan más en casa que los hombres.　　Cierto　Falso　No se menciona
4. Cuando un hombre se casa, el tiempo que pasa en las tareas domésticas aumenta.　　Cierto　Falso　No se menciona
5. El autor del artículo cree que las tareas domésticas deben ser obligación de todos.　　Cierto　Falso　No se menciona
6. Los hijos hacen un tercio (*a third*) del trabajo doméstico.　　Cierto　Falso　No se menciona

05-51 **La división ideal.** Consider your opinions on the division of household chores. Write a paragraph of at least five sentences in Spanish describing the ideal division of household chores in a family, including information on who typically does which chores. You may start with **En esta familia ideal, todos ayudan con las tareas domésticas.**

_____
_____
_____
_____
_____
_____

Nombre: _____ Fecha: _____

Escribe

05-52 Preparación. Think of your own household. Who takes care of the following chores? Write your answers, using the choices provided in the list.

mamá	otra persona	papá	un/a hermano/a	yo

1. cocinar _____
2. comprar la comida _____
3. limpiar la casa _____
4. lavar la ropa _____
5. planchar _____
6. hacer las camas _____
7. poner la mesa _____
8. lavar los platos _____
9. sacar la basura _____
10. cortar el césped _____

05-53 Tu experiencia. Write a blog post about how household chores are divided in your family. Remember to mention the following information:

- how the work is divided in your home
- which chores are done in your house, and how often
- how your home compares to that of the families described in the article

_____
_____
_____
_____
_____
_____
_____
_____
_____
_____

Nombre: _____ Fecha: _____

05-54 Revisión. Ask your instructor or one of your classmates to read your blog post in activity 05-53 and give you comments. Then read what you have written and check carefully for correct tone, vocabulary, and spelling. Make sure you have included direct object pronouns to avoid repetition. Finally, rewrite it with the corrections you have made.

_____
_____
_____
_____
_____
_____
_____

Repaso

My SpanishLab
Interactive activities indicated here are available only in MySpanishLab.

05-55

05-56 Ordenando la casa. Adriana has just sent you a text message asking you to go out to lunch. Unfortunately, your house and your yard are a mess and your parents are coming to visit. You are very busy cleaning and getting ready. Write Adriana a brief e-mail. Be sure to include the following information:

- a response to her invitation
- an explanation for the mess in your house and yard
- the chores you are doing (present progressive) and are going to do to get everything ready

_____
_____
_____
_____
_____
_____
_____
_____

Nombre: _____ Fecha: _____

05-57 La fiesta de cumpleaños. Adriana is talking with Jaime on the phone about a surprise birthday party she is planning for Alicia. Look at the pictures and then listen to their conversation. Choose **Jaime** if Jaime is doing/will do the information represented in the image, **Jaime + otros** if Jaime and other are doing/will do the information represented in the image, and **No se menciona** if it is not mentioned.

1. Jaime   Jaime + otros   No se menciona

2. Jaime   Jaime + otros   No se menciona

3. Jaime   Jaime + otros   No se menciona

4. Jaime   Jaime + otros   No se menciona

05-58 Una casa nueva. Jaime and his roommate Mateo have rented a house for the school year. Read the description of their house and the statements that follow. Finally, indicate whether each statement is true (**Cierto**), false (**Falso**), or whether it is not mentioned (**No se menciona**).

La casa de Mateo y Jaime es bastante grande; tiene dos dormitorios y dos baños completos. Están contentos porque cada uno va a tener su propio baño. Además, Mateo está feliz porque la casa tiene una cocina muy moderna. Eso es muy importante porque él cocina todos los días. En la cocina hay un microondas y una estufa con un horno eléctrico. Jaime está contento porque normalmente limpia la cocina después de comer, y hay un lavaplatos nuevo. Todos los cuartos de la casa son grandes. También hay un jardín donde su perro puede pasar el día. La casa no está lejos de la universidad; los chicos pueden ir a clase caminando y llegar en 20 minutos o tomar el autobús que pasa por su casa cada media hora.

1. Mateo y Jaime son compañeros de cuarto.   Cierto   Falso   No se menciona
2. La casa que tienen no es muy grande.   Cierto   Falso   No se menciona
3. Jaime y Mateo estudian en la cocina.   Cierto   Falso   No se menciona
4. Jaime prefiere cocinar, y también lava los platos. Cierto   Falso   No se menciona
5. Hay un jardín para el perro.   Cierto   Falso   No se menciona
6. Hay una piscina en el jardín.   Cierto   Falso   No se menciona
7. Los chicos pueden tomar el autobús para ir   Cierto   Falso   No se menciona
   a clase.

6 ¿Qué te gusta comprar?

Enfoque cultural

MySpanishLab
Interactive activities indicated here are available only in MySpanishLab.

06-01

Vocabulario en contexto

MySpanishLab
Interactive activities indicated here are available only in MySpanishLab.

06-02
06-03
06-04

Nombre: _____ Fecha: _____

06-05 De compras en Caracas. You are in Caracas, and you are out shopping with your friends. Indicate what you will tell the salesperson in each situation.

1. You are trying on a pair of jeans, but they are too big. ____
   a. Me quedan bien.
   b. Necesito una talla más pequeña.
   c. Me quedan estrechos.
2. You bought a blouse in one of the stores in the mall. You do not like the fabric, so you go back to the store to exchange the blouse. ____
   a. Quisiera cambiarla.
   b. Me queda grande.
   c. Me gusta mucho el color.
3. You are in a clothing store, and you would like to try on a suit. ____
   a. Quisiera cambiar este traje.
   b. Quisiera comprar este traje.
   c. Quisiera probarme este traje.
4. You want to know if the pants you like are on sale. ____
   a. ¿Los pantalones están vendidos?
   b. ¿Los pantalones están rebajados?
   c. ¿De qué talla son los pantalones?
5. You will pay in cash. ____
   a. Voy a pagar con un cheque.
   b. Voy a usar una tarjeta de crédito.
   c. Voy a pagar en efectivo.

06-06 ¿Qué dice usted? Match the best answer that corresponds to each of the following questions.

1. ¿En qué puedo servirle? ____
2. ¿Cuánto cuesta? ____
3. ¿Qué talla usa usted? ____
4. ¿Cómo va a pagar? ____
5. ¿Le queda bien la blusa? ____

a. En efectivo.
b. Quisiera un collar de plata.
c. Me queda un poco ancha.
d. 12.
e. 30.000 bolívares.

06-07 ¿Qué me pongo? Indicate the item that would match best if someone were wearing each of the following items.

1. abrigo ____
2. camisa ____
3. falda ____
4. sudadera ____
5. impermeable ____

a. zapatos de tenis
b. medias
c. paraguas
d. corbata
e. bufanda

06-08 Vamos de compras. Complete each statement with the most appropriate word.

1. Muchas chicas jóvenes usan estos vaqueros porque están de _____ .
2. Vamos al _____ porque allí venden de todo.
3. Hay _____ en la tienda Macy's y la ropa está más barata ahora.
4. Es una _____ porque solo pagué cinco dólares por este collar.
5. ¡Esta blusa es tan preciosa! ¿Es de _____?

a. ganga
b. rebajas
c. seda
d. almacén
e. moda

Nombre: _____ Fecha: _____

06-09 **¿Quién es?** Read the following descriptions and indicate the person who is most likely being described.

1. Esta chica lleva un traje azul, de falda y saco. Lleva una blusa de seda de color blanco con rayas azules. También lleva pantimedias y zapatos de tacón. ____
   a. una chica que va a la playa
   b. una estudiante que va a clase
   c. la presidenta de una compañía en una reunión (*meeting*)

2. Esta chica lleva pantalones cortos y una sudadera. También lleva una gorra blanca y unas zapatillas de deporte. ____
   a. una chica que va al gimnasio
   b. una secretaria en la oficina
   c. una estudiante en una fiesta

3. Este chico lleva una bata y un piyama. También lleva unas zapatillas. ____
   a. un chico que va a la universidad
   b. el presidente de una compañía en su oficina
   c. un chico que está mirando la televisión en casa

4. Esta chica lleva un traje de baño de rayas. También lleva unas sandalias y unas gafas de sol. ____
   a. una chica que va a una fiesta el sábado por la noche
   b. una ejecutiva que está trabajando en su oficina
   c. una chica que está en una playa venezolana

5. Esta persona lleva un traje con pantalón de rayas y una camisa de color. Lleva corbata y zapatos. ____
   a. un abogado (*lawyer*) que está en la corte
   b. un médico (*physician*) en la sala de operaciones
   c. un estudiante en la clase de español

6. Esta persona lleva un suéter, un abrigo y unas botas gruesas que no son de cuero. También lleva una gorra. ____
   a. una persona que va a esquiar (*ski*)
   b. una estudiante que va a su graduación
   c. una modelo en un viaje (*trip*) de negocios (*business*)

06-10 **De compras.** You are out with your friend, Diana. She spots some other friends and tells you what they are wearing so that you can identify them. As you listen, write the name of the person (**Alejandra, Jorge,** or **Ricardo**) who is wearing each item. For the three items listed not being worn by anyone, write **nadie.**

1. camisa _____
2. suéter _____
3. camiseta _____
4. blusa _____
5. vaqueros _____
6. falda _____
7. pantalones _____

Nombre: _____ Fecha: _____

8. zapatos _____
9. zapatos de tenis _____
10. botas _____
11. sandalias _____
12. corbata _____
13. bolsa _____

06-11 **¡Me gustaría una bolsa de cuero!** Your birthday is coming, and your family asks for a wish list. You call your parents and tell them about the clothes, shoes and accessories on your list. Be sure to describe the items in detail, so they buy a gift you like. You may start by saying **Me gustaría…**

06-12 **¿Qué ropa se usa?** Choose the most appropriate answer according to the context.

1. Estamos en diciembre. Hace mucho frío en Chicago. Debo llevar ___.
   a. unos pantalones cortos
   b. un abrigo
   c. un traje de baño
   d. un piyama

2. Está lloviendo. Necesitas ___.
   a. una camisa
   b. un impermeable
   c. una falda
   d. un saco

3. Mañana José tiene una entrevista de trabajo muy importante. Debe llevar ___.
   a. una sudadera
   b. un traje de baño
   c. un traje y corbata
   d. unos jeans

4. Hace mucho calor en el verano en Texas. Siempre uso ___.
   a. una bufanda
   b. un abrigo
   c. una sudadera
   d. una camiseta

5. Vamos a la playa ahora. Nos ponemos el ___.
   a. traje de baño
   b. cinturón
   c. vestido
   d. camisón

6. Son las once de la noche. Voy a ponerme ___ para ir a dormir.
   a. el piyama
   b. los zapatos
   c. el sombrero
   d. la corbata

7. Maribel va a comer con su novio, Héctor, en un restaurante muy elegante. Ella debe llevar ___.
   a. una camiseta
   b. un camisón
   c. un traje de baño
   d. un vestido

8. Los jóvenes van a un pícnic. Llevan ___.
   a. paraguas
   b. vaqueros
   c. traje
   d. saco

9. Hace mucho frío afuera. Mis manos están congeladas. Necesito ___.
   a. un par de sandalias
   b. unos guantes
   c. unos zapatos
   d. unos pantalones cortos

Nombre: _____   Fecha: _____

10. Mi amigo va a correr en el parque. Va a ponerse ___.
   a. las sandalias
   b. el vestido
   c. la sudadera
   d. las zapatillas de dormir

11. Después de bañarse, mi mamá se pone ___.
   a. los guantes
   b. la bata
   c. el impermeable
   d. las gafas de sol

12. María va a llevar la chaqueta de ___ porque hace mucho frío en Canadá.
   a. cuadros
   b. rayas
   c. lana
   d. color entero

06-13 **La moda.** Read the following statements about clothing and fashion. For each set of statements, select the one sentence that is logical.

1. ___
   a. Para ir a la playa se necesita un traje de baño.
   b. Para ir a la playa se necesita un abrigo.
   c. Para ir a la playa se necesitan zapatillas de deporte.

2. ___
   a. El arete se pone en el dedo.
   b. El arete se pone en la oreja.
   c. El collar se pone en la mano.

3. ___
   a. Es bueno llevar zapatos de tacón (*with heels*) para correr.
   b. Es bueno llevar muchas joyas para jugar al béisbol.
   c. Es bueno llevar una sudadera para correr.

4. ___
   a. Algunos hombre guardan (*keep*) sus libros en la billetera.
   b. Algunos hombres guardan su dinero en la billetera.
   c. Algunos hombres guardan sus libros en los zapatos.

5. ___
   a. Cuando llueve es una buena idea llevar un impermeable.
   b. Cuando nieva es una buena idea llevar sandalias.
   c. Cuando nieva es una buena idea llevar una bata.

6. ___
   a. El camisón se usa principalmente para dormir.
   b. La chaqueta se usa principalmente para dormir.
   c. El vestido se usa principalmente para dormir.

7. ___
   a. Generalmente las chicas llevan calzoncillos encima de los vestidos.
   b. Generalmente los chicos llevan calzoncillos debajo de los vaqueros.
   c. Generalmente las chicas llevan faldas debajo de los vaqueros.

Nombre: _____ Fecha: _____

06-14 Vamos a comprar. It is Diana's first winter in the United States and she is going to the Northeast, so you advise her to buy warm clothing. Think of some items she might need; then listen to her questions and write the name of the appropriate item, following the model.

MODELO: You hear: ¿Qué es mejor comprar: sandalias o botas?

You write: Tienes que comprar *botas*.

1. Tienes que comprar _____.
2. Tienes que comprar _____.
3. Tienes que comprar _____.
4. Tienes que comprar _____.
5. Tienes que comprar _____.

Mosaico cultural

MySpanishLab
Interactive activities indicated here are available only in MySpanishLab.

06-15

06-16

Funciones y formas

1. Talking about the past: Preterit tense of regular verbs (Textbook pp. 216–217)

MySpanishLab
Interactive activities indicated here are available only in MySpanishLab.

06-17

126 ■ Mosaicos Student Activities Manual

Nombre: _____ Fecha: _____

06-18 **¿Cuándo?** Read what Diana tells you about her and her family's activities, and indicate whether each activity takes place in the present (**presente**), in the past (**pasado**), or whether it is ambiguous (**ambiguo**).

1. Miraron las noticias en la televisión.   presente   pasado   ambiguo
2. Viajo a Caracas de vacaciones con mis amigos. presente   pasado   ambiguo
3. Llamé a mis amigos por teléfono.   presente   pasado   ambiguo
4. Nada en el mar.   presente   pasado   ambiguo
5. Compramos regalos para los amigos.   presente   pasado   ambiguo
6. Tomó un café con una amiga.   presente   pasado   ambiguo
7. Comieron pasta en el restaurante.   presente   pasado   ambiguo
8. Asistí a la clase de antropología.   presente   pasado   ambiguo

06-19 **¿Quién habla?** Read the sentences that describe what Diana and her friends did over spring break, and then indicate which person or people each sentence refers to.

> **a.** Diana (yo)   **c.** Alejandra, Jorge y Diana (nosotros)
> **b.** Jorge   **d.** Alejandra y Jorge

1. Bailaron en una fiesta. _____
2. Habló mucho por teléfono con su madre. _____
3. Miré la televisión por la tarde. _____
4. Almorzaron a las dos y media de la tarde. _____
5. Bailamos en una discoteca hasta las cinco de la mañana. _____
6. Comí en un restaurante mexicano. _____
7. Bebimos margaritas en la playa. _____

06-20 **¿Qué hicieron tú y tus amigos?** Diana would like to know what you and your friends did last weekend. Write the correct preterit form of the appropriate verb from the list. One of the verbs will be used twice.

| asistir | estudiar | jugar | tomar |
| comer | hablar | mirar | |

el viernes:

1. Yo _____ en la cafetería y _____ por teléfono con mi hermano.
2. Mis amigos _____ al fútbol y _____ en un restaurante.

el sábado:

3. Yo _____ televisión y _____ en la biblioteca.
4. Mis amigos _____ a una conferencia y _____ un café juntos.

Nombre: _____   Fecha: _____

06-21 El fin de semana. Jorge and Diana are talking about their weekends. Listen to their conversation and indicate whether it was **Jorge, Diana,** or **ambos** (*both*) who did the following things.

	Jorge	Diana	ambos
1. levantarse temprano	Jorge	Diana	ambos
2. desayunar en un café	Jorge	Diana	ambos
3. mirar la televisión	Jorge	Diana	ambos
4. comer con sus padres	Jorge	Diana	ambos
5. hablar con una amiga	Jorge	Diana	ambos
6. dormir una siesta	Jorge	Diana	ambos
7. estudiar español	Jorge	Diana	ambos
8. salir con los amigos	Jorge	Diana	ambos

06-22 ¿Quién? Jorge is talking about what other people did. Listen to him and pay close attention to the verb forms. Finally, indicate to whom he is referring.

> **a.** Jorge (yo)   **d.** Alejandra y Jorge (nosotros)
> **b.** tú   **e.** Alejandra y Ricardo
> **c.** Alejandra

1. ___
2. ___
3. ___
4. ___
5. ___
6. ___
7. ___
8. ___

06-23 ¿Y ustedes? Jorge wants to know everything you and your friends did. Tell him all about your weekend. Remember to narrate past events using the correct preterit verb form. You may start by saying, **El viernes por la noche, yo…**

06-24 Entrevista con el detective. While you and Diana were at the mall, you witnessed a robbery and are later interviewed by the police. Answer the detective's questions using the cues given. Be sure to use the correct preterit form of the verb.

MODELO: You hear: ¿A qué hora llegó usted al centro comercial?
            You see: (una y media)
            You write: *Llegué a la una y media.*

1. (a las dos) _____
2. (los dependientes) _____
3. (los collares) _____
4. (rápidamente) _____
5. (a la policía) _____

2. Talking about the past: *ir* and *ser* (Textbook p. 219)

06-26 **Unas vacaciones en Venezuela.** Your friend recently went to Venezuela. Complete his message with the correct preterit form of **ser** or **ir**.

¡Hola, amigos! El mes pasado mis vacaciones (1) _____ perfectas. Mis amigos y yo (2) _____ a Venezuela para visitar Caracas, el Parque Nacional Canaima y la isla de Margarita. Primero nosotros (3) _____ a Caracas y visitamos la casa donde nació Simón Bolívar. La visita (4) _____ muy interesante. Mario Infante, uno de los miembros del grupo, es venezolano y (5) _____ nuestro guía (*guide*). Nosotros (6) _____ al Parque Nacional Canaima y nos gustó mucho, pero el momento espectacular de la excursión (7) _____ cuando vimos el Salto Ángel, las cataratas (*waterfalls*) más altas (*highest*) del mundo. Finalmente, nosotros (8) _____ a isla de Margarita. Durante el día nadamos y tomamos el sol en la playa, y por la noche (9) _____ a las discotecas y bailamos. Conocimos a muchos venezolanos también. (10) ¡_____ las mejores vacaciones de mi vida!

06-27 **Tus vacaciones.** Answer your friend's questions about a vacation you took last year.

1. ¿A dónde fuiste de vacaciones el año pasado?
   _____

2. ¿Cómo fueron tus vacaciones?
   _____

3. ¿Con quién fuiste de vacaciones?
   _____

4. ¿Cuál fue la mejor parte del viaje?
   _____

5. ¿Cuál fue la peor parte del viaje?

Nombre: _____ Fecha: _____

06-28 Ser o ir, otra vez. As you have learned, the verbs **ir** and **ser** have identical forms in the preterit, so you have to rely on context to assign the right meaning. Listen to each sentence and write **ser** if the verb it contains is a form of **ser,** or **ir** if the verb it contains is a form of **ir.**

1. _____   3. _____   5. _____

2. _____   4. _____   6. _____

06-29 El viaje del abuelo. Complete the following paragraph by filling in the missing preterit forms of the verbs **ir** and **ser.**

El abuelo visitó Venezuela en 1950. (1) _____ a Caracas, la capital de Venezuela, para visitar a un amigo y su familia. En Caracas (2) _____ a algunos lugares históricos y otros modernos. El abuelo y su amigo Héctor (3) _____ a una fiesta en un club y después (4) _____ a caminar. El abuelo dice que (5) _____ un viaje extraordinario.

06-30 Un viaje inolvidable. Talk about a memorable vacation or travel experience. Where did you go? What did you do there? Give as many details as you can. If you don't have a trip to talk about, you can invent one. You may start by saying **Una vez fui a…**

3. Indicating to whom or for whom an action takes place: Indirect object nouns and pronouns (Textbook pp. 222–223)

MySpanishLab
Interactive activities indicated here are available only in MySpanishLab.

06-31

06-32 Regalos para todos. Complete the following story with the correct indirect object pronouns.

El mes pasado muchas personas en mi familia celebraron días especiales y yo (1) _____ compré regalos a todos. A mi madre (2) _____ regalé una blusa de seda para su cumpleaños; a mi padre (3) _____ di una corbata para su cumpleaños. A mis hermanos menores (4) _____ regalé zapatos nuevos para celebrar su graduación. A nuestros abuelos, todos nosotros (5) _____ dimos como regalo un viaje para su aniversario.

Nombre: _____   Fecha: _____

06-33 ¿Y tus regalos? Diana wants to know what gifts you bought recently, and for whom. Listen to her questions and write your answers affirmatively, using the cues given.

MODELO: You hear: ¿Compraste un regalo para tu mamá?

You see: (unos aretes)

You write: *Sí, le compré unos aretes.*

1. (un paraguas) _____
2. (unas bufandas) _____
3. (unos zapatos de tenis) _____
4. (unas pulseras) _____
5. (algo interesante) _____

06-34 Tu cumpleaños. A friend wants to know what presents you received for your birthday. Answer the following questions by saying what each person gave you. Use a form of the verb **dar** and follow the model carefully.

MODELO: ¿Qué te regaló tu tío?

Mi tío me dio un libro.

1. ¿Qué te regaló tu padre?

   Mi padre _____.

2. ¿Y tu hermano?

   Mi hermano _____.

3. ¿Y tu abuela?

   Mi abuela _____.

4. ¿Y tu novio/a?

   Mi novio/a _____.

06-35 Un programa de televisión. The popular TV show *What Not to Wear* is launching a Spanish language version. You and your friend have been asked to serve as guest fashion advisors. Decide which clothing the two of you will give each of the following people. Follow the model.

vestido elegante	corbata roja
traje azul	zapatos de tacón
traje de baño	sandalias
pantalones de cuero	camiseta de colores
pantalones cortos	zapatos de tenis

Nombre: _____ Fecha: _____

MODELO: A la presidenta de una compañía *le damos una falda y una blusa con un saco.*

1. A una cantante de rock para un concierto _____.
2. A unos niños para jugar en el parque _____.
3. A unas estudiantes para una fiesta formal _____.
4. A un ejecutivo para una reunión _____.
5. A una estudiante para ir a la playa _____.

4. Expressing likes and dislikes: *Gustar* and similar verbs (Textbook pp. 226–227)

06-37 Diana y sus amigos. Complete the following sentences with the most appropriate option to indicate what Diana and her friends like to wear.

1. Yo siempre llevo vaqueros porque _____.
   a. me gusta mucho
   b. te gustan mucho
   c. me gustan mucho
2. A Alejandra y a Jorge _____ los zapatos de tenis de la marca Nike.
   a. les encantan
   b. les encanta
   c. le encantan
3. Jorge y yo llevamos colores fuertes frecuentemente porque _____ esos colores.
   a. nos queda bien
   b. les queda bien
   c. nos quedan bien
4. A Jorge no _____ usar corbata porque prefiere un estilo menos formal
   a. les gusta
   b. le gustan
   c. le gusta
5. Alejandra nunca lleva faldas porque _____.
   a. no le quedan bien
   b. no les queda bien
   c. no les quedan bien

132 ■ Mosaicos Student Activities Manual

Nombre: _____ Fecha: _____

06-38 Y a ti, ¿qué te gusta? Write at least 4 complete sentences using the expressions from the list to describe your clothing preferences.

| encantar | interesar | quedar estrecho/a |
| gustar | quedar bien | |

MODELO: *A mí me interesa comprar unos vaqueros nuevos...*

_____
_____
_____
_____

06-39 Fuimos de compras. Your friends Diana, Alejandra, and Rita tell you about their shopping trip. Choose the correct verb forms to complete the conversation.

DIANA: Me (1) (gustó/gustaron) mucho el centro comercial.

ALEJANDRA: A mí también. Sobre todo nos (2) (gustó/gustaron) los trajes que vimos en el almacén La Moda.

DIANA: Y a Rita le (3) (pareció/parecieron) muy bonitos también.

ALEJANDRA: Sí, pero le (4) (cayó/cayeron) mal la dependienta.

DIANA: ¡Ay, Ale! Tú sabes cómo es Rita. A ella solo le (5) (interesa/interesan) las boutiques elegantes con dependientas muy finas.

ALEJANDRA: Bueno, pero le (6) (encantó/encantaron) ir de compras con nosotras. Dice que quiere ir otra vez.

06-40 Las preferencias de Susana. Diana's cousin Susana is telling you about her preferences with regard to academics and leisure activities. Listen once to get the gist; then listen again and select the activities that Susana likes.

__ los estudios
__ la química
__ la biología
__ conversar con los amigos
__ hablar de política

__ mirar la televisión
__ la música popular
__ la música clásica
__ la música rock
__ bailar

06-41 Tus preferencias. Your friends would like to know about your likes and dislikes. Write about at least two school or leisure activities you like and two you do not care for.

_____
_____
_____
_____
_____

5. Describing people, objects, and events: More about *ser* and *estar* (Textbook pp. 230–231)

06-43 Diana. Complete Jorge's description of his friend Diana with the correct present tense form of **ser** or **estar**.

Diana (1) _____ una buena amiga. (2) _____ de Venezuela. Diana (3) _____ alta y delgada. Como (4) _____ una estudiante seria, siempre (5) _____ nerviosa antes de un examen, pero (6) _____ contenta después. Con frecuencia Diana me invita a cenar en su casa, y ¡la comida siempre (7) _____ riquísima!

06-44 Buenos amigos. Talk about two of your closest friends, describing them in detail. Remember to mention what they are like, where they are from, and how they feel in certain situations. You may start by saying, **Mi amigo se llama…**

06-45 La fiesta de Jorge. Complete the following conversation between Diana and Alejandra with the correct present tense form of **ser** or **estar**.

DIANA: ¡Hola, Alejandra! ¿Cuándo (1) _____ la fiesta de Jorge?

ALEJANDRA: La fiesta (2) _____ el sábado a las 8:00.

DIANA: Y, ¿dónde (3) _____ la fiesta?

ALEJANDRA: La fiesta (4) _____ en el restaurante venezolano que (5) _____ al lado de la universidad.

DIANA: ¡Qué bien! ¿Qué ropa vas a llevar?

ALEJANDRA: Bueno, yo (6) _____ muy entusiasmada (*excited*) porque el restaurante (7) _____ muy elegante y por eso voy a llevar un vestido elegante y zapatos de tacón alto.

DIANA: ¡Fantástico! La fiesta va a (8) _____ divertida.

En acción

MySpanishLab
Interactive activities indicated here are available only in MySpanishLab.

06-46

06-47

06-48

Mosaicos

Escucha

06-49 De compras. Your friend Alejandra goes to the store to buy some new clothes. What will the sales associate ask or say to her? Before you listen, make a list of the questions or statements you might hear. Refer to the section *Las compras* in *Capítulo 6* of your textbook for ideas.

_____
_____
_____
_____
_____
_____

06-50 En la tienda. Listen to the conversation between the salesperson and Alejandra, and take notes to remember important details and phrases that you hear.

_____
_____
_____
_____
_____
_____

Nombre: _____ Fecha: _____

06-51 La conversación. Listen to Alejandra's conversation with the sales associate and write the answers to the questions.

1. ¿Qué tipo de suéter busca Alejandra? _____.
2. ¿Qué talla necesita? _____.
3. ¿Qué suéter le queda bien? _____.
4. ¿Cuánto cuesta? _____.
5. ¿Cómo paga? _____.

06-52 Un regalo para mamá. You are shopping for a Mother's Day gift for your mother. Tell the sales associate at the store your mother's likes and dislikes, as well as her size and preferences with regard to clothing and accessories. Ask for recommendations on what to purchase. Finally, thank the sales associate for his/her help. Remember to use your knowledge of physical descriptions, verbs like **gustar,** and clothing vocabulary.

Lee

06-53 Ropa y accesorios. You will read an article about fashion and accessories. Before starting, look at the pictures and write the names of some of the items that may be mentioned in the passage.

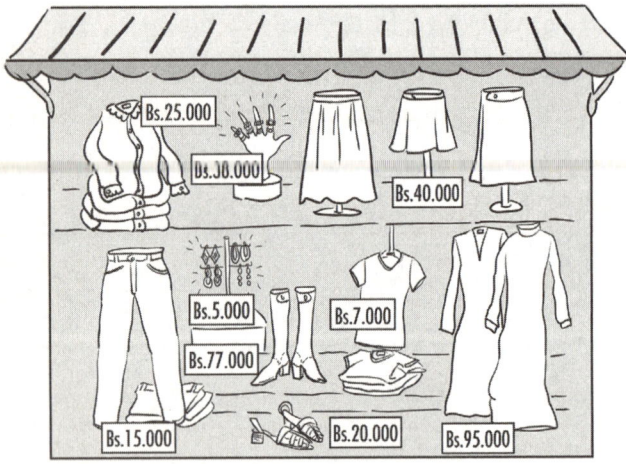 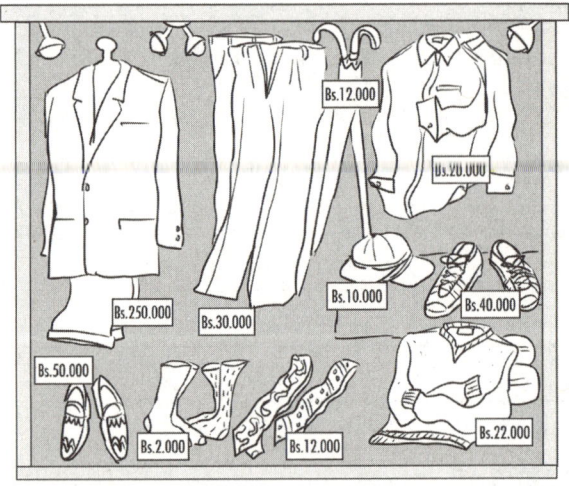

_____   _____
_____   _____
_____   _____
_____   _____

06-54 Ocasiones especiales. Read the article about fashion and accessories on the next page, and then indicate whether each statement is true (**Cierto**), false (**Falso**), or whether it is not mentioned (**No se menciona**).

136 ■ Mosaicos Student Activities Manual

Nombre: _____ Fecha: _____

MODA

En general, tienen diversas formas y colores y son de una gran variedad de materiales. Pueden ser exóticos, simples, elegantes. Son definitivamente nuestros amigos inseparables: los accesorios. ¡Un complemento obligatorio para la mujer que desea verse elegante e interesante!

Son ideales para todo tipo de vestuario (*clothing*) y pueden transformar a una mujer sencilla en el centro de atención de un evento social. Un vestido sencillo, pero elegante, un par de aretes grandes o pequeños, un collar de hermosas perlas cultivadas o de fantasía fina y una pulsera del mismo estilo pueden causar una impresión inolvidable entre los invitados.

Pero ¡cuidado! Cada pequeña o gran transformación femenina debe ir acompañada del accesorio adecuado para la ocasión.

No olvide que el grado de formalidad del evento determina la ropa y los accesorios que debemos usar. Probablemente para una fiesta en la oficina es recomendable hacer cambios menos notorios: llevar un lápiz labial más oscuro, unos aretes diferentes a los que usamos diariamente o unos zapatos de tacones más altos. Una invitación a un pícnic, por otro lado, va a exigir ropa informal y menos accesorios.

Para una fiesta de Navidad o de Año Nuevo, sin embargo, debemos abrir las puertas de nuestro armario: es la hora de lucir bolsas elegantes y de ponerse vestidos de lentejuelas (*sequins*) brillantes, pantalones y trajes finos, zapatos de moda y, por supuesto, accesorios extravagantes y llamativos, acompañados de un toque de maquillaje exótico.

1. Los accesorios son poco variados.   Cierto   Falso   No se menciona
2. Los hombres también usan accesorios.   Cierto   Falso   No se menciona
3. Si una mujer desea ser elegante, debe usar accesorios.   Cierto   Falso   No se menciona
4. Un collar de perlas puede causar una buena impresión
   en las personas que lo ven.   Cierto   Falso   No se menciona
5. En una fiesta de la oficina, conviene llevar
   muchos accesorios.   Cierto   Falso   No se menciona
6. Un vestido de lentejuelas es un accesorio.   Cierto   Falso   No se menciona
7. Según el artículo, las botas pueden ser elegantes.   Cierto   Falso   No se menciona
8. Para ir a un pícnic, una mujer puede poner
   un vestido de lentejuelas.   Cierto   Falso   No se menciona

06-55 El vestuario apropiado. You have read about accessories and appropriate clothing for different situations. Now read about how Diana, Jorge, and Susana are dressed, and indicate to what event they might be going.

a. una fiesta de la oficina   **b.** un pícnic

1. Diana lleva un vestido negro, zapatos de tacón alto, aretes de oro con pequeñas perlas y un collar de perlas cultivadas. Está maquillada (*She has on makeup*), y tiene los labios (*lips*) pintados de un color oscuro. _____
2. Jorge lleva un traje gris oscuro y una corbata verde y roja. Tiene un reloj pulsera (*wristwatch*) de oro y lleva unos zapatos elegantes. _____
3. Susana lleva un suéter color café claro, unos vaqueros y unas botas de cuero. En una oreja (*ear*) tiene un arete en forma de pequeño sol, y en la otra un arete en forma de pequeña luna. Está ligeramente (*slightly*) maquillada. _____

Nombre: _____ Fecha: _____

Escribe

06-56 Una fiesta de graduación. It is very important to wear the appropriate clothes and accessories for each occasion. Think about your high school prom or another important event you attended, and list what you wore that day.

Ropa y zapatos:

_____

_____

_____

Accesorios:

_____

_____

_____

06-57 Una experiencia inolvidable. Since the high school prom is a U.S. cultural phenomenon, you decide to prepare a Facebook post to explain to your many friends in other countries what a prom is like. Describe the prom you attended (real or imaginary). Include the following information:

- when it was (year and month)
- where it took place
- who was with you
- what you (and your date) wore

_____

_____

_____

_____

_____

_____

_____

_____

_____

_____

_____

_____

_____

Nombre: _____ Fecha: _____

06-58 ¡Fantástico! Your Latin American Facebook friends loved the wall post about the prom and want to know more about your experience. Answer their questions.

1. ¿Qué te gustó más de la fiesta?
   _____

2. ¿Todos los estudiantes en Estados Unidos tienen una fiesta antes de graduarse?
   _____

3. ¿Hay otras celebraciones especiales en las que (*in which*) tienes que ponerte ropa elegante? ¿Cuáles son?
   _____

4. ¿Cuál es tu celebración favorita? ¿Por qué?
   _____

5. ¿Hay otras celebraciones especiales en las que no necesitas ropa elegante? ¿Cuáles son?
   _____

Repaso

MySpanishLab
Interactive activities indicated here are available only in MySpanishLab.

06-59

06-60 De compras por televisión. Diana and Jorge are watching a home shopping channel on television. Read the sentences below; then listen to the text and indicate whether each statement is true (**Cierto**), false (**Falso**), or whether it is not mentioned (**No se menciona**).

1. El collar es de perlas. — Cierto — Falso — No se menciona
2. Según el anuncio, una mujer puede llevar el collar al trabajo para verse muy elegante. — Cierto — Falso — No se menciona
3. El collar cuesta $300. — Cierto — Falso — No se menciona
4. Venden una billetera de plástico para hombres. — Cierto — Falso — No se menciona
5. Venden zapatos también. — Cierto — Falso — No se menciona
6. Si usted quiere comprar uno de estos productos, debe llamar al 25-42-88. — Cierto — Falso — No se menciona
7. Usted puede regatear. — Cierto — Falso — No se menciona

Nombre: _____   Fecha: _____

06-61 El origen de la guayabera. Read the following text about the origin of the guayabera (the typical shirt worn in the Caribbean), and then choose the answer that best completes each of the sentences.

La guayabera constituye una parte integral del vestuario (*clothing*) masculino en los climas cálidos. Pero ¿dónde y cómo surgió esta prenda (*item*) de vestir? Hay varias respuestas a esta pregunta, pero una de ellas asegura que la guayabera nació hace muchos años en Sancti Spiritus, una pequeña ciudad de la isla de Cuba.

Es un hecho (*fact*) histórico que la ropa que llevaban los españoles que conquistaron América no era (*was*) apropiada para las tierras calientes y húmedas del Caribe. A medida que (*as*) el tiempo pasaba, los hombres que vivían en las ciudades pequeñas o en el campo (*countryside*) empezaron a pedir telas más frescas, especialmente lino de Irlanda.

Según (*according to*) la tradición, José González, un ganadero (*cattle rancher*) de Sancti Spiritus, recibió una tela que sus familiares le mandaron de regalo de Sevilla. Como el calor era muy fuerte, enseguida habló con su esposa Encarnación sobre la confección (*making*) de un tipo de camisa con las siguientes características:

- debe usarse por fuera de los pantalones y no por dentro
- debe tener cuatro bolsillos (*pockets*), dos arriba y dos abajo
- los bolsillos de abajo deben ser más grandes que los de arriba para poder llevar el tabaco y lo necesario para encenderlo
- los bolsillos deben tener botones para no perder nada
- las mangas (*sleeves*) deben ser largas para protegerse del sol y los insectos

Dos días después, Encarnación terminó la camisa y José se la puso. Cuando José salió de casa, fue la admiración del pueblo (*town*). Por primera vez, los hombres tenían una camisa práctica y fresca. Enseguida otros vecinos del lugar empezaron a imitar a José.

1. Según el artículo, la guayabera tiene su origen en _____.

   a. Sevilla

   b. Irlanda

   c. Sancti Spiritus

2. La ropa de los españoles que llegaron a América se caracterizaba por _____.

   a. ser de lino de Irlanda

   b. tener muchos botones

   c. ser de telas para climas fríos

3. Una guayabera tradicional debe tener _____.

   a. mangas cortas

   b. diseños geométricos

   c. dos bolsillos arriba y dos abajo

4. Los bolsillos de abajo deben ser más grandes para poner _____.

   a. la bufanda

   b. el tabaco

   c. el dinero

7 ¿Cuál es tu deporte favorito?

Enfoque cultural

MySpanishLab
Interactive activities indicated here are available only in MySpanishLab.

07-01

Vocabulario en contexto

MySpanishLab
Interactive activities indicated here are available only in MySpanishLab.

07-02

07-03

07-04

Nombre: _____ Fecha: _____

07-05 **Los deportes y los jugadores.** Associate the name of each player, team, or event with its sport. If you need help, look for the names online.

MODELO: New York Yankees
el béisbol

1. Kobe Bryant   _____
2. Tour de France   _____
3. Tiger Woods   _____
4. Wimbledon   _____
5. La Copa Mundial   _____

07-06 **Los deportes y el equipo.** Match each sport with the associated piece of equipment.

1. el baloncesto ____   a. el bate
2. el béisbol ____   b. los palos
3. el vóleibol ____   c. la cesta
4. el tenis ____   d. la red
5. el golf ____   e. la raqueta

07-07 **Equipo deportivo.** Select the item that is *not* associated with each sport.

1. fútbol: pelota   raqueta   campo
2. vóleibol: bate   red   balón
3. tenis: palos   raqueta   red
4. golf: campo   red   palos
5. básquetbol: balón   bate   cesto

07-08 **¿Qué deporte practican?** You are visiting Argentina during your vacation, and overhear four conversations about sports. Identify the sport discussed in each conversation.

el ciclismo	el golf
el esquí	el tenis
el fútbol	el vóleibol

1. _____
2. _____
3. _____
4. _____

Nombre: _____   Fecha: _____

07-09 **¿Qué necesito?** Franco is totally unfamiliar with sports. Listen to his statements and respond, letting him know when he is correct and correcting him when he is not.

MODELOS: You hear: Necesito un bate para el béisbol, ¿verdad?

You write: *Sí, para el béisbol necesitas un bate.*

You hear: Necesito una bicicleta para el fútbol, ¿verdad?

You write: *No, para el fútbol necesitas una pelota.*

1. _____

2. _____

3. _____

4. _____

5. _____

07-10 **Tu deporte favorito.** Answer the following questions orally about your favorite sport.

1. ¿Cuál es tu deporte favorito?

2. ¿Qué se necesita para jugar ese deporte?

3. ¿Cómo se llaman uno o dos de los jugadores famosos de ese deporte?

07-11 **El tiempo y las estaciones.** Read the following statements, and then select the season or weather condition that is best for each activity or sport.

1. A muchas personas les gusta ir a la playa durante esta estación. ____

    a. invierno   **b.** verano   **c.** otoño

2. Esta estación se asocia con el fútbol americano. ____

    a. otoño   **b.** primavera   **c.** verano

3. Cuando hace este tiempo, muchas personas van a pasear al parque. ____

    a. llueve   **b.** hace fresco   **c.** hace mucho frío

4. En esta estación, muchas personas van a las montañas para esquiar. ____

    a. primavera   **b.** verano   **c.** invierno

5. En Nueva York, Chicago y Madrid, en invierno ____.

    a. hace calor   **b.** hace frío   **c.** hace fresco

Nombre: _____ Fecha: _____

07-12 **¿Qué tiempo hace?** Complete each statement with the most appropriate word.

1. Los niños están jugando en el jardín porque hace buen tiempo y hay mucho ___.
2. Va a llover porque está ___. ¿Por qué no llevas el paraguas?
3. Es muy difícil caminar por la calle porque hace mucho ___.
4. El cielo está ___. Es un día perfecto para hacer un pícnic en el parque.
5. Voy a buscar mis guantes y bufanda porque hace mucho ___ afuera.
6. Me encanta el tiempo en octubre. Hace ___ y no necesito el aire acondicionado ni la calefacción.

a. sol
b. viento
c. fresco
d. nublado
e. frío
f. despejado

07-13 **¿En qué estación estamos?** Match each statement with the most appropriate season.

1. ___ En diciembre vamos a esquiar en las montañas en Nuevo Hampshire.
2. ___ En abril hace buen tiempo y vamos a jugar al béisbol en el parque.
3. ___ ¡Qué calor hace! Vamos a nadar en la playa cerca de la casa.
4. ___ En octubre los árboles cambian de color. ¡Qué bonito!

a. la primavera
b. el verano
c. el invierno
d. el otoño

07-14 **Los deportes y el tiempo.** Listen to the speakers, and recommend the most appropriate sport for each person.

| ciclismo | esquí | tenis | vóleibol |

1. Te recomiendo el _____.
2. Te recomiendo el _____.
3. Te recomiendo el _____.
4. Te recomiendo el _____.

07-15 **Antónimos.** Choose the best antonym for each action.

1. _____ — se vistió
   a. pitó
   b. se quitó la ropa
   c. se bañó
   d. volvió

2. _____ — ganó
   a. perdió
   b. se despertó
   c. se puso la ropa
   d. discutió

3. _____ — se fue
   a. se sentó
   b. se despertó
   c. volvió
   d. ganó

4. _____ — se durmió
   a. discutió
   b. se fue
   c. se acostó
   d. se despertó

5. _____ — se sentó
   a. pitó
   b. se quitó la ropa
   c. metió un gol
   d. se levantó

07-16 **El partido de béisbol.** Complete the passage with the most appropriate terms from the list.

| aficionados | equipo | ganó | metió | se levantó |
| campeonato | fue | jugadores | se acostó | se puso |

Ayer fue el partido decisivo del (1) _____ de las Grandes Ligas de béisbol. Jorge y sus amigos son

(2) _____ a los Red Sox. Creen que los Red Sox son el mejor (3) _____ de Estados Unidos.

Jorge (4) _____ temprano por la mañana. Después de ducharse, (5) _____ el suéter de los Red Sox y

(6) _____ a ver el partido con sus amigos en Fenway Park. Al final, el equipo de los Red Sox anotó (*scored*)

una carrera y (7) _____ el partido. Jorge piensa que los Red Sox tienen (8) _____ excelentes.

Mosaico cultural

Funciones y formas

1. Talking about the past: Preterit of reflexive verbs (Textbook pp. 251–252)

Nombre: _____ Fecha: _____

07-20 **Horarios diferentes.** Franco and Gabriela are college students. Their schedules and activities are quite similar, but there are some differences, too. Listen to their conversation and indicate whether **Franco, Gabriela,** or both (**ambos**) do the following activities.

1. levantarse temprano   Franco   Gabriela   ambos
2. bañarse por la noche   Franco   Gabriela   ambos
3. afeitarse   Franco   Gabriela   ambos
4. lavarse los dientes   Franco   Gabriela   ambos
5. irse al trabajo   Franco   Gabriela   ambos
6. quitarse el traje   Franco   Gabriela   ambos
7. dormirse después de mirar la televisión   Franco   Gabriela   ambos
8. acostarse tarde   Franco   Gabriela   ambos

07-21 **El día de Gabriela.** Gabriela's activities from last Saturday are listed in chronological order. Conjugate the verbs in the preterit to tell what she did in the morning and at night.

POR LA MAÑANA:	POR LA NOCHE:
despertarse	lavarse los dientes
levantarse	ponerse el camisón
bañarse	acostarse
secarse	
vestirse	

Por la mañana Gabriela…   Por la noche Gabriela…

1. _____ .   6. _____ .
2. _____ .   7. _____ .
3. _____ .   8. _____ .
4. _____ .
5. _____ .

07-22 **De vacaciones en Punta del Este.** Gabriela and Franco spent a week in Punta del Este, a resort in Uruguay. Complete the questions with the correct preterit **ustedes** form of the appropriate verb to find out what they did there.

acostarse	irse	ponerse
divertirse	levantarse	

1. ¿_____ muy tarde el sábado por la noche?
2. ¿A qué hora _____ por la mañana?
3. ¿_____ ropa informal para cenar en el hotel?
4. ¿_____ jugando al vóleibol en la playa?
5. ¿Qué día _____ de Punta del Este?

146 ■ Mosaicos   Student Activities Manual

Nombre: _____   Fecha: _____

07-23 Un horario nuevo. Complete the paragraph about Franco's day yesterday with the preterit form of the appropriate verbs.

| acostarse | dormirse | ponerse |
| bañarse | levantarse | quedarse |

Franco (1) _____ a las siete de la mañana. Salió a correr, y después (2) _____ y (3) _____ la ropa. Desde allí fue a la universidad, desayunó y (4) _____ en la biblioteca tres horas para estudiar. Después de sus clases, Franco regresó a casa. A las once de la noche (5) _____ y (6) _____ inmediatamente.

07-24 En casa. Report how your week went, using the correct preterit form of the verbs from the list.

| acostarse | lavarse | levantarse | ponerse |

1. Yo _____ temprano el lunes para asistir a clase.
2. Mi compañero/a de cuarto y yo _____ ropa informal para ir a clase.
3. Mi compañero/a de cuarto _____ los dientes después de desayunar.
4. Yo _____ tarde el sábado por la noche.

07-25 ¿Y tú? What did you do last Saturday? Answer the following questions in complete sentences.

1. ¿A qué hora te levantaste?
   _____

2. ¿Te bañaste por la mañana o por la noche?
   _____

3. ¿Qué ropa te pusiste?
   _____

4. ¿Qué comiste para el desayuno?
   _____

5. ¿A qué hora te acostaste?
   _____

07-26 La rutina diaria. You are trying to be more organized. Recount your schedule of activities from yesterday. You may start with **Me desperté a las...**

Nombre: _____ Fecha: _____

2. Talking about the past: Preterit of -er and -ir verbs whose stem ends in a vowel (Textbook pp. 256–257)

MySpanishLab
Interactive activities indicated here are available only in MySpanishLab.

07-27

07-28 Planeando un partido de fútbol. Franco, César, and Santiago are organizing an informal soccer match. After you listen to their conversation, complete your brief account of it with the correct forms of **leer** and **oír**.

Fue muy cómico. Franco (1) _____ que el viernes iba a (*was going to*) llover, pero César (2) _____ que iba a hacer buen tiempo, y Santiago y su hermano también (3) _____ eso… ¿Sabes qué pasó? ¡Que Franco (4) _____ el periódico de la semana pasada!

07-29 El examen es hoy Franco discovers that the professor has changed the date of an exam. Complete his conversation with Gabriela with the correct preterit forms of the verbs in parentheses.

GABRIELA: Hola, Franco. ¿Cómo estás? ¿(1) _____ (Oír) la noticia?

FRANCO: No… ¿qué pasó?

GABRIELA: El profesor cambió la fecha del examen… ¡Es hoy!

FRANCO: ¡Ah sí! Yo (2) _____ (oír) que cambió la fecha pero no lo (3) _____ (creer). Por eso no (4) _____ (leer) las páginas asignadas; ¿y tú, (5) _____ (leer) todo?

GABRIELA: Sí. César y yo (6) _____ (leer) todos los capítulos anoche en la biblioteca.

FRANCO: ¡Qué suerte para ustedes!

148 ■ Mosaicos Student Activities Manual

Nombre: _____ Fecha: _____

07-30 **El periódico y la radio.** Answer the following questions about your preferences and those of one of your friends regarding newspaper and radio programs.

1. ¿Qué periódico leíste ayer? ¿Y tu amigo/a?
   _____

2. ¿Qué secciones leyeron (deportes, vida social, vida cultural, noticias internacionales)?
   _____

3. ¿Cuándo fue la última vez que oíste un programa de radio? ¿Qué programa oíste?
   _____

4. ¿Oyeron tú y tu amigo/a el mismo (*same*) programa? Si no lo hicieron, ¿qué programa oyó tu amigo/a?
   _____

3. Talking about the past: Preterit of stem-changing *-ir* verbs (Textbook pp. 259–260)

MySpanishLab
Interactive activities indicated here are available only in MySpanishLab.

07-31

07-32 **El fin de semana.** Listen to Gabriela's statements about the things different people did last night, and indicate to whom she is referring in each one.

1. yo (Gabriela)   tú   Franco   Franco y César
2. yo (Gabriela)   tú   Franco   Franco y César
3. yo (Gabriela)   tú   Franco   Franco y César
4. yo (Gabriela)   tú   Franco   Franco y César
5. yo (Gabriela)   tú   Franco   Franco y César
6. yo (Gabriela)   tú   Franco   Franco y César

Nombre: _____   Fecha: _____

07-33 Los amigos. Using the following information, complete the statements indicating what Gabriela, Franco, and César did last Saturday. Use the correct preterit form of the verbs.

	GABRIELA	FRANCO Y CÉSAR
por la mañana	vestirse rápidamente	dormir hasta tarde
por la tarde	preferir estudiar en la biblioteca	oír un disco compacto en el auto
por la noche	salir a cenar	pedir una pizza

1. Por la mañana, Gabriela _____ rápidamente.
2. Por la mañana, Franco y César _____ hasta tarde.
3. Por la tarde, Gabriela _____ estudiar en la biblioteca.
4. Por la tarde, Franco y César _____ un disco compacto en el auto.
5. Por la noche, Franco y César _____ una pizza.

07-34 Celebración. Unscramble the sentences and conjugate the verbs in the preterit to reveal what Gabriela, Franco, and César did when they heard that their soccer team had won the World Cup. Begin each sentence with the subject.

MODELO: al principio/no creerlo/yo
Yo no lo creí al principio.

1. la buena noticia muchas veces/Franco/repetir
_____

2. el triunfo/ellos/servir cerveza/para celebrar
_____

3. vino/Gabriela/preferir tomar
_____

4. con los colores del equipo/vestirse/César
_____

5. esa noche/no dormir/ellos
_____

07-35 ¿Que hiciste ayer? Explain what you did yesterday. Be sure to use some of the following verbs: **pedir, oír, preferir, dormir, vestirse.** Begin your statements with **Por la mañana…**, **Por la tarde…**, or **Por la noche…**

4. Emphasizing or clarifying information: Pronouns after prepositions (Textbook p. 263)

07-37 Los regalos. You have been shopping for gifts, and Gabriela wants to know who they are for. Use the information about preferences to answer her questions in complete sentences.

Gustos:
- Abuela – las novelas de misterio y de miedo
- Papá – la música clásica
- Mi hermana – dibujar
- Mi hermano – el béisbol
- Mis primas – la ropa
- Mis primos – el tenis
- Gabriela – nadar
- Yo – nadar también; las botas de cuero

MODELO: ¿Para quién son las pinturas de colores, para tu hermano o tu hermana?
Son para ella.

1. ¿Para quién es el libro de Stephen King, para tu papá o para tu abuela? _____
2. ¿Para quién(es) son las raquetas, para tu abuela o para tus primos? _____
3. ¿Para quién es el CD de Mozart, para tu hermana o para tu papá? _____
4. ¿Para quién es el bate, para tu hermana o para tu hermano? _____
5. ¿Para quién(es) son los suéteres, para tu hermana o para tus primas? _____
6. ¿Para quién son las botas de cuero, para tu hermana o para ti? _____
7. ¿Para quién(es) son los trajes de baño, para ti o para mí? _____

Nombre: _____ Fecha: _____

07-38 **¿Con quién?** Franco talks about some of the things he and his friends do. Complete the following sentences with the appropriate pronouns or prepositions.

1. No quiero ir solo al dentista. Mi amiga Gabriela va _____.
2. A César no le gusta comer solo; por eso va al restaurante _____ Santiago.
3. Gabriela no tiene auto; yo la voy a buscar para ir al partido de fútbol. Ella no puede ir al estadio _____ mí.
4. A _____ me encanta el helado de vainilla.
5. Te gusta la música clásica; compré estos discos de Plácido Domingo para _____.
6. Como te sientes mal, te acompaño al médico; prefiero ir _____.
7. César y yo vamos a buscar a Gabriela. Ella va a venir al cine con _____.

07-39 **¡Increíble!** Your friend describes a party where she saw some of your high school classmates. React to her news, as shown in the examples.

MODELOS: You hear: César bailó con María.
You write: *¿Con ella?*
You hear: Susana bailó con Franco.
You write: *¿Con él?*

1. ¿_____?
2. ¿_____?
3. ¿_____?
4. ¿_____?
5. ¿_____?
6. ¿_____?

5. Talking about the past: Some irregular preterits (Textbook pp. 200–207)

MySpanishLab
Interactive activities indicated here are available only in MySpanishLab.

07-40

Nombre: _____ Fecha: _____

07-41 **El trabajo de Gabriela.** Complete the following statements about Gabriela's day at work with appropriate preterit forms of the verbs. Use each verb only once.

| estar | querer | traducir |
| poder | tener | venir |

1. Ayer Gabriela _____ muy ocupada.
2. Una clienta _____ a las diez en punto.
3. La clienta _____ venir anteayer, pero no fue posible.
4. Gabriela _____ unos documentos de español a inglés para unos clientes.
5. Gabriela no _____ tiempo libre por la tarde.
6. El novio de Gabriela no _____ preparar la cena; por eso, salieron para cenar.

07-42 **¿Qué hiciste el fin de semana pasado?** Think about what you did last weekend. Write complete sentences to indicate whether you did the following activities.

MODELO: volver a casa tarde
Volví/No volví a casa tarde.

1. ir al cine
   _____

2. ponerse ropa elegante
   _____

3. querer ir a la playa
   _____

4. descansar
   _____

5. hacer la tarea
   _____

6. estar en casa
   _____

7. bañarse
   _____

8. tener mucho trabajo
   _____

Capítulo 7 ¿Cuál es tu deporte favorito? ■ 153

Nombre: _____   Fecha: _____

🔊 **07-43** **¿Qué hizo el profesor de español el fin de semana pasado?** Can you imagine what your Spanish instructor did last weekend? Listen to the questions and answer negatively or affirmatively, according to what you know about your instructor.

MODELO: You hear: ¿Leyó un libro?

You write: *No, no leyó un libro./Sí, leyó un libro.*

1. _____
2. _____
3. _____
4. _____
5. _____
6. _____

07-44 **Descubriendo Uruguay.** Complete the paragraph about Franco's family vacation in Uruguay with the preterit form of the appropriate verbs from the list.

| estar | poder | tener | ser |
| ir | ponerse | tomar | ver |

Nuestra familia fue a Uruguay el año pasado. Nosotros (1) _____ en avión y (2) _____ allí una semana. El primer día en Montevideo (3) _____ la Ciudad Vieja y también la Puerta de la Ciudadela, que conecta el centro de Montevideo con la Ciudad Vieja. (4) _____ una excursión muy interesante. El segundo día (5) _____ un taxi para ir al Mercado del Puerto. Nos encantó; es un lugar muy divertido y un poco bohemio (*artsy*). Después de visitar dos museos, no (6) _____ tiempo de ver todo lo que tienen en el Museo del Gaucho, y no (7) _____ ver el Museo de la Moneda tampoco porque ya era (*was*) muy tarde. El último día en Montevideo (8) _____ ropa muy cómoda para ir a Punta del Este y pasar el resto de la semana en la playa.

🔊 **07-45** **Demasiado tarde.** Your friend is always a bit behind everybody else; everything she wants to do today was already done yesterday. Listen to her questions and reply using the cues. Follow the model.

MODELO: You hear: ¿Estudiamos los verbos irregulares?

You see: (yo)

You write: *Yo estudié los verbos irregulares ayer.*

1. (Gabriela) _____
2. (nosotros) _____
3. (Franco) _____
4. (yo) _____
5. (Gabriela y Franco) _____

Nombre: _____   Fecha: _____

07-46 **¿Qué más?** What else did you do last weekend? Write a brief paragraph and mention some other things that you did on Friday, Saturday, and Sunday. Use the expressions **por la mañana**, **por la tarde**, and **por la noche** to start some of your sentences.

_____

_____

_____

_____

_____

_____

07-47 **Los famosos.** How long ago did the following events happen? Complete the sentences using **hace** + the amount of time.

1. _____ que Melanie Griffith y Antonio Banderas se casaron. (1996)
2. _____ que Arnold Schwarzenegger se convirtió en gobernador. (2003)
3. _____ que Nixon se fue de la Casa Blanca. (1974)
4. _____ que se estrenó la película *La guerra de las galaxias*. (1977)
5. _____ que John Lennon fue asesinado. (1980)

07-48 **Llegada a Buenos Aires.** You and your friends plan to meet in Buenos Aires. It is 10:00 a.m. now. After determining whether each of your friends has arrived, and how long ago, answer the last two questions that follow. Be sure to write out the numbers using words.

MODELO: You see: Juan/Filadelfia: Juan llegó _____.

You hear: Vuelo 732, procedente de Filadelfia, llegada a las 9:40.

You write: Juan llegó *hace veinte minutos*.

1. Gabriela/Miami: Gabriela llegó _____.
2. César y Franco/Chicago: César y Franco llegaron _____.
3. Santiago/Nueva York: Santiago llegó _____.
4. Lea y Sonia/Los Ángeles: Lea y Sonia llegaron _____.
5. Manuel/San Juan: Manuel llegó _____.
6. ¿Llegaron todos tus amigos? _____.
7. ¿Quién llegó primero? _____.

En acción

MySpanishLab
Interactive activities indicated here are available only in MySpanishLab.

07-49

07-50

07-51

Mosaicos

Escucha

07-52 **Diego Maradona.** Make a list of the facts you know about soccer or about Maradona, the famous Argentinian soccer player. Then, make a list of any opinions you have of Maradona, or any speculations about his life as a soccer star.

INFORMACIÓN CONCRETA   OPINIONES

_____   _____
_____   _____
_____   _____
_____   _____

07-53 **Información sobre Maradona.** Listen to several short paragraphs about Diego Maradona, the famous Argentinian soccer player. Indicate which option is correct for each paragraph you hear.

1. ___ **a.** Ahora Maradona es demasiado viejo para jugar al fútbol.
   b. Ahora Maradona es joven.
   c. No sabemos si Maradona es viejo o joven.
2. ___ **a.** El equipo de Maradona perdió el partido.
   b. El equipo de Maradona ganó el partido.
   c. No sabemos si el equipo de Maradona perdió o ganó.
3. ___ **a.** Maradona tocó la pelota con la mano.
   b. Maradona no tocó la pelota con la mano.
   c. No sabemos si Maradona tocó la pelota con la mano.

Nombre: _____ Fecha: _____

4. ___ **a.** A Maradona le gusta la controversia.
   b. A Maradona no le gusta la controversia.
   c. No sabemos si a Maradona le gusta la controversia.

5. ___ **a.** Maradona participó varias veces en la Copa Mundial.
   b. Maradona no pudo participar en la Copa Mundial.
   c. No sabemos si Maradona participó en la Copa Mundial.

07-54 **Otro/a atleta famoso/a.** Write a brief paragraph about another famous athlete whose life and career you are familiar with. Be sure to include three facts and three opinions based on fact. You may start by writing **Es un jugador famoso/una jugadora famosa de…**

_____
_____
_____
_____
_____
_____
_____

Habla

07-55 **Un reportaje deportivo.** Think about a recent sporting event you saw, participated in, or heard about. Report the details about the event orally. Include the name of the sport, the names of the players, and the key points of the game or match, as well as the outcome. You may start by saying **Vi un partido de…** or **Participé en un partido de…**

Lee

07-56 **Un texto nuevo.** Look at the title and the format of the passage, and skim it for content. Then select the best answer for the questions that follow.

MEDIO CHILE BAJO EL AGUA

Después de un invierno suave y temperaturas agradables, el frío y el agua azotan desde hace quince días buena parte del territorio chileno. La tormenta, que es especialmente intensa en el sur del país, donde se encuentran decenas de pueblos aislados y numerosos caminos y carreteras cerrados al tráfico, se extiende también al centro y al norte del país, especialmente al Desierto de Atacama, el desierto más seco del mundo.

A altas horas de la noche, los escuadrones de rescate (*rescue squads*) pudieron llegar en botes a sacar de los techos de sus casas a cientos de víctimas —mujeres y niños— que esperaban angustiosamente la ayuda de las autoridades. Las zonas más afectadas son las poblaciones más cerca del río Bío-Bío en el sur del país.

Para hoy, no se esperan cambios significativos en el clima; se esperan más heladas, lluvia y fuertes vientos.

Nombre: _____   Fecha: _____

1. Este texto se puede encontrar en ___.
   a. un libro   b. un periódico   c. una carta
2. El título indica que se trata de ___.
   a. los deportes   b. el tiempo   c. la comida
3. El texto es sobre un país en ___.
   a. Europa   b. Norteamérica   c. Sudamérica

07-57 Medio Chile bajo el agua. Read this article from the international section of an Uruguayan newspaper. Then indicate whether each statement is true (**Cierto**), false (**Falso**), or whether it is not mentioned (**No se menciona**).

MEDIO CHILE BAJO EL AGUA

Después de un invierno suave y temperaturas agradables, el frío y el agua azotan desde hace quince días buena parte del territorio chileno. La tormenta, que es especialmente intensa en el sur del país, donde se encuentran decenas de pueblos aislados y numerosos caminos y carreteras cerrados al tráfico, se extiende también al centro y al norte del país, especialmente al Desierto de Atacama, el desierto más seco del mundo.

A altas horas de la noche, los escuadrones de rescate (*rescue squads*) pudieron llegar en botes a sacar de los techos de sus casas a cientos de víctimas —mujeres y niños— que esperaban angustiosamente la ayuda de las autoridades. Las zonas más afectadas son las poblaciones más cerca del río Bío-Bío en el sur del país.

Para hoy, no se esperan cambios significativos en el clima; se esperan más heladas, lluvia y fuertes vientos.

---

1. El mal tiempo afecta a solo una región del país.
   Cierto   Falso   No se menciona
2. Hace una semana que está nevando.
   Cierto   Falso   No se menciona
3. Las personas en el sur del país no pueden usar sus carros.
   Cierto   Falso   No se menciona
4. En el Desierto de Atacama hay tormentas de arena.
   Cierto   Falso   No se menciona
5. El tiempo va a mejorar pronto.
   Cierto   Falso   No se menciona
6. Se esperan vientos de gran velocidad.
   Cierto   Falso   No se menciona

07-58 El tiempo. Write a brief report about recent weather conditions in your area. Is this typical weather for this season? Be sure to mention the affected areas or regions as well as any specific outcomes.

_____
_____
_____
_____

Nombre: _____   Fecha: _____

Escribe

07-59 Deportes en la universidad. You are interested in reporting on sports for your university newspaper. Make a list of all of the sports played at your university.

Deportes

_____

_____

_____

_____

_____

07-60 El reportaje. Your first assignment as a sports reporter is to write about a recent sporting event at your university. It should be a real event, and be sure to include the following information:

- date, time, location, and type of event
- highlights of the performance of the players/teams
- your opinion about the event

_____

_____

_____

_____

_____

_____

_____

_____

_____

_____

_____

_____

_____

_____

_____

Nombre: _____   Fecha: _____

Repaso

MySpanishLab
Interactive activities indicated here are available only in MySpanishLab.

07-61

07-62 El tiempo y los eventos deportivos. Read the weather report for each city, and then decide which sport is best to play in that location.

1. En Montevideo hace viento. _____
   a. el baloncesto en el gimnasio
   b. el tenis
   c. el golf
2. En Mendoza llueve mucho. _____
   a. el béisbol
   b. la natación en el gimnasio
   c. el tenis
3. En Bariloche nieva. _____
   a. el ciclismo
   b. el esquí
   c. el vóleibol
4. En Buenos Aires hace fresco. _____
   a. el esquí
   b. la natación
   c. el fútbol
5. En Punta del Este hace calor. _____
   a. el esquí
   b. el hockey sobre hielo
   c. el tenis

Nombre: _____ Fecha: _____

07-63 **¡Llegué tarde!** You couldn't go to a university basketball game with your friends yesterday. Write at least four sentences to explain what made you miss the game, and invite your friends to attend another event with you. You may start by writing, **No pude ir al partido ayer porque...**

_____
_____
_____
_____
_____
_____
_____
_____
_____
_____
_____
_____
_____

07-64 **Un mensaje.** Franco leaves Gabriela a voicemail message. Listen to his message, and then complete each of the statements.

1. No pueden ir al partido de béisbol por ___.
    - **a.** el viento
    - **b.** la lluvia
    - **c.** la nieve

2. El partido de béisbol es el ___.
    - **a.** sábado
    - **b.** domingo
    - **c.** viernes

3. Franco va al torneo de tenis con sus ___.
    - **a.** amigos
    - **b.** tíos
    - **c.** padres

4. Es un excelente torneo porque ___.
    - **a.** hace buen tiempo tiempo
    - **b.** participan los mejores jugadores
    - **c.** hay tres partidos

8 ¿Cuáles son tus tradiciones?

Enfoque cultural

MySpanishLab
Interactive activities indicated here are available only in MySpanishLab.

08-01

Vocabulario en contexto

MySpanishLab
Interactive activities indicated here are available only in MySpanishLab.

08-02

08-03

08-04

08-05 **Definiciones.** Match each statement with the most appropriate word that completes it.

1. _____ y *el muerto* significan lo mismo.
2. El lugar donde se encuentran las tumbas (*graves*) de los muertos es _____.
3. El lugar donde viven los habitantes es _____.
4. La actividad que se hace con música y carrozas es _____.
5. El lugar donde se celebran los eventos religiosos se llama _____.

a. el cementerio
b. la iglesia
c. el difunto
d. el pueblo
e. el desfile

Nombre: _____   Fecha: _____

08-06 De fiesta. Read the following descriptions of holidays in the United States and Hispanic countries, and indicate the holiday being described.

1. Un día especial para los novios y los esposos. _____
2. Una fiesta muy importante en algunas ciudades como Nueva Orleans y Río de Janeiro. _____
3. Un día especial para recordar a los parientes muertos. _____
4. La noche antes de la Navidad. _____
5. Hay desfiles con banderas (*flags*) y bandas. _____
6. Los niños en Estados Unidos y Canadá van a las casas de sus vecinos (*neighbors*) y les piden dulces. _____

a. el Día de los Muertos/Difuntos
b. la Nochebuena
c. el Día de la Independencia
d. el Día de las Brujas
e. el Carnaval
f. el Día de los Enamorados

08-07 Fiestas tradicionales hispanas. You will hear descriptions of a few traditional celebrations. Listen to the descriptions and match them with the corresponding holiday.

1. _____
2. _____
3. _____
4. _____
5. _____

a. la Nochebuena
b. el Día de los Muertos
c. el Día de la Independencia
d. la Semana Santa
e. el Carnaval

08-08 ¿Cómo se celebra? Complete the following sentences with the location where it takes place.

1. La fiesta de la Virgen del Rocío se celebra con muchas carretas en _____.
2. El Día de los Muertos se celebra el 2 de noviembre en _____.
3. Muchas personas celebran la Diablada para mantener las costumbres antiguas en _____.
4. El 7 de julio empieza la celebración del Día de San Fermín en _____.
5. En _____ se celebra una de las procesiones más famosas de la Semana Santa.

a. México
b. Guatemala
c. Pamplona, España
d. Bolivia
e. Huelva, España

08-09 De vacaciones en México. Both Ramón and Anita have recently visited Mexico and had different experiences. Listen to their phone conversation and select the best response to the following questions.

1. ¿Quién visitó a una familia mexicana? _____
   a. Ramón   b. Anita   c. Ramón y Anita
2. ¿Quién fue a la playa con su familia? _____
   a. Ramón   b. Anita   c. Ramón y Anita
3. ¿Cómo se llama la fiesta típica a la que Anita fue? _____
   a. el Día de los Muertos   b. el Día de la Independencia   c. la charreada

Nombre: _____   Fecha: _____

4. ¿Qué ciudad mexicana visitó Anita? _____
   a. Cancún   b. Acapulco   c. Guadalajara
5. ¿Qué tipo de música había en la fiesta a la que fue Anita? _____
   a. música de mariachi   b. música indígena   c. música moderna
6. ¿Qué es la charreada? _____
   a. un baile   b. una comida tradicional   c. un rodeo
7. ¿Qué hacen los charros? _____
   a. tocan instrumentos musicales   b. hacen bailes folclóricos   c. participan en un rodeo
8. ¿Qué complementos del traje charro menciona Anita? _____
   a. sus grandes cinturones   b. sus sombreros coloridos   c. sus botas decoradas

08-10 Otras fiestas populares. Listen to the people who are planning for certain popular celebrations and choose the holiday from the list that best describes the name of the celebration they are preparing for. Do not forget to include the definite article (**el/la**) in your answer.

el Día de las Brujas	la Navidad
la Nochevieja	el Día de Acción de Gracias
el Día de la Madre	

1. _____   4. _____
2. _____   5. _____
3. _____

08-11 Las fiestas tradicionales de Estados Unidos. Alberto is a Mexican student visiting the United States. Listen to his question about a traditional holiday, and then give your response orally.

08-12 Crucigrama. Complete the following sentences about holidays to solve the crossword puzzle. When you complete the puzzle, the vertical row will contain the name of a holiday and the answer to number seven.

Horizontales

1. Los países celebran su libertad y soberanía (*sovereignty*) el Día de la _____.
2. Santa Claus les trae regalos a los niños para la _____.
3. El cuarto jueves de noviembre se celebra en Estados Unidos el Día de Acción de _____.
4. Los adultos se disfrazan y se divierten mucho en el _____.
5. El primer día del año es el Día de Año _____.
6. Durante el mes de mayo se celebra en muchos países el Día de la _____.

Vertical

7. El día festivo: la _____

Nombre: _____   Fecha: _____

08-13 **Una celebración especial.** Complete the dialogue with the most appropriate word from the list. Each word can only be used once.

| boda | compromiso | mariachis | regalo |
| ceremonia | invitación | recepción | tradición |

LIDIA: Rosa y Fernando van a casarse este fin de semana. ¿Recibiste la (1) _____ de ellos?

MÓNICA: Sí. ¿Vas a asistir a la (2) _____ de los novios?

LIDIA: Claro. Necesito comprarles el (3) _____ que está en la lista.

MÓNICA: ¿Cuál?

LIDIA: La lámpara de Pier 1 Imports.

MÓNICA: ¡Buena idea! Les compré una mesita de estilo rústico para su habitación. No puedo ir a la iglesia. Tengo un (4) _____ muy importante con el presidente de la compañía.

LIDIA: ¡Qué lástima! Después de la (5) _____ en la iglesia, hay una (6) _____ en el restaurante La Alegría. ¿Piensas ir?

MÓNICA: No puedo.

LIDIA: También hay una fiesta por la noche, y el novio va a traerle una banda musical de (7) _____ a la novia. Es una (8) _____ mexicana. La banda va a cantar y tocar diferentes tipos de instrumentos musicales.

MÓNICA: Entonces nos vemos allí.

LIDIA: Sí, nos vemos. Hasta pronto.

08-14 **Invitaciones.** You will be inviting some friends to your home for a special celebration. Using words and short phrases, write out the invitation that you will send to your friends by giving the following information.

Propósito de (*Reason for*) la fiesta:
_____

Día:
_____

Hora:
_____

Lugar:
_____

08-15 **Dos invitaciones.** You have received two invitations for the same day. Choose one and write a response to accept it, and offer to help with the preparations. Politely decline the other, and offer an excuse.

Propósito:	El cumpleaños de Ramón
Día:	31 de octubre
Hora:	8:00 de la noche
Lugar:	El restaurante "El abajeño", #21 Calle Juárez
	¡Ven a celebrar con nosotros! ¡Vamos a comer, beber y bailar!

Propósito:	Una fiesta de disfraces para el Día de las Brujas
Día:	31 de octubre
Hora:	8:00 de la noche
Lugar:	#9 Calle Hidalgo (la casa de Guillermo)
	¡Lleva un disfraz!

1.

2.

Mosaico cultural

MySpanishLab
Interactive activities indicated here are available only in MySpanishLab.

08-16

08-17

Nombre: _____ Fecha: _____

Funciones y formas

1. **Expressing ongoing actions and describing them in the past: The imperfect (Textbook pp. 286–287)**

MySpanishLab
Interactive activities indicated here are available only in MySpanishLab.

08-18

08-19 **¿Cuándo?** Read the following sentences that describe a typical student's routines in the present and in the past. Indicate which sentence in each set occurs in the past.

1. _____
   a. Bailaba en las discotecas.
   b. Estudia en la biblioteca.
   c. Compra comida en el supermercado.

2. _____
   a. Tiene un gato muy gordo.
   b. Va de compras al centro comercial.
   c. Tenía un chihuahua muy gracioso (*cute*).

3. _____
   a. Trabaja en una oficina muy grande.
   b. Comía en la cafetería.
   c. Camina a la universidad.

4. _____
   a. Visitaba a su abuela todos los veranos.
   b. Tiene clase de francés.
   c. Juega al tenis con su amiga.

5. _____
   a. Come en Wendy's frecuentemente.
   b. Hace ejercicio en el gimnasio.
   c. Vivía con sus padres.

6. _____
   a. Estudia los domingos por la noche.
   b. Tocaba el piano.
   c. Va con su novio al cine.

Nombre: _____   Fecha: _____

08-20 En la escuela primaria. The following are some things Anita and her friends used to do in elementary school. Indicate who used to do each of the activities.

a. mi amigo Ramón
b. mis amigas y yo
c. mis amigas Raquel y Susana
d. tú

1. Hacíamos la tarea. _____
2. Jugaba al fútbol por las tardes. _____
3. Cuidaban (*took care of*) a su hermana pequeña. _____
4. Ayudabas a tu mamá. _____

08-21 Cuando iba a la escuela. Listen to Anita as she talks about her school days. Indicate whether each statement refers to an event that happened repeatedly or habitually (**acción habitual**), an event that was in progress in the past (**acción en progreso**), or a description of characteristics or conditions in the past (**descripción**).

1. acción habitual   acción en progreso   descripción
2. acción habitual   acción en progreso   descripción
3. acción habitual   acción en progreso   descripción
4. acción habitual   acción en progreso   descripción
5. acción habitual   acción en progreso   descripción

08-22 En la secundaria. Listen to Anita as she reminisces about her and her friends' high school years, and choose the correct subject: Anita herself (**yo**), her friend Ramón (**él**), all the students (**nosotros**), or the teachers (**ellos**).

a. Anita (yo)
b. Ramón (él)
c. los estudiantes (nosotros)
d. los profesores (ellos)

1. _____
2. _____
3. _____
4. _____
5. _____
6. _____

08-23 La universidad es diferente. Anita and Ramón are comparing their college experiences to high school. Listen to their conversation, and then indicate whether each statement is true (**Cierto**), false (**Falso**), or whether it is not mentioned (**No se menciona**).

1. Caminaban a la universidad.   Cierto   Falso   No se menciona
2. En la secundaria tenían mucha tarea.   Cierto   Falso   No se menciona
3. En la universidad estudiaban en la biblioteca.   Cierto   Falso   No se menciona
4. Practicaban muchos deportes en la secundaria.   Cierto   Falso   No se menciona
5. En la secundaria había más clases interesantes.   Cierto   Falso   No se menciona
6. Iban a más fiestas en la universidad.   Cierto   Falso   No se menciona
7. En la secundaria y en la universidad se divertían.   Cierto   Falso   No se menciona

Nombre: _____   Fecha: _____

08-24 Anita y su familia. Complete the following sentences with the correct imperfect form of the appropriate verbs to describe what Anita and her family used to do when she was a child.

| cocinar | ir | mirar | ser |
| estar | jugar | reunirse | |

1. Mi familia y yo _____ de vacaciones todos juntos en el verano.
2. Nosotros siempre _____ para celebrar las fiestas más importantes.
3. El Día de Acción de Gracias, mi mamá _____ pavo y puré de papas (*mashed potatoes*).
4. A veces yo _____ programas especiales en la televisión.
5. Mis padres _____ profesores en una escuela secundaria.
6. Mis hermanos y yo _____ a los videojuegos.
7. Toda la familia _____ muy contenta.

08-25 Tu experiencia. Now think about your own experiences, and talk about something you used to do in high school that you liked, as well as something from the same time in your life that you did not like. You may start by saying **En la escuela secundaria, a mí me gustaba…**

2. Narrating in the past: The preterit and the imperfect (Textbook pp. 290–291)

08-27 La vida de mi amiga. Indicate whether the following statements most likely refer to something specific your friend did last year (**el año pasado**), habitually when she was a child (**cuando era niña**), or whether she does them now (**ahora**).

a. el año pasado   b. cuando era niña   c. ahora

1. Hablaba mucho con su madre. _____
2. Fue de vacaciones a Disney World. _____
3. Sale de paseo con su hermano los domingos por la mañana. _____
4. Leyó una novela. _____
5. Comía en la cafetería. _____
6. Preparó una cena especial. _____

Nombre: _____   Fecha: _____

08-28 Las fiestas. Read the following statements about how Ramón and his family celebrate certain holidays, and then choose the most logical ending for each sentence.

1. La familia de Ramón siempre pasa la Navidad en su casa, pero el año pasado ___.
   a. fueron a casa de sus abuelos en Monterrey
   b. iban a casa de sus abuelos en Monterrey
   c. van a casa de sus abuelos en Monterrey

2. Ramón y su familia preparan pavo con puré de papas para el Día de Acción de Gracias, pero cuando Ramón era niño, ellos siempre ___.
   a. preparan un asado de cerdo
   b. prepararon un asado de cerdo
   c. preparaban un asado de cerdo

3. A la madre de Ramón solo le gusta la música clásica, pero el año pasado para el Día de la Madre, Ramón ___.
   a. lleva a su madre a un concierto de rock
   b. llevó a su madre a un concierto de rock
   c. llevaba a su madre a un concierto de rock

4. Para sus fiestas de cumpleaños cuando eran niños, el papá de Ramón siempre ___.
   a. compraba piñatas
   b. compró piñatas
   c. compra piñatas

5. Todos los años para celebrar el Año Nuevo, Ramón y su familia iban a casa de los Solís y ___.
   a. bailaron hasta las dos o tres de la mañana
   b. bailaban hasta las dos o tres de la mañana
   c. bailan hasta las dos o tres de la mañana

08-29 En la escuela secundaria. Read the paragraph about Raquel's life during high school. Then indicate whether the statements that follow refer to events she did on a regular basis (**habitualmente**) or to an event that happened only once (**una vez**).

¡Hola! Soy Raquel. Mi experiencia en la escuela secundaria fue excelente. Tenía muchos amigos. Iba a clase por las mañanas, y por las tardes practicaba natación. También era animadora (*cheerleader*) de mi escuela. Estudiaba por las noches y sacaba buenas notas. Un día, después de un partido, mis amigas y yo comimos una pizza en un restaurante de mi pueblo y hablamos de las clases. Mi sorpresa más grande del año fue que saqué F en todos mis exámenes. ¡Por suerte fue un error administrativo! Cuando estaba en mi último año, conocí a un chico muy simpático en una fiesta. El fin de semana siguiente, fuimos juntos al cine. Pero después de graduarse, él tuvo que mudarse a otra ciudad con su familia.

1. practicar natación
   habitualmente   una vez

2. ser animadora
   habitualmente   una vez

3. estudiar
   habitualmente   una vez

4. comer pizza
   habitualmente   una vez

5. sacar una F en los exámenes
   habitualmente   una vez

6. ir al cine con un muchacho
   habitualmente   una vez

Nombre: _____ Fecha: _____

08-30 ¿Y tu vida? Write three things you used to do regularly when you were younger, and three things you did once that were memorable.

Tres cosas que hacías regularmente:

1. _____
2. _____
3. _____

Tres cosas que hiciste que fueron memorables:

1. _____
2. _____
3. _____

3. Comparing people and things: Comparisons of inequality (Textbook pp. 293–294)

MySpanishLab
Interactive activities indicated here are available only in MySpanishLab.

08-31

08-32 Cosas de la vida. Complete the sentences logically using **más** or **menos**.

1. Me gusta mucho la comida mexicana, pero no me gusta la comida china.

   La comida mexicana es _____ sabrosa que la comida china.

2. La sociología es mi materia favorita de la universidad.

   La historia es _____ interesante que la sociología.

3. Entre mi familia y mis amigos siempre elijo a mi familia cuando tengo problemas.

   Mi familia es _____ importante que mis amigos.

4. Para mí el fútbol americano es un poco aburrido. En cambio, me encanta la primavera porque puedo ver los partidos de béisbol.

   El béisbol es _____ divertido que el fútbol americano.

5. Entiendo bien todas mis asignaturas, excepto química.

   Química es _____ difícil que contabilidad.

Nombre: _____ Fecha: _____

08-33 Preparativos de boda. Raquel and Ramón need to finalize the arrangements for their wedding reception today so that everything will be ready. Ramón is still a bit confused, so Raquel has drawn a chart with the important details. Listen to Ramón and indicate whether each statement is true (**Cierto**), false (**Falso**), or whether it is unknown (**No se sabe**).

	RESTAURANTE MIRAMAR	RESTAURANTE PARÍS	RESTAURANTE LAS TORRES
Precio por persona	50 pesos	53 pesos	58 pesos
Camareros	17	15	20
Menú	bueno	muy bueno	excelente
Elegancia	rústico	bonito	elegante

1. Cierto   Falso   No se sabe
2. Cierto   Falso   No se sabe
3. Cierto   Falso   No se sabe
4. Cierto   Falso   No se sabe
5. Cierto   Falso   No se sabe

08-34 Otras personas y yo. Compare yourself to other people by writing complete sentences using **más... que** or **menos... que**.

MODELO: ser atlético/a: *Yo soy más atlético/a que mi hermano.*

1. hacer ejercicio: _____
2. ser fuerte: _____
3. participar en deportes: _____
4. ser activo/a: _____
5. comer verduras: _____

08-35 La luna de miel. Raquel and Ramón are going to Cozumel on their honeymoon, and they have a choice between two hotels. Look at Raquel's chart and listen to her comments on the different hotels. Indicate the hotel she is discussing in each statement.

	HOTEL MIRAMAR	HOTEL TROVADOR	HOTEL SOL
Número de habitaciones	135	200	280
Precio por noche	10.000 pesos	19.000 pesos	17.000 pesos
Restaurantes	1 restaurante, 1 bar	3 restaurantes, 1 bar, 1 cafetería	2 restaurantes, 1 cafetería
Piscinas	2 piscinas	1 piscina	3 piscinas
Servicios	gimnasio	salón de belleza	gimnasio, salón de belleza, masajes
Calidad (*quality*)	**	*****	***

Nombre: _____   Fecha: _____

MODELO: You hear: Este hotel es más barato que los otros.
          You write: Es el *Hotel Miramar*.

1. Es el _____.   4. Es el _____.
2. Es el _____.   5. Es el _____.
3. Es el _____.   6. Es el _____.

08-36 Mi familia, mis amigos y yo. Compare yourself to family members and friends. Use **más/menos**, **mayor/menor**, **mejor/peor** and words from the list.

| amigos | celebrar | discos | hablar | ser |
| bailar | comprar | fiestas | libros | tener |

MODELO: *Yo bailo mejor que mi madre.*

1. _____   4. _____
2. _____   5. _____
3. _____   6. _____

08-37 La música. Look at the information about the following two groups: Orquesta Celeste and Mariachi Veracruz. Then, listen to the questions and respond using comparisons.

	ORQUESTA CELESTE	MARIACHI VERACRUZ
Precio	60.000 pesos	45.000 pesos
Calidad	excelente	bueno
Número de músicos	7 personas: 5 músicos, 2 cantantes	4 músicos
Número de canciones (*songs*)	20 canciones	12 canciones

MODELO: You hear: ¿Qué grupo es más barato?
          You say: *El Mariachi Veracruz es más barato que la Orquesta Celeste.*

1. ...   2. ...   3. ...   4. ...

4. Comparing people and things: Comparisons of equality (Textbook p. 297)

MySpanishLab
Interactive activities indicated here are available only in MySpanishLab.

08-38

Nombre: _____   Fecha: _____

08-39 Comparaciones. Read the descriptions of the families of Anita and Ramón and indicate whether each statement is true (**Cierto**), false (**Falso**), or whether it is not mentioned (**No se menciona**).

¡Hola! Me llamo Anita. Mi familia es bastante grande: tengo dos hermanos y una hermana. Mi hermana Anabel está casada con Michel. Mi cuñado Michel es muy divertido. Ellos tienen dos hijos; mis sobrinos se llaman Roberto y Carlos. Tengo muchos tíos y tías también, porque mi mamá tiene seis hermanos y mi papá tiene cuatro hermanos. Todos los hermanos de mi mamá y de mi papá están casados y tienen hijos. Tengo muchos primos; veinticinco, en total.

Hola, soy Ramón, y mi familia es pequeña. Tengo solo una hermana pequeña. Mi hermana está en la escuela secundaria, así que no está casada. No tengo sobrinos; tengo varios tíos y tías. Mi mamá tiene dos hermanas, y mi papá tiene cuatro hermanos. La hermana mayor de mi mamá está casada y tiene un hijo, mi primo Javier. La otra hermana de mi mamá es viuda y tiene una hija, mi prima Irene. Los hermanos de mi papá también están casados. En total tengo ocho primos.

1. La familia de Ramón es tan grande como la familia de Anita.   Cierto   Falso   No se menciona
2. Ramón tiene tantos sobrinos como Anita.   Cierto   Falso   No se menciona
3. Michel no tiene tantos hermanos como tiene Anita.   Cierto   Falso   No se menciona
4. El papá de Ramón tiene tantos hermanos como el papá de Anita.   Cierto   Falso   No se menciona
5. Ramón no tiene tantos tíos como Anita.   Cierto   Falso   No se menciona
6. Ramón no tiene tantos primos como Anita.   Cierto   Falso   No se menciona
7. Ramón no tiene tantas hermanas como Anita.   Cierto   Falso   No se menciona

08-40 ¡Anita también! You and some other friends want to form a band. While you think Anita would be a good band member, a friend wants Raquel to join instead. Listen to the arguments he offers for Raquel, and complete the sentences to indicate that Anita can do the same.

MODELO: You hear: Raquel tiene mucho tiempo para practicar.

You write: Anita tiene _tanto_ tiempo para practicar _como_ Raquel.

1. Anita sabe _____ canciones _____ Raquel.
2. Anita tiene _____ experiencia _____ Raquel.
3. Anita es _____ bonita _____ Raquel.
4. Anita baila _____ bien _____ Raquel.
5. Anita toca _____ instrumentos _____ Raquel.

08-41 En las décadas pasadas. Complete the following sentences in which Raquel compares life now to life when her parents were in college, using comparisons of equality: **tanto/a/os/as** or **tan.**

La vida entonces y la vida ahora son un poco diferentes. No había (1) _____ divorcios como ahora, ni (2) _____ problemas con las drogas. Antes tenían (3) _____ enfermedades como ahora. A veces las personas no tenían (4) _____ dinero, pero eran (5) _____ felices como las personas hoy en día. Los jóvenes antes no eran (6) _____ liberales como los jóvenes ahora. ¡Ah! Muchas cosas han cambiado.

Nombre: _____ Fecha: _____

08-42 ¡Son diferentes! Anita thinks your friends Guillermo and Héctor are very similar. First look carefully at the image of the two and then listen to her statements. If she is right, respond with **Sí.** If she is wrong, write **No,** and correct her statement. Be sure to follow the structure of the model carefully for the negative answers.

MODELO: You hear: *Héctor tiene tanto dinero como Guillermo.*

You write: *No, Héctor tiene más dinero que Guillermo.*

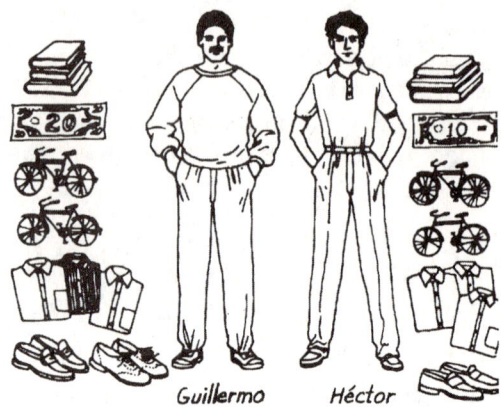

1. _____
2. _____
3. _____
4. _____
5. _____

5. Comparing people and things: The superlative (Textbook pp. 300–301)

MySpanishLab
Interactive activities indicated here are available only in MySpanishLab.

08-43

08-44 El abajeño. Complete the following restaurant review with the appropriate words from the list.

| buenísimo | grandísimas | las más caras |
| fresquísimos | la mejor | los mejores |

Ayer comí en el restaurante El abajeño. En este restaurante sirven (1) _____ comida mexicana de la ciudad. Los vegetales son (2) _____ y los sirven con una salsa deliciosa. El queso es (3) _____, especialmente con los tacos y las fajitas. Los sopes son (4) _____ de la ciudad. Las quesadillas de pollo son (5) _____, pero son tan buenas que no importa pagar un poco más. Es mejor pedir un plato, porque las porciones son (6) _____ y se pueden compartir.

Nombre: _____ Fecha: _____

08-45 Ramón, Raquel y Anita. Look at the chart. Then write sentences to compare Ramón, Anita, and Raquel.

	RAMÓN	ANITA	RAQUEL
Edad	22 años	19 años	20 años
Estatura	1 m 85 cm	1 m 72 cm	1 m 55 cm
Peso	72 kilos	61 kilos	48 kilos
Condición física general	buena	muy buena	excelente

MODELO: Ramón/edad *Ramón es el mayor.*

1. Anita/edad _____
2. Ramón/estatura _____
3. Raquel/estatura _____
4. Ramón/peso _____
5. Raquel/peso _____
6. Raquel/condición física _____

08-46 ¡Mucho más! You and your friends are discussing your favorite things about school. You are really excited about everything this semester. Listen to your friends' comments and agree with them, emphasizing your response with the superlative, as in the example.

MODELO: You hear: La clase de historia es muy interesante.

You write: *Sí, la clase de historia es interesantísima.*

1. _____
2. _____
3. _____
4. _____
5. _____

En acción

MySpanishLab
Interactive activities indicated here are available only in MySpanishLab.

08-47

08-48

08-49

Nombre: _____ Fecha: _____

Mosaicos

Escucha

08-50 Las celebraciones culturales. Many Hispanics in the United States and Canada celebrate Hispanic festivities. If you come from a bicultural background, you may have a similar experience; otherwise you may have a friend who does. Make a list of celebrations with a different cultural influence that you have either participated in or heard about.

_____
_____
_____
_____
_____
_____

08-51 La historia de mi mamá. Listen to Ramón talk about celebrating Christmas. Then complete the following statements with the appropriate imperfect or preterit form of the verbs in parentheses.

1. La mamá de Ramón _____ a San Antonio cuando _____ joven. (llegar, ser)
2. _____ allí solo cuatro meses; después _____ a Iowa. (vivir, irse)
3. Allí _____ con el papá de Ramón, y ellos _____ dos hijos. (casarse, tener)
4. Todos los años, ellos _____ la Navidad juntos y _____ una cena tradicional mexicana. (celebrar, tener)
5. Ramón y su hermana siempre _____ regalos dos veces. (recibir)

08-52 Las fiestas de tus parientes. Do you remember a story about how one of your parents or another relative used to celebrate holidays? Write a few sentences about how he/she used to celebrate a specific holiday. You may start by writing **Cuando mi madre/mi padre era niña/o...**

_____
_____
_____
_____
_____
_____
_____

Habla

08-53 ¿Qué hiciste? Tell your friend how you celebrated the last holiday, and compare it with how you used to celebrate the same holiday when you were younger. Give your response orally. You may start by saying **La última celebración que tuvimos fue...**

Nombre: _____   Fecha: _____

Lee

08-54 **¿Religiosa, secular o personal?** Indicate whether each of these events is a religious, secular, or personal celebration.

1.	Nochebuena	religiosa	secular	personal
2.	Navidad	religiosa	secular	personal
3.	Nochevieja	religiosa	secular	personal
4.	Año Nuevo	religiosa	secular	personal
5.	Día de la Independencia	religiosa	secular	personal
6.	Pascua de Resurrección	religiosa	secular	personal
7.	Aniversario de matrimonio	religiosa	secular	personal
8.	Día de la Madre	religiosa	secular	personal
9.	Janucá	religiosa	secular	personal
10.	Día de las Brujas	religiosa	secular	personal
11.	el cumpleaños	religiosa	secular	personal
12.	Día de Acción de Gracias	religiosa	secular	personal
13.	Día de los Muertos	religiosa	secular	personal
14.	Ramadán	religiosa	secular	personal

08-55 **Fiestas de México.** Read the following passage about Mexican holidays and answer the questions that follow.

> Sin duda, México es un país con una naturaleza privilegiada. Si a eso agregamos el carácter amigable de los mexicanos y el gran número de fiestas y celebraciones locales y nacionales, tenemos la imagen de una nación con una riqueza humana y cultural extraordinaria.
>
> En México hay muchos días festivos en los cuales se rinde (*pay*) homenaje a figuras históricas nacionales como a Benito Juárez, el 21 de marzo, o a los santos, como en la celebración de San Antonio Abad, el 17 de enero. También se realizan procesiones religiosas de diversos santos o de la Virgen. Un ejemplo es la visita a la Basílica de la Virgen de Guadalupe, el 12 de diciembre.
>
> Otro ejemplo de la religiosidad del pueblo mexicano es la celebración del Día de los Muertos. Esta ocasión fusiona (*mixes*) creencias precolombinas con ritos católicos. La Navidad se celebra el 25 de diciembre, igual que en el resto del mundo cristiano. Sin embargo (*However*), las Posadas son las festividades religiosas más interesantes. Del 16 al 23 de diciembre, los mexicanos celebran las Posadas, representaciones (*performances*) de la peregrinación de José y María hacia Belén. El 6 de enero, día de la Epifanía, se celebra la fiesta de los Santos Reyes. Ese día los niños mexicanos reciben regalos de los tres Reyes Magos (*the Three Wise Men*).
>
> Otra festividad de gran interés, tanto para niños como para adultos, son las famosas Pastorelas, la expresión más antigua del teatro mexicano. En estas la figura del diablo adquiere especial relevancia en las magníficas representaciones en plazas públicas, teatros y otros escenarios (*venues*).
>
> Además de (*besides*) ser un país católico, México es una nación de grandes tradiciones históricas. Por ejemplo, el 5 de Mayo, los mexicanos celebran su triunfo sobre los franceses en la batalla de Puebla (1862). El 16 de septiembre, el Día de la Independencia mexicana, se conmemora el día en que su héroe nacional, Miguel Hidalgo, dio el Grito de Dolores que marcó el inicio de la guerra. Todas estas ocasiones son invitaciones para aprender y disfrutar de la herencia cultural del país.

Nombre: _____ Fecha: _____

Write the name or date of each holiday next to the information given.

1. Se celebra el 25 de diciembre. _____
2. Se celebra el 6 de enero. _____
3. Celebra el triunfo en la Batalla de Puebla. _____
4. El Día de la Independencia de México _____
5. La Virgen de Guadalupe _____

08-56 **Tradiciones familiares.** Describe two of your favorite family traditions for each of the following holidays.

1. el Día de Año Nuevo

   _____
   _____

2. el Día de la Independencia

   _____
   _____

3. el Día de Acción de Gracias

   _____
   _____

Escribe

08-57 **Las fiestas.** Complete the following with information about your favorite holiday.

Nombre de la fiesta:
_____
_____

Tipo de fiesta (religiosa, secular, personal):
_____
_____

Qué se celebra:
_____
_____

Cuándo se celebra:
_____
_____

Cómo se celebra:
_____
_____

Nombre: _____   Fecha: _____

08-58 **De fiesta.** Think of the last time you celebrated your favorite holiday. Who was there? Did you follow all the family traditions, or did you do something different? Write a paragraph describing the celebration. You may start by writing **Mi día festivo favorito es... y la última vez que lo celebré fue...**

_____
_____
_____
_____
_____
_____
_____
_____
_____
_____

Repaso

MySpanishLab
Interactive activities indicated here are available only in MySpanishLab.

08-59

08-60 **Mi día festivo favorito.** Think of your favorite holiday and explain how you celebrated it last year. Then explain how you used to celebrate that holiday when you were a child. Make comparisons, and tell why, in your opinion, it is the best holiday.

_____
_____
_____
_____
_____
_____

Nombre: _____ Fecha: _____

08-61 La Nochevieja en España. Your friend Ramón was in Spain last year over the holidays. Listen to the telephone conversation that he has with his mother about New Year's Eve, and indicate whether each statement is true (**Cierto**), false (**Falso**), or whether it is not mentioned (**No se menciona**).

1. Ramón tiene mucho sueño porque no durmió anoche. Cierto Falso No se menciona
2. Ramón y sus amigos se quedaron en casa para la Nochevieja. Cierto Falso No se menciona
3. Ramón tomó mucha cerveza. Cierto Falso No se menciona
4. Ramón comió uvas (*grapes*) a las doce en punto. Cierto Falso No se menciona
5. Ramón las comió porque tenía hambre. Cierto Falso No se menciona
6. Ramón quiere terminar la conversación porque tiene que estudiar ahora. Cierto Falso No se menciona

08-62 Semana Santa. Read the following text about **Semana Santa** and then answer the questions that follow.

> Una de las festividades religiosas más importantes de España es la Semana Santa, que comienza el Domingo de Ramos (*Palm Sunday*) y dura (*lasts*) una semana entera, hasta la Pascua. Cada día salen grupos de personas de distintas iglesias y llevan un paso, un tipo de plataforma decorada, con una imagen religiosa. A veces hay una imagen de Cristo en el paso, mientras que otras veces hay una estatua de la Virgen María. Muchas personas participan en la procesión y caminan delante del paso por varias horas. Para algunos, la participación en la procesión es una forma de penitencia (*penance*), pero para otros es simplemente una tradición de la que quieren formar parte.
>
> La ciudad de Sevilla, en el sur de España, tiene la celebración más grande de todo el país. Personas de toda España y de otros países viajan a Sevilla para ver las procesiones de Semana Santa. El mejor día para ver las procesiones es el Jueves Santo (*Holy Thursday*). Este día salen los dos pasos más conocidos de la ciudad: uno que lleva una estatua de la Virgen de Triana, un barrio antiguo de Sevilla, y otro que lleva a la Virgen de la Macarena, la patrona de otra iglesia sevillana. Durante la madrugada del Viernes Santo (*Good Friday*), los dos pasos se cruzan enfrente de la catedral de Sevilla. Las calles están llenas de gente que quiere ver los pasos. ¡Es un espectáculo muy emocionante! Algunas personas lloran, y se puede oír a la gente gritando: "¡Que viva la Macarena!" o "¡Qué guapa es la Trianera!" y otras cosas similares.
>
> Si usted quiere tener una experiencia única, debe ir a Sevilla para ver las procesiones de Semana Santa.

1. El tema de este texto es ___.
   a. el Carnaval
   b. las Vírgenes de Triana y Macarena
   c. la Semana Santa
2. Sobre las plataformas hay ___.
   a. imágenes religiosas
   b. personas disfrazadas
   c. solo estatuas de la Virgen
3. Mucha gente viaja a Sevilla para ver las procesiones de Semana Santa porque ___.
   a. pueden participar en las procesiones
   b. Sevilla tiene la celebración más grande
   c. es una forma de penitencia para ellos
4. Los dos pasos más conocidos de Sevilla son ___.
   a. Cristo y la Virgen de Triana
   b. las Vírgenes de Triana y la Macarena
   c. el Domingo de Ramos y Cristo
5. Para mostrar su emoción, mucha gente ___.
   a. toca instrumentos
   b. reza
   c. llora y grita

9 ¿Dónde trabajas?

Enfoque cultural

MySpanishLab
Interactive activities indicated here are available only in MySpanishLab.

09-01

Vocabulario en contexto

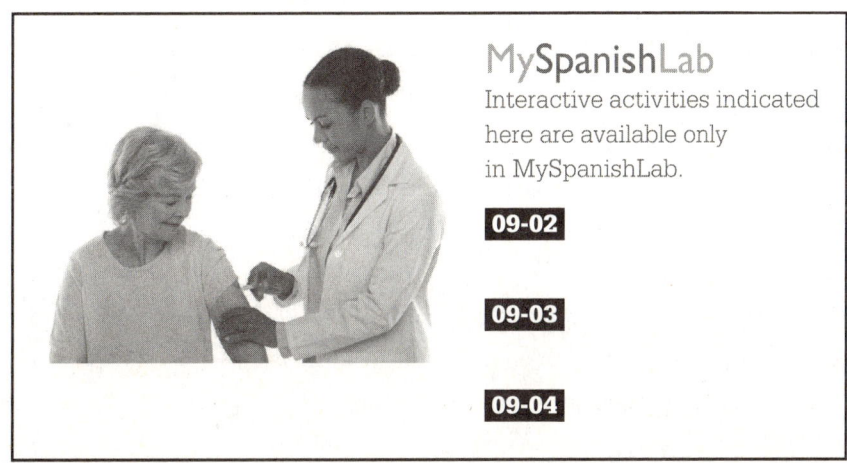

MySpanishLab
Interactive activities indicated here are available only in MySpanishLab.

09-02

09-03

09-04

Nombre: _____   Fecha: _____

09-05 Un viaje al campo. Alejandro takes his American friends on a tour of the Guatemalan countryside. Complete the text with the most appropriate word or expression from the list.

| bosque | finca | hierro |
| cultivan | fuente de ingresos | madera |

Alejandro y sus amigos estadounidenses salen de la ciudad capital para visitar el campo. Como los amigos quieren aprender de la agricultura guatemalteca, van a una (1) _____ de café. Además de (*In addition to*) café, en esta finca también (2) _____ caña de azúcar. Los jóvenes hablan con el dueño (*owner*) y él explica que la agricultura es una importante (3) _____ para su familia. Después, los amigos visitan un (4) _____ nacional, verde y lleno de (*full of*) árboles. Alejandro explica que mucha (5) _____ de Guatemala se exporta a otros países. Por último, los amigos visitan unas minas (*mines*) de (6) _____. Al final, regresan cansados a la ciudad.

09-06 Definiciones. Match each vocabulary word with its definition.

1. ___ el campo
2. ___ el carpintero
3. ___ la fuerza laboral
4. ___ el petróleo
5. ___ la industria textil
6. ___ la exportación

a. sustancia combustible que es una fuente (*source*) de energía
b. una persona que trabaja con la madera
c. lo opuesto de "ciudad"
d. todas las personas que trabajan en una comunidad
e. la venta (*sale*) de productos a otro país
f. la industria que fabrica telas

09-07 ¿A qué se dedica? Complete the sentences with the correct profession.

1. Ernesto ayuda a las personas con problemas psicológicos y de comprensión humana. Es _____.
2. Érica defiende a las personas con problemas legales enfrente del juez. Es _____.
3. Sergio vende ropa en la tienda Armani Exchange. Es _____.
4. Mario actúa en películas o en la televisión. Es _____.
5. José repara el lavabo y el inodoro. Es _____.

09-08 Los oficios y las profesiones. Match each situation with the most appropriate profession.

1. ___ Cuando llegué a casa, vi el incendio en el segundo piso.
2. ___ Después de comer, me duele el estómago.
3. ___ No sé manejar este coche. Necesito salir en cinco minutos.
4. ___ Necesito pagar los impuestos antes del 15 de abril cada año.
5. ___ Mi mejor amigo tiene problemas emocionales por la tensión de su trabajo.
6. ___ Cuando pongo la televisión, se apagan todas las luces de la sala.
7. ___ El presidente de la compañía quiere construir una casa nueva.
8. ___ Pedro no habla inglés y necesita saber lo que dice el juez.
9. ___ La familia de Alejandro tiene problemas legales.
10. ___ Quiero un corte de pelo moderno.

a. el intérprete
b. el médico
c. el peluquero
d. el psicólogo
e. el contador
f. el chofer
g. el electricista
h. el arquitecto
i. el bombero
j. el abogado

Nombre: _____   Fecha: _____

09-09 Las profesiones. Complete the descriptions with an appropriate profession.

1. Los _____ apagan los incendios.
2. El _____ atiende a los pacientes en el consultorio y les receta medicina.
3. La _____ defiende a los acusados en la corte.
4. Los _____ se preocupan por la seguridad del público y mantienen el orden.
5. El _____ prepara la comida en el restaurante.
6. Una _____ les corta el pelo a sus clientes.
7. Los _____ hablan y presentan las noticias en la radio.
8. Los _____ escriben artículos para los periódicos.
9. La _____ recibe el dinero de los clientes en el banco.

09-10 Servicios profesionales. Listen to the situations and write the type of expert each person needs.

abogado	bombero	intérprete	peluquero
actor	contador	locutor	psicólogo
arquitecto	gerente	médico	técnico

1. Los señores Hurtado necesitan un _____.
2. El Sr. Taylor necesita un _____.
3. La Sra. Fernández necesita un _____.
4. Pepito necesita un _____.
5. La Sra. López Miranda necesita un _____.
6. Los señores Álvarez necesitan un _____.
7. El Sr. Ramos necesita un _____.

09-11 Su profesión. Listen to several people introduce themselves and then guess their professions.

MODELO: Marta Delgado es *ama de casa*.

1. Josefina Pedraza es _____.
2. Roberto Jiménez es _____.
3. Ana Luisa Poey es _____.
4. Reinaldo Vázquez es _____.
5. Rosalía Camacho es _____.

09-12 Consejero profesional. Listen to the five clients in a career center talk about their skills and preferences. Select the appropriate type of job for each person.

1. _____   a. chef, científica o artista
2. _____   b. intérprete, locutora o periodista
3. _____   c. mujer policía, bombera o profesora de educación física
4. _____   d. técnica, electricista o plomera
5. _____   e. psicóloga, doctora o enfermera

Nombre: _____   Fecha: _____

09-13 Un trabajo nuevo. Complete the statements logically.

1. Necesitamos poner _____ en el periódico.
   - a. el banco
   - b. el anuncio
   - c. el consultorio
   - d. la entrevista

2. Hay que _____ la solicitud para poder mandarla mañana.
   - a. cortar
   - b. llenar
   - c. apagar
   - d. comunicar

3. Debes llevar ropa formal para tu _____ con el jefe.
   - a. entrevista
   - b. llamada
   - c. experiencia
   - d. solicitud

4. ¿Hay algún _____ en la empresa? Necesito trabajar.
   - a. sueldo
   - b. currículum
   - c. puesto
   - d. técnico

5. Necesito ganar un _____ de $3.000 al mes.
   - a. puesto
   - b. banco
   - c. trabajo
   - d. sueldo

6. ¿A qué hora _____ las entrevistas?
   - a. comienzan
   - b. llenan
   - c. solicitan
   - d. dejan

7. —¿Por qué dejaste _____?
   —Porque me pagaban muy poco.
   - a. el sueldo
   - b. el cliente
   - c. el puesto
   - d. la solicitud

09-14 Buscando trabajo. Alejandro calls Compañía Salcedo. First read the questions. Then listen to the phone conversation and select the correct responses.

1. ¿Por qué llama Alejandro a la Compañía Salcedo? ____
   - a. Quiere preguntar sobre un puesto de trabajo.
   - b. Quiere hablar con la gerente.
   - c. Compró una computadora de esta compañía.

2. ¿Con quién habla Alejandro? ____
   - a. Habla con una vendedora.
   - b. Habla con una ejecutiva de ventas.
   - c. Habla con la jefa de personal.

3. ¿Cuánta experiencia tiene Alejandro como vendedor? ____
   - a. Trabajó como vendedor cuatro años.
   - b. Trabaja como vendedor actualmente.
   - c. Ninguna. Reparaba computadoras.

Nombre: _____ Fecha: _____

4. ¿Qué necesita Alejandro para solicitar el puesto? ____
   a. Tiene que llenar una solicitud.
   b. Tiene que mandar cartas de recomendación.
   c. Tiene que ir a entrevistarse esta tarde.
5. ¿La Sra. Alonso va a entrevistar a Alejandro? ____
   a. Sí, va a entrevistar a todos los solicitantes.
   b. No, a ella no le interesa entrevistarlo.
   c. En este momento no se sabe.

09-15 En busca de trabajo. What do people typically have to do to find the right job for them? State in order the steps one must take in order to find a job.

09-16 La entrevista. Complete the following statements with a word from the list.

currículum	gerente	sueldo
empleado	solicitud	vacante
empresa		

1. El dinero que una persona gana es su _____.
2. El documento que una persona llena cuando quiere un trabajo es una _____.
3. El _____ es un papel con información personal acerca de la educación y experiencia laboral de una persona.
4. Una persona que trabaja en una compañía es un _____ de esta compañía.
5. Un sinónimo de "compañía" es _____.
6. Cada tienda tiene un _____, quien es el jefe de los empleados.
7. Si hay una _____ en una compañía, quiere decir que se necesita otro empleado.

Mosaico cultural

MySpanishLab
Interactive activities indicated here are available only in MySpanishLab.

09-17

09-18

Nombre: _____ Fecha: _____

Funciones y formas

1. **Avoiding repetition: Review of direct and indirect object pronouns (Textbook pp. 322–323)**

MySpanishLab
Interactive activities indicated here are available only in MySpanishLab.

09-19

09-20 **La compañía Serfín.** Read the dialogue about two people applying for jobs; then read the questions that follow. Complete each response with one of the following direct object pronouns: **lo, la, los,** or **las**.

MARTA: Hola, Alejandro, ¿qué tal?
ALEJANDRO: Muy bien. Estoy buscando trabajo; ahora estoy llenando una solicitud para el puesto de vendedor en la Compañía Serfín.
MARTA: Ah, muy bien. Yo también busco trabajo. Envié mi currículum a la misma compañía.
ALEJANDRO: ¡Qué casualidad! ¿Te llamaron para hacer una entrevista?
MARTA: Sí, tengo la entrevista esta tarde a las tres. ¿Tienes la dirección de la compañía?
ALEJANDRO: Sí, y también tengo el número de teléfono, pero no tengo bolígrafo... ¿tienes uno?
MARTA: Sí, dame la información, por favor.

1. ¿Quién llena la solicitud?

   Alejandro _____ llena.

2. ¿Quién envió su currículum?

   Marta _____ envió.

3. ¿Quién tiene una entrevista a las tres de la tarde?

   Marta _____ tiene.

4. ¿Quién tiene la dirección y el teléfono de la compañía?

   Alejandro _____ tiene.

5. ¿Quién tiene el bolígrafo?

   Marta _____ tiene.

188 ■ Mosaicos Student Activities Manual © 2015 Pearson Education, Inc.

09-21 Alejandro y Marta. Read the conversation between Alejandro and Marta again. Then read the statements and indicate whether each statement is true (**Cierto**), false (**Falso**), or whether it is not mentioned (**No se menciona**).

MARTA: Hola, Alejandro, ¿qué tal?

ALEJANDRO: Muy bien. Estoy buscando trabajo; ahora estoy llenando una solicitud para el puesto de vendedor en la Compañía Serfín.

MARTA: Ah, muy bien. Yo también busco trabajo. Envié mi currículum a la misma compañía.

ALEJANDRO: ¡Qué casualidad! ¿Te llamaron para hacer una entrevista?

MARTA: Sí, tengo la entrevista esta tarde a las tres. ¿Tienes la dirección de la compañía?

ALEJANDRO: Sí, y también tengo el número de teléfono, pero no tengo bolígrafo... ¿tienes uno?

MARTA: Sí, dame la información, por favor..

1. Marta saluda a Alejandro.   Cierto   Falso   No se menciona
2. Alejando no busca trabajo.   Cierto   Falso   No se menciona
3. La compañía Serfín paga muy bien.   Cierto   Falso   No se menciona
4. Marta tiene una entrevista a las tres.   Cierto   Falso   No se menciona
5. Marta le pide la dirección de la compañía a Alejandro.   Cierto   Falso   No se menciona
6. Alejandro le presta un bolígrafo a Marta.   Cierto   Falso   No se menciona

09-22 Una profesora muy ocupada. Read the paragraph and determine whether each word in bold is a direct object (**objeto directo**) pronoun or an indirect object (**objeto indirecto**) pronoun.

¡Hola! Soy profesora en la universidad y ayer estuve bastante ocupada. Primero, (1) **les** envié un correo electrónico a todos mis estudiantes. (2) **Les** recordé que hoy tenían las presentaciones orales y que (3) **las** debían preparar muy bien. Luego, (4) **me** llamó el director del programa y (5) **me** pidió un informe sobre las actividades del club de español. (6) **Le** dije que ya (7) **lo** tenía listo. Finalmente, corregí los exámenes y las tareas de los estudiantes... ¡Tardé mucho en (8) corregir**los**! ¡Fue un día con mucho trabajo!

1. objeto directo   objeto indirecto
2. objeto directo   objeto indirecto
3. objeto directo   objeto indirecto
4. objeto directo   objeto indirecto
5. objeto directo   objeto indirecto
6. objeto directo   objeto indirecto
7. objeto directo   objeto indirecto
8. objeto directo   objeto indirecto

Nombre: _____ Fecha: _____

2. Avoiding repetition: Use of direct and indirect object pronouns together (Textbook pp. 326–327)

09-24 **¿Qué me recomiendas?** Alejandro's younger brother has many questions about college life. Answer his questions affirmatively from Alejandro's point of view, using direct and indirect object pronouns together.

MODELO: —Me gusta la idea de estudiar otra lengua. ¿Me recomiendas tu clase de alemán?
—Sí, *te la* recomiendo.

1. —¿Me recomiendas la comida en la cafetería de la universidad?

   —Sí, _____ recomiendo.

2. —Necesito un buen gimnasio para practicar mis técnicas de fútbol. ¿Qué tal es el gimnasio de la universidad?

   —_____ recomiendo mucho. Es fabuloso.

3. —Sabes que para mí las clases de ciencias son difíciles. ¿Me recomiendas los grupos de estudio para la clase de biología?

   —Son muy útiles. _____ recomiendo.

4. —Tengo algunas dudas sobre las hermandades (*fraternities*). ¿Qué piensas de ellas?
   —_____ recomiendo.

5. —La profesión de abogado me parece interesante. ¿Me la recomiendas?

   —Sí, _____ recomiendo.

Nombre: _____ Fecha: _____

🔊 **09-25** **¿Quién lo hizo?** Listen to Alejandro's questions about activities in his new job and select the appropriate response.

1. ____
   - **a.** Sí, se los trajo.
   - **b.** Sí, nos la trajo.
   - **c.** Sí, te la trajo.
   - **d.** Sí, te las trajo.

2. ____
   - **a.** Sí, se lo puso.
   - **b.** Sí, te la puso.
   - **c.** Sí, me lo puso.
   - **d.** Sí, se las puso.

3. ____
   - **a.** Sí, me los hizo.
   - **b.** Sí, te los hizo.
   - **c.** Sí, nos lo hizo.
   - **d.** Sí, se lo hizo.

4. ____
   - **a.** Sí, se la limpiaron.
   - **b.** Sí, me lo limpiaron.
   - **c.** Sí, te lo limpiaron.
   - **d.** Sí, te la limpiaron.

5. ____
   - **a.** Sí, te lo dio.
   - **b.** Sí, te la dio.
   - **c.** Sí, se las dio.
   - **d.** Sí, se lo dio.

6. ____
   - **a.** Sí, te los trajo.
   - **b.** Sí, nos los trajo.
   - **c.** Sí, te las trajo.
   - **d.** Sí, te lo trajo.

🔊 **09-26** **¿Me ayudas?** Help Alejandro with some work problems by listening to his statements and choosing the most appropriate option.

1. ____
   - **a.** Se las puedes llevar a Luis.
   - **b.** Me lo puede llevar a mí.
   - **c.** Se la puedes llevar a Luis.

2. ____
   - **a.** Tienes que pedírsela a Clara.
   - **b.** Tienes que pedírmelas a mí.
   - **c.** Tienes que pedírselo a Clara.

3. ____
   - **a.** Se los debes pedir a tu secretaria.
   - **b.** Se la debes pedir a tu secretaria.
   - **c.** Se lo debes pedir a tu secretaria.

4. ____
   - **a.** Tienes que dárselas al jefe.
   - **b.** Tienes que dárselos al jefe.
   - **c.** Tienes que dárselo al jefe.

5. ____
   - **a.** Debes traérmelo a mí.
   - **b.** Debes traérselas a ella.
   - **c.** Debes traérmela a mí.

Nombre: _____ Fecha: _____

09-27 Viaje de negocios. Complete the mini-conversations between a manager and her secretary. Be sure to answer affirmatively with direct and indirect object pronouns, and follow the model carefully. Note that the speakers use the **usted** form to address each other.

MODELO: —¿Me preparó usted el informe de gastos?
—Sí, *se lo preparé*.

1. —¿Nos compró el boleto de avión a mí y al Sr. Castillo?
   —Sí, _____.
2. —¿Me preparó las fotocopias para la presentación?
   —Sí, _____.
3. —¿Nos hizo las reservaciones en el hotel?
   —Sí, _____.
4. —¿Le llevó el informe al gerente de ventas?
   —Sí, _____.
5. —¿Le dio el nombre de nuestro hotel y el número de teléfono al presidente de la compañía?
   —Sí, _____.

09-28 ¿Quién lo tiene? Everybody at the office is looking for something that you already gave to someone else. Listen to your coworkers' questions and respond in writing, using the following cues.

MODELO: You hear: ¿Tienes el contrato?
You see: (a Marta)
You write: No, ya *se lo di a Marta*.

1. (a Alejandro)
   No, ya _____.
2. (a ti)
   No, ya _____.
3. (a ustedes)
   No, ya _____.
4. (a Marta)
   No, ya _____.
5. (a usted)
   No, ya _____.

09-29 ¿Quién lo hace? Read the conversations and answer the questions about each one in complete sentences, using the appropriate object pronouns.

MODELO:
MARTA: ¡Hola! Tengo gripe y me siento fatal.
ALEJANDRO: Lo siento. ¿Puedo hacer algo por ti?

MARTA:	Necesito un pañuelo; ¿alguien tiene uno?
ALEJANDRO:	Yo no, lo siento.
ROBERTO:	Sí, toma. Aquí lo tienes.

¿Quién le da el pañuelo a Marta? _Roberto se lo da_.

ALEJANDRO:	Hola, Patricia. ¿Quieres ir al concierto de Usher?
PATRICIA:	¿Tú vas a ir?
ALEJANDRO:	No. Tengo dos entradas, pero no puedo ir porque tengo que trabajar.
ROBERTO:	Yo también tengo una entrada para el concierto.
ALEJANDRO:	¿Quieres las entradas, Patricia?
PATRICIA:	Sí, claro. Muchísimas gracias.
ROBERTO:	¡Qué bien! Así puedes ir conmigo.
PATRICIA:	Lo siento, Roberto, pero voy a ir con mi novio.

1. ¿Quién le da las entradas a Patricia? _____

ALEJANDRO:	Hola, chicas. Estoy vendiendo mi auto.
SANDRA:	Yo estoy buscando uno.
MARTA:	Yo también. ¿Qué auto es?
ALEJANDRO:	Es un Camaro del 2008, de color rojo. Está como nuevo.
SANDRA:	Me encanta. ¿Cuánto pides?
ALEJANDRO:	$10.000.
MARTA:	¡Oh! Me encantan los Camaros, pero no tengo tanto dinero.
SANDRA:	Me parece un precio excelente. Ese auto tiene que ser para mí.

2. ¿Quién le compra el carro a Alejandro? _____

MARTA:	¡Felicidades, Andrea! Gracias por invitarme a tu fiesta de cumpleaños.
ANDREA:	De nada. Espero que te diviertas.
LORENA:	Gracias por invitarme a mí también.
ANDREA:	Gracias por venir.
MARTA:	Tengo un regalo para ti...
ANDREA:	Es una billetera; ¡la que yo quería! Muchas gracias. Es preciosa.
LORENA:	Yo también tengo un regalo.
ANDREA:	¡Ah! Dos discos compactos de Coldplay. Estupendo, me encantan. Gracias a las dos.

3. ¿Quién le regala a Andrea la billetera? _____

4. ¿Quién le regala a Andrea los discos compactos? _____

3. Talking about the past: More on the imperfect and the preterit (Textbook pp. 330–331)

09-31 El nuevo jefe. Listen to Alejandro and Luis talk about the bank where they work. Select the statements that accurately convey what they say.

1. ____
   a. Alejandro ya conocía al Sr. Herrera.
   b. Alejandro conoció al Sr. Herrera.

2. ____
   a. Alejandro dijo que el nuevo jefe tenía mucha experiencia en negocios.
   b. Alejandro dijo que el nuevo jefe tenía que aprender mucho de negocios.

3. ____
   a. Luis intentó ir a la reunión pero fue imposible.
   b. Luis no quiso ir a la reunión.

4. ____
   a. Antes de venir al trabajo esa mañana Luis ya tenía la información sobre la reunión.
   b. Esa mañana Luis recibió la información sobre la reunión.

5. ____
   a. El nuevo jefe no quería hablar mucho.
   b. El nuevo jefe tenía la intención de hablar más, pero no pudo.

Nombre: _____ Fecha: _____

09-32 **El robo.** There has been a robbery at the bank, and Mrs. Álvarez, a bank officer, is telling the police what various people were doing at the time of the robbery. Match each person with the appropriate action, according to the information you hear.

1. La Sra. Álvarez _____.
2. Luis _____.
3. La secretaria de la Sra. Álvarez _____.
4. La Sra. Iglesias _____.
5. El director _____.

a. cambiaba un cheque
b. leía unos documentos
c. buscaba algo en la computadora
d. pagaba unas cuentas
e. hablaba con los señores Martínez

09-33 **El accidente.** Last year, your friend Elizabeth studied abroad in Guatemala. Complete the following statements about an experience she had in the country.

1. Elizabeth _____ a Alejandro su primer día en Antigua.
   a. conocía   b. conoció   c. conoce
2. Alejandro tuvo un accidente, y Elizabeth se enteró cuando su amiga Josefina la _____.
   a. llamaba   b. llama   c. llamó
3. Elizabeth no _____ la dirección del hospital.
   a. supo   b. sabía   c. sabe
4. Afortunadamente, Alejandro tenía muchos amigos que _____ en el hospital.
   a. trabajaban   b. trabajaron   c. trabajan
5. El día después de salir Alejandro del hospital, Elizabeth _____ a su casa a visitarlo.
   a. iba   b. fue   c. va

09-34 **¿Qué pasó?** Answer the following questions about what happened to Alejandro and Elizabeth by choosing the correct option.

1. ¿Cuándo se conocieron Elizabeth y Alejandro? ____
   a. cuando Elizabeth estaba en Estados Unidos
   b. cuando Elizabeth estaba en la capital de Guatemala
   c. cuando Elizabeth estaba en Antigua
2. ¿Quién tuvo un accidente? ____
   a. Elizabeth
   b. Alejandro
   c. una amiga de Elizabeth
3. ¿Conocía Elizabeth el hospital? ____
   a. sí
   b. no
   c. No sabemos.
4. ¿Qué tipo de accidente fue? ____
   a. un accidente de coche
   b. un accidente en su casa
   c. No sabemos.

09-35 ¿Qué pasó? A doctor is interviewing a woman whose mother had a medical emergency at home. Complete the interview with the appropriate preterit or imperfect form of the verbs in parentheses.

MÉDICO: ¿Qué hora era cuando usted llegó a la casa de su madre?

HIJA: (1) _____ (Ser) las siete, más o menos, cuando llegué.

MÉDICO: ¿Quién le abrió la puerta?

HIJA: Mi mamá me (2) _____ (abrir) la puerta.

MÉDICO: ¿Ella le dijo algo?

HIJA: Primero no me (3) _____ (decir) ni una palabra.

MÉDICO: ¿Por qué?

HIJA: Porque (4) _____ (llorar) tanto.

MÉDICO: ¿Qué pasó después?

HIJA: Mi mamá me dijo: "Me siento muy mal. Llama a los paramédicos".

MÉDICO: ¿Y qué hizo usted?

HIJA: (5) _____ (Entrar) en la casa y llamé a los paramédicos.

MÉDICO: ¿Qué pasó después?

HIJA: Cuando mi mamá llegó al hospital (6) _____ (estar) muy débil.

MÉDICO: ¡Oh!

HIJA: Casi no (7) _____ (poder) respirar.

MÉDICO: ¿Qué le hicieron los médicos de la sala de emergencias?

HIJA: Le dieron una medicina y le dijeron que (8) _____ (deber) descansar.

MÉDICO: ¿Cómo está su madre ahora?

HIJA: Bien; gracias a Dios, está bien. Después de unas horas le dijeron que (9) _____ (poder) ir a casa. Solo necesitaba descansar.

09-36 Una emergencia. Do you remember the last time someone you know was in an accident or an emergency situation? Describe the situation, the people who were involved, and the events that happened. Give your answer orally. You may start by saying: **El accidente ocurrió...**

09-37 Una cena. Complete the following paragraph about Marta and Alejandro with the correct preterit or imperfect form of the verb in parentheses.

Marta (1) _____ (leer) un libro de historia en su apartamento cuando Alejandro la (2) _____ (llamar) por teléfono. Alejandro le (3) _____ (preguntar) si (4) _____ (querer) cenar en un restaurante con él esa noche. Marta le (5) _____ (decir) que sí, aunque (6) _____ (tener) bastante tarea. (7) _____ (Ser) las ocho cuando Alejandro (8) _____ (llegar) al apartamento de Marta. Los dos (9) _____ (ir) a un restaurante muy elegante. Mientras (10) _____ (cenar), los dos amigos (11) _____ (hablarse). Los dos (12) _____ (sentirse) muy contentos.

4. Giving instructions or suggestions: Formal commands (Textbook pp. 334–335)

09-39 En el consultorio. Many people go to local health clinics to discuss personal issues. Read the following problems and choose the most appropriate formal command.

1. Estoy un poco gordo. Quiero bajar de peso, pero no me gusta correr ni hacer ejercicio fuerte. ____
   a. Camine por las mañanas.
   b. Nada en la piscina.
   c. Haz dieta.

2. No tengo muchos amigos, y me aburro en las fiestas. ____
   a. Baila más para no tener que hablar.
   b. Invita a otras personas a acompañarte.
   c. Hable con todo el mundo.

3. Quiero encontrar un buen trabajo. ____
   a. Estudias mucho.
   b. Llena las solicitudes con cuidado.
   c. Prepárese bien para las entrevistas.

4. No soy muy buena con las matemáticas, pero quiero trabajar de contadora. ____
   a. Busque un tutor.
   b. Vas a un grupo de estudio.
   c. Va a las horas de oficina del profesor.

5. Mi esposo y yo tenemos muchos problemas. No puedo hablar con él porque siempre discutimos. ____
   a. Sales más con tus amigas.
   b. Habla con él de la situación.
   c. Vayan a un consejero matrimonial.

09-40 Buscando trabajo. Complete the recommendations for people who are looking for work with the **ustedes** formal command of the appropriate verb from the list. You may use each verb only once.

| buscar | enviar | ir | leer | llenar | visitar |

1. _____ el periódico.
2. _____ sitios de empleo en Internet.
3. _____ un puesto en los avisos clasificados.
4. _____ un currículum a la empresa.
5. _____ una solicitud.
6. _____ a una entrevista.

Nombre: _____ Fecha: _____

09-41 Una entrevista. Lidia arrives for a job interview, speaking first with the receptionist and then with the interviewer. Listen once to get the gist of the conversation. Then listen again and indicate whether each statement is true (**Cierto**), false (**Falso**), or whether it is not mentioned (**No se menciona**).

1. Lidia no tiene que esperar antes de la entrevista.   Cierto   Falso   No se menciona
2. Lidia tiene mucha experiencia como gerente.   Cierto   Falso   No se menciona
3. Lidia piensa que está calificada para el puesto.   Cierto   Falso   No se menciona
4. El sueldo para el puesto no es muy alto.   Cierto   Falso   No se menciona
5. Lidia dice que no tiene características negativas.   Cierto   Falso   No se menciona
6. Lidia prefiere trabajar en el turno (*shift*) de la noche.   Cierto   Falso   No se menciona
7. Lidia va a trabajar una semana de prueba.   Cierto   Falso   No se menciona
8. A Lidia le fue bien en la entrevista.   Cierto   Falso   No se menciona

09-42 Instrucciones al chef. Help Lidia express her ideas to the chef as formal (**usted**) commands.

MODELO: You hear: comprar frutas muy frescas
   You write: Por favor, *compre* frutas muy frescas.

1. Por favor, _____ la cocina bien antes de cocinar.
2. Por favor, _____ mucho las verduras.
3. Por favor, _____ la basura frecuentemente.
4. Por favor, _____ las ensaladas listas.
5. Por favor, no _____ mucho helado.

09-43 Instrucciones a los meseros. Listen to Lidia's instructions for the servers and transform them into **ustedes** commands.

MODELO: You hear: contestar las preguntas de los clientes
   You write: Por favor, *contesten las preguntas de los clientes*.

1. Por favor, _____.
2. Por favor, _____.
3. Por favor, _____.
4. Por favor, _____.
5. Por favor, _____.

Nombre: _____ Fecha: _____

09-44 Trabajando en el restaurante. Read the questions from a young server. Answer affirmatively with a formal command, using direct object pronouns to avoid repetition.

MODELO: ¿Cierro la puerta de la cocina?
         Sí, *ciérrela*.

1. ¿Acepto la tarjeta de crédito American Express? Sí, _____.
2. ¿Llevo un menú a la mesa? Sí, _____.
3. ¿Abro las ventanas? Sí, _____.
4. ¿Recojo esos platos? Sí, _____.
5. ¿Llevo los vasos a la cocina? Sí, _____.

09-45 Por favor... You plan to travel to Puerto Quetzal for a brief vacation. Leave a note for your house sitter that includes at least five formal commands.

MODELO: *Abra las ventanas por la mañana.*

_____
_____
_____
_____
_____

09-46 Tu trabajo. Think about your current job or a recent one. Talk about the place of work, your position, and the name and position of your supervisor. Then repeat several commands that your supervisor typically gives (or gave) to the employees. You may start by saying **Yo trabajaba en...** or **Yo trabajo en...**

En acción

MySpanishLab
Interactive activities indicated here are available only in MySpanishLab.

09-47

09-48

09-49

Capítulo 9 ¿Dónde trabajas? ■ 199

Nombre: _____ Fecha: _____

Mosaicos

Escucha

09-50 Carreras posibles. You will hear some recommendations for pursuing two different careers: accountant and interpreter. Before you listen, brainstorm and make a list of the recommendations you think you might hear.

CONTADOR

_____
_____
_____
_____

INTÉRPRETE

_____
_____
_____
_____

09-51 Consejos profesionales. Listen carefully to the recommendations given for each profession. Write at least four recommendations (in the form of commands) that you hear for each career.

CONTADOR

_____
_____
_____
_____
_____

INTÉRPRETE

_____
_____
_____
_____
_____

09-52 Una profesión. Choose a profession that you are familiar with and write a brief paragraph giving recommendations to someone who would like to pursue that profession. You may start by writing **Para ser (profesión)…**

_____
_____
_____
_____
_____
_____

Habla

09-53 El mejor trabajo. Talk about the best job you have ever had. Where did you work? Describe what it was like and the tasks you did on a regular basis. How did you get this job? If you no longer work there, why did you leave? What advice can you give to someone who gets the same type of job in the future? You may start by saying, **Mi trabajo favorito fue…**

Lee

09-54 Anuncios típicos. Think of some typical job ads you have seen, and list some of the information that good ads typically include.

_____   _____
_____   _____
_____   _____

Nombre: _____ Fecha: _____

09-55 Los anuncios. Read the following ads, and then give the information requested for each one.

> **Secretaria ejecutiva bilingüe**
>
> Importante empresa minera solicita secretaria ejecutiva bilingüe (español, inglés) con experiencia mínima de 4 años, con conocimientos de procesador de palabras. Indispensable: excelentes relaciones interpersonales y buena presencia.
>
> *Interesadas enviar currículum, foto reciente y pretensiones de sueldo a Oficina de Personal Mineral el Teniente, Morandé 938*

1. puesto: _____
2. experiencia: _____
3. cualidades importantes: _____
4. información que se debe mandar por correo: _____
5. dirección donde se debe enviar la información: _____

> **Tienda especializada en computadoras y comunicaciones necesita**
>
> **VENDEDORA**
>
> Soltera, menor de 45 años, con experiencia en programación, interés en comenzar una carrera en venta de computadoras y viajar por el extranjero, buena presencia y dinamismo. Se prefiere candidata con conocimiento de idiomas. Enviar currículum vítae con fotografía a:
>
> CONTRATACIONES IBM,
> Avenida Costanera 1075, Providencia, Santiago

6. puesto: _____
7. límite de edad: _____
8. estado civil: _____
9. requisitos: _____
10. conocimientos que se prefieren: _____
11. documentos que se requieren: _____
12. se debe mandar esta información a: _____

Nombre: _____ Fecha: _____

Escribe

09-56 En busca de trabajo. You are preparing your résumé to apply for your dream job. Select the five items that should be included in a résumé.

_____ nacionalidad   _____ dirección de correo electrónico

_____ nombre   _____ historia de salud (*health*)

_____ educación   _____ oficio/ocupación

_____ edad   _____ pasatiempos preferidos

_____ sexo   _____ experiencia

09-57 Tu profesión ideal. A company has advertised your dream job. Write an application letter in response to their ad. Remember to include the following information:

- where you saw the ad
- how you meet their job requirements
- why you would be a good candidate for the job (You may wish to describe the personal characteristics that qualify you for this job.)
- any questions you may have

You may start by writing **Estoy interesado/a en el puesto de…**

_____
_____
_____
_____
_____
_____
_____
_____
_____
_____
_____
_____

Nombre: _____ Fecha: _____

09-58 El trabajo de tus sueños. Write an ad for your dream job. You may wish to use the format and some of the information from the ads in exercise 09-55.

_____
_____
_____
_____
_____
_____
_____

Repaso

My SpanishLab
Interactive activities indicated here are available only in MySpanishLab.

09-59

09-60 Anuncios en la radio. You are listening to the radio and hear an employment ad. Read the following statements and select the best completion.

1. Isabel Santa Cruz trabaja para ___.
    a. un servicio de transporte
    b. un servicio de inmigración
    c. una agencia de empleo
2. El propósito del anuncio es dar información sobre ___.
    a. empleos
    b. servicios para inmigrantes
    c. las leyes de tráfico

Nombre: _____   Fecha: _____

3. Una persona que ___ debe solicitar el puesto de chofer.
   a. no quiere trabajar en una oficina
   b. es ama de casa
   c. no quiere trabajar mucho

4. Los abogados interesados en el puesto del servicio de inmigración deben ___.
   a. hablar dos idiomas
   b. escribir en español
   c. solicitar el puesto inmediatamente

5. Los interesados se pueden comunicar con Isabel Santa Cruz ___.
   a. por computadora
   b. por teléfono
   c. a y b

09-61 Anuncios en el periódico. Read the following classified ads and select the answer that best completes each sentence.

PELUQUERÍA LA MIMOSA – Se buscan dos peluqueros para trabajar en una peluquería de alta categoría (*high-end*). Los interesados deben tener por lo menos ocho años de experiencia y deben estar familiarizados con todos los últimos métodos de peluquería. Los interesados deben pedir una solicitud llamando al 809-26-54.

¡RADIO ROCK! ¿Eres una persona extrovertida? ¿Quieres trabajar en un ambiente informal con personas divertidas como tú? ¿Quieres un sueldo magnífico y competitivo? ¿Deseas recibir entradas gratis a todos los conciertos de los mejores cantantes y grupos de rock? ¿Buscas un trabajo con tres semanas de vacaciones al año? Si puedes contestar ¡sí!, a estas preguntas, tenemos el trabajo perfecto para ti. Llama al 194-56-10.

HERMANOS GALVÁN, ARQUITECTOS Buscamos arquitecto interesado en diseñar edificios modernos en las ciudades más grandes del país. No se necesita experiencia para solicitar el puesto, aunque los arquitectos con experiencia recibirán preferencia. Visite usted nuestra página en la red (www.arquitectosgalvan@yahoo.com) si desea conocernos mejor. Los interesados deben mandar su currículum a: Hermanos Galván, c/Aribau 250.

1. En la Peluquería La Mimosa, los peluqueros se especializan en ___.
   a. técnicas tradicionales
   b. personas jóvenes
   c. técnicas modernas

2. Se puede buscar más información sobre la peluquería ___.
   a. llamando por teléfono
   b. en su página web
   c. en el periódico

Nombre: _____ Fecha: _____

3. Un beneficio que ofrece Radio Rock es ____.
   a. tres semanas de vacaciones al año
   b. entrevistas con los cantantes de rock
   c. aumentos de sueldo frecuentes
4. Las personas extrovertidas deben solicitar trabajo en ____.
   a. la Peluquería La Mimosa
   b. Radio Rock
   c. la compañía de los hermanos Galván
5. Si una persona quiere diseñar edificios modernos, debe trabajar en ____.
   a. La Mimosa
   b. Radio Rock
   c. Hermanos Galván

09-62 La entrevista de trabajo. You now have a position in human resources, and a job applicant, Eva García, has inquired about the application and interview process. Write an e-mail to Eva that includes the following information:

- the necessary steps she should take to obtain a position, including what to include on her résumé and to whom she should send it
- instructions about what she should or should not do during an interview, using formal commands

Estimada Sra. García:

_____
_____
_____
_____
_____
_____
_____
_____
_____
_____

10 ¿Cuál es tu comida preferida?

Enfoque cultural

MySpanishLab
Interactive activities indicated here are available only in MySpanishLab.

10-01

Vocabulario en contexto

MySpanishLab
Interactive activities indicated here are available only in MySpanishLab.

10-02

10-03

10-04

Nombre: _____ Fecha: _____

10-05 **A comer.** Match each food item with the correct description.

1. ____ espinaca
2. ____ pimienta
3. ____ uva
4. ____ carne molida
5. ____ aguacate
6. ____ zanahorias

a. Se usa para hacer hamburguesas.
b. Popeye es fuerte porque come este vegetal verde.
c. Se necesita esta fruta para hacer vino.
d. A Bugs Bunny le gustan mucho.
e. Se pone en la mesa con la sal.
f. Se usa para hacer guacamole.

10-06 **A la hora de comer.** Complete the sentences with the correct food type.

1. La zanahoria es ____.
   a. un producto lácteo   b. una carne   c. un vegetal   d. un condimento
2. Los camarones son un tipo de ____.
   a. verdura   b. fruta   c. carne   d. marisco
3. El pavo es un tipo de ____.
   a. carne   b. verdura   c. postre (*dessert*)   d. pescado
4. El aderezo es un tipo de ____.
   a. postre   b. carne   c. pescado   d. condimento
5. La fresa es un tipo de ____.
   a. pescado   b. marisco   c. fruta   d. verdura

10-07 **¿Cuáles son los ingredientes?** Read the questions and answer them by writing the most logical item from the list.

| el aderezo | la harina | el melón | el yogur |
| el aguacate | la langosta | el pastel | |

1. ¿Cuál es uno de los ingredientes principales de una galleta? _____
2. ¿Cuál puede ser uno de los ingredientes principales de una ensalada de frutas? _____
3. ¿Qué puede incluir un buen desayuno? _____
4. ¿Cuál es uno de los ingredientes principales del guacamole? _____
5. ¿Cuál es un marisco que le gusta a mucha gente? _____
6. ¿Cuál es un postre delicioso? _____
7. ¿Qué se usa como condimento para las ensaladas? _____

Nombre: _____ Fecha: _____

10-08 Asociaciones. Complete each statement with the most appropriate term.

1. Pollo, chuletas y costillas son ejemplos de _____.
2. Camarones y langostas son _____.
3. Yogur y leche son _____.
4. Cerezas, bananas y fresas son _____.
5. Pepinos, cebollas y zanahorias son _____.

a. frutas
b. mariscos
c. productos lácteos
d. verduras
e. carnes

10-09 Complete the paragraph with the most appropriate term from the list.

los campesinos	unas hierbas y especias	una receta
el cordero	el maracuyá	

Me gusta comprar comida en el mercado de mi pueblo. La comida del mercado siempre está fresca porque vienen (1) _____ para vender frutas y verduras. A veces hay frutas que yo no conozco, como (2) _____. Si no sé preparar algo, el vendedor (*seller*) me da (3) _____ y así preparo la comida. La semana pasada estaba mirando las carnes y le pregunté al vendedor cómo se prepara (4) _____. Él me dio (5) _____ especiales para ponerle. ¡Lo cociné así y salió delicioso!

10-10 ¿Dónde se compra? Find the answers to the following questions in the word search. Answers may be found vertically, diagonally, or backwards. You may want to review the vocabulary for *Capítulo 10* if you need help.

1. ¿Cuál es una fruta cultivada en Ecuador?
2. ¿Qué comida se hace con la leche de oveja?
3. ¿Qué se vende en los puestos de pasteles?
4. ¿Qué alimento forma una parte importante de la dieta en Chile, Perú y Ecuador?
5. ¿Qué productos se pueden comprar en los mercados para preparar las recetas ecuatorianas?

s	o	c	a	d	c	o
o	a	b	m	u	a	u
c	y	b	y	l	e	q
s	a	u	r	c	u	s
i	p	s	c	e	d	s
r	a	a	s	s	i	c
a	p	o	c	i	s	h
m	i	q	s	a	u	u

Nombre: _____   Fecha: _____

10-11 **¿Qué comida es?** Match each description with the most appropriate food.

1. ____ Se come mucho en el verano cuando hace mucho calor.
2. ____ Se come en el Día de Acción de Gracias.
3. ____ Se usa para preparar un sándwich.
4. ____ Se usa con el cereal en el desayuno.
5. ____ Se usa para hacer vino.
6. ____ Se usa para preparar hamburguesas.
7. ____ Se usa para hacer pan.
8. ____ Se usa para preparar la ensalada de papas.

a. la harina
b. la uva
c. la mayonesa
d. el pavo
e. el pan
f. el helado
g. la leche
h. la carne molida

10-12 **Tus comidas favoritas.** Write the names of two of your favorite foods from each food category listed.

El pescado y la carne

1. _____
2. _____

Las bebidas

3. _____
4. _____

Las frutas y verduras

5. _____
6. _____

Los productos lácteos

7. _____
8. _____

10-13 **¿Qué prefieres tú?** Read the questions that follow and respond with information about your personal eating habits.

1. ¿Qué desayunaste hoy?
_____

2. ¿Qué desayunas normalmente?
_____

3. ¿Qué vas a almorzar hoy?
_____

Nombre: _____ Fecha: _____

4. ¿Qué almuerzas normalmente?
_____

5. ¿Prefieres cenar en casa o en un restaurante? ¿Por qué?
_____

6. ¿Qué prefieres comer de postre?
_____

7. ¿Cuál es tu bebida favorita?
_____

10-14 La mesa. Choose the best answer according to the context.

1. Para comer una chuleta, necesito un cuchillo y _____.
   - **a.** un vaso
   - **b.** un tenedor
   - **c.** un mantel
   - **d.** una taza

2. Tráigame _____ para el café, por favor.
   - **a.** el aceite
   - **b.** la manteca
   - **c.** el azúcar
   - **d.** la sal

3. Se necesita _____ para tomar café.
   - **a.** una taza
   - **b.** un vaso
   - **c.** un tenedor
   - **d.** una copa

4. Vamos a comprar _____ de vino para celebrar el Año Nuevo.
   - **a.** una taza
   - **b.** una servilleta
   - **c.** un vaso
   - **d.** una botella

5. Para la ensalada usamos _____ de aceite y vinagre.
   - **a.** la leche
   - **b.** el aderezo
   - **c.** la harina
   - **d.** la pimienta

6. Mamá, necesito _____ para tomar esta sopa.
   - **a.** un cuchillo
   - **b.** una cuchara
   - **c.** un tenedor
   - **d.** una copa

7. En general se usa _____ para beber vino.
   - **a.** una cuchara
   - **b.** una taza
   - **c.** una botella
   - **d.** una copa

8. Usamos _____ para cubrir la mesa antes de poner los platos.
   - **a.** el tenedor
   - **b.** la servilleta
   - **c.** la bandeja
   - **d.** el mantel

9. Necesito _____ para limpiarme las manos.
   - **a.** una servilleta
   - **b.** una pimienta
   - **c.** una cuchara
   - **d.** una botella

10. Voy a servir el queso y las galletas en _____.
    - **a.** una bandeja
    - **b.** un cuchillo
    - **c.** un vaso
    - **d.** una cucharita

Nombre: _____ Fecha: _____

10-15 **¿Cómo se pone la mesa?** Write the name of each object in the drawing. Be sure to include the definite article (**el, la, los, las**).

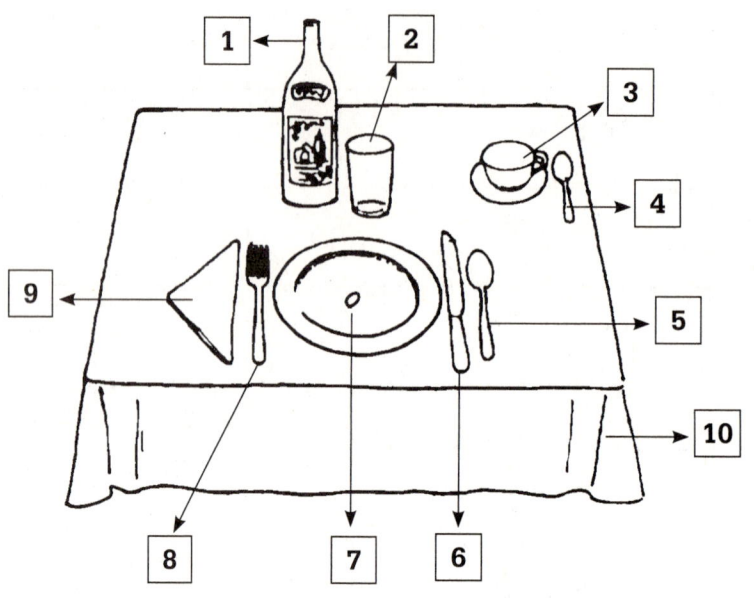

1. _____
2. _____
3. _____
4. _____
5. _____

6. _____
7. _____
8. _____
9. _____
10. _____

Mosaico cultural

MySpanishLab
Interactive activities indicated here are available only in MySpanishLab.

10-16

Nombre: _____ Fecha: _____

Funciones y formas

1. Stating impersonal information: *Se* + verb constructions (Textbook p. 357)

MySpanishLab
Interactive activities indicated here are available only in MySpanishLab.

10-17

10-18 ¿Cómo se prepara? Complete the instructions to prepare scrambled eggs with the correct verb from the list.

| se agrega | se disfrutan | se pone |
| se baten | se cocinan | se sirven |

1. Primero, _____ los huevos con la leche.
2. Segundo, _____ sal y pimienta.
3. Luego, _____ la margarina en la sartén.
4. Después, _____ los huevos en la sartén.
5. _____ los huevos con pan tostado.
6. Finalmente, ¡_____!

10-19 ¡Vamos a adivinar! Listen carefully to the descriptions of what people do in a certain place and choose the appropriate place from the list.

MODELO: You hear: Estoy en un lugar donde se come y se bebe por poco dinero. También se conversa con los amigos. Normalmente se viene aquí entre clases. ¿Dónde estoy?

You write: *la cafetería*

| la biblioteca | el comedor de la casa | el mercado |
| la cocina de un restaurante | la discoteca | la playa |

1. _____ 4. _____
2. _____ 5. _____
3. _____ 6. _____

Nombre: _____ Fecha: _____

10-20 **¿Qué se hace?** Read the following descriptions of the activities that are carried out in different locations; then conjugate the verbs using the *se* construction to complete the sentence.

1. _____ (almorzar) en la cafetería.
2. _____ (preparar) la comida en la cocina.
3. _____ (servir) la cena en el comedor.
4. _____ (añadir) azúcar al café para hacerlo más dulce.
5. _____ (poner) la mesa antes de servir la comida.
6. _____ (lavar) los platos después de comer.
7. _____ (beber) las bebidas frías en la terraza.
8. _____ (disfrutar) el postre después de la comida.
9. _____ (comer) bien en la casa de la abuela.

10-21 **En la casa de Lola.** Listen as Lola tells you about the daily eating and drinking habits at her home. Then read the statements and indicate whether each one is true (**Cierto**), false (**Falso**), or whether it is not mentioned (**No se menciona**).

En la casa de Lola...

1. se prepara el desayuno temprano.
   Cierto   Falso   No se menciona
2. se almuerza a las once de la mañana.
   Cierto   Falso   No se menciona
3. se sirve la comida a la una de la tarde.
   Cierto   Falso   No se menciona
4. se lavan los platos en el fregadero.
   Cierto   Falso   No se menciona
5. se toma café en la terraza por la tarde.
   Cierto   Falso   No se menciona
6. se prepara la cena a las diez de la noche.
   Cierto   Falso   No se menciona

10-22 **Tu receta favorita.** Give the steps needed to prepare your favorite food or beverage. You may want to use activity 10-18 as a model and be sure to use constructions with **se**.

_____
_____
_____
_____

Nombre: _____ Fecha: _____

10-23 En casa. Write a paragraph describing your family's general eating habits. Use the expressions from the list and any others you wish to add.

almorzar	poner la mesa
cenar	preparar la comida
desayunar	tomar
lavar los platos	

MODELO: *En mi casa se almuerza a la una de la tarde.*

_____
_____
_____
_____
_____
_____

2. Talking about the recent past: Present perfect and participles used as adjectives (Textbook pp. 360–361)

MySpanishLab
Interactive activities indicated here are available only in MySpanishLab.

10-24

Capítulo 10 ¿Cuál es tu comida preferida? ■ 215

Nombre: _____ Fecha: _____

10-25 ¿Quién lo ha dicho? Read the following statements, and match them with the people from the list who might have said them.

1. _____ He tenido muchos problemas con mi rodilla, y no he podido jugar al golf durante los últimos dos meses.
2. _____ He visitado varios países para hablar con sus representantes.
3. _____ He tenido una gira (*tour*) de conciertos, y estoy muy cansado. Han sido dos meses muy difíciles.
4. _____ He viajado a Ecuador para terminar de rodar (*film*) una película.
5. _____ He preparado muchos platos deliciosos en mi programa de televisión.

a. Usher
b. el presidente de Estados Unidos
c. Tiger Woods
d. Rachael Ray
e. Mel Gibson

10-26 El día de Mariana. Listen to a description of what Mariana has done today. Then, number the activities in the order that she completed them.

1. Ha comido solo frutas. _____
2. Ha visto su programa favorito en la televisión. _____
3. Ha desayunado poco. _____
4. Ha hablado por teléfono con su novio. _____
5. Ha escrito una carta a una amiga. _____
6. Ha decidido quedarse en su apartamento. _____
7. Ha llamado a su madre. _____
8. Se ha acostado temprano para dormir. _____
9. Se ha acostado para leer y descansar. _____
10. Ha lavado los platos. _____

10-27 Los hispanos en el béisbol. Complete the following paragraph with the correct form of the verbs in the present perfect to learn about the contributions and accomplishments of Hispanics in baseball.

| desear | hacer | participar | ser | sufrir | tener |

Los hispanos (1) _____ en las Grandes Ligas (*Major Leagues*) por muchos años. Varios hispanos (2) _____ mucho éxito en el béisbol. Por ejemplo, Sammy Sosa (3) _____ más de 300 cuadrangulares (*home runs*). El cubano Orlando Hernández es un jugador excelente, aunque (4) _____ mucho a causa de los problemas con su codo (*elbow*). Roberto Alomar siempre (5) _____ ser tan famoso como su padre y su hermano. Los tres (6) _____ muy buenos jugadores de las Grandes Ligas.

216 ■ Mosaicos Student Activities Manual   © 2015 Pearson Education, Inc.

Nombre: _____ Fecha: _____

10-28 Más preguntas. Your instructor is getting to know you better, but still has a few questions. Answer his/her questions in complete sentences, and remember to use the present perfect.

1. ¿Has estudiado otro idioma? ¿Cuál?
   _____

2. ¿Has viajado a otro país? ¿A cuál?
   _____

3. ¿Has trabajado en una oficina? ¿En qué puesto?
   _____

4. ¿Has visto una película en el cine recientemente? ¿Cuál?
   _____

5. ¿Has escrito un poema o una canción? ¿Sobre qué tema?
   _____

6. ¿Has hecho algo interesante esta semana? ¿Qué?
   _____

10-29 ¿Eres una persona activa? Take a look at the following list of activities, and explain the kind of person you are by writing the things you have or have not done this semester.

comer en restaurantes diferentes	participar en un grupo de estudio
ir a muchas fiestas	practicar deportes frecuentemente
ir a un concierto	salir con los amigos frecuentemente
leer muchos libros	viajar a algún lugar

_____
_____
_____
_____
_____
_____
_____

10-30 Todos somos diferentes. Your Spanish instructor would like to get to know you a little better. Talk about four of the activities you have participated in recently.

Nombre: _____   Fecha: _____

10-31 Después de la cena. Complete the sentences with the appropriate words to describe the condition of Lola's apartment. You may need to change the word form to make it fit the context.

| abierto | desordenado | encendido | roto |

MODELO: La puerta está *abierta*. Nos olvidamos de cerrarla.

1. Las cortinas están _____. Tenemos que repararlas.
2. Las ventanas están _____. Por favor, ¡ciérralas!
3. El apartamento está _____. Vamos a repartirnos el trabajo de ordenarlo.
4. El televisor está _____. Tenemos que apagarlo.

3. Giving instructions in informal settings: Informal commands (Textbook pp. 364–365)

10-33 En la universidad. Give your friend some general advice about university life by matching each informal command with the appropriate location.

1. Escucha al profesor _____.
2. No hables _____.
3. Baila _____.
4. Come _____.
5. Nada _____.

a. en la cafetería
b. en la discoteca
c. en clase
d. en la piscina
e. en la biblioteca

218 ■ Mosaicos Student Activities Manual   © 2015 Pearson Education, Inc.

Nombre: _____   Fecha: _____

10-34 Una cena con amigos. You want to host a dinner party. Listen to the instructions that Lola gives you and select all of the items on the list that she mentions.

_____ hacer las camas

_____ limpiar la cocina

_____ ir al supermercado

_____ poner la mesa

_____ salir a cenar

_____ cocinar la comida

_____ hablar con tus invitados

_____ ordenar la cocina

_____ divertirse

10-35 La dieta de Lola. Your friend has been gaining some weight lately, so she asks you for some nutritional advice. Choose the appropriate form of the informal command to give her good advice.

1. _____
   a. Come muchas grasas y calorías.
   b. No comas muchas grasas y calorías.
   c. No comen muchas grasas y calorías.

2. _____
   a. Controla tu consumo de alimentos con azúcar.
   b. No controles tu consumo de alimentos con azúcar.
   c. No controlen el consumo de alimentos con azúcar.

3. _____
   a. No hagas ejercicio frecuentemente.
   b. Haz ejercicio frecuentemente.
   c. No hagan ejercicio frecuentemente.

4. _____
   a. No salgan a cenar en restaurantes frecuentemente.
   b. No salgas a cenar en restaurantes frecuentemente.
   c. Sal a cenar en restaurantes frecuentemente.

5. _____
   a. Bebe bebidas alcohólicas.
   b. No beban bebidas alcohólicas.
   c. No bebas bebidas alcohólicas.

6. _____
   a. No duermas más de cuatro horas por la noche.
   b. No duermen más de cuatro horas por la noche.
   c. Duerme más de cuatro horas por la noche.

Nombre: _____ Fecha: _____

10-36 Con más detalle. Read the sentences and conjugate the verbs using the correct form of the informal command to give your friend some advice for being healthy and active.

1. _____ (beber) ocho vasos de agua al día.
2. _____ (comer) muchas frutas y verduras.
3. No _____ (comer) en los restaurantes de servicio rápido.
4. _____ (hacer) ejercicio tres veces por semana.
5. _____ (evitar) la cafeína y el estrés.
6. No le _____ (poner) mucha sal a la comida.
7. _____ (venir) conmigo al gimnasio.
8. No _____ (beber) muchos refrescos.

10-37 ¡No hay tiempo! Your guests will be arriving soon, and you realize that there is not enough time to get everything ready for the dinner party you are hosting tonight. Tell your roommate a few specific things that he/she must do to help you prepare. Remember to use informal commands.

10-38 Instrucciones. It is almost time for your dinner party, and your roommate is too busy to help. Luckily, your friend has offered to help while you are in class. Write her a note using informal commands, and tell her all the things you still need her to do to make sure that the apartment and the food are ready.

_____
_____
_____
_____
_____
_____
_____

4. Talking about the future: The future tense (Textbook pp. 368–369)

MySpanishLab
Interactive activities indicated here are available only in MySpanishLab.

10-39

220 ■ Mosaicos Student Activities Manual © 2015 Pearson Education, Inc.

Nombre: _____ Fecha: _____

10-40 Después de graduarse. You are curious about Lola's future plans. Complete your dialogue with the appropriate questions from the list.

Cuándo te graduarás	Te casarás
Qué harás después de graduarte	Vivirás en Ecuador
Qué tipo de trabajo harás	

TÚ: Lola, ¿piensas mucho en el futuro?

LOLA: Un poco. Tengo algunos planes, claro.

TÚ: (1) ¿_____?

LOLA: Dentro de un año.

TÚ: (2) ¿_____?

LOLA: Buscaré un trabajo.

TÚ: (3) ¿_____?

LOLA: No sé... viviré cerca de mi trabajo.

TÚ: (4) ¿_____?

LOLA: Quiero un trabajo de profesora de español en una escuela.

TÚ: (5) ¿_____?

LOLA: Sí, dentro de unos años. Mi novio y yo queremos hacer una carrera primero.

TÚ: Tienes muchos planes interesantes. Mucha suerte con todo.

LOLA: ¡Gracias!

10-41 Planes para mañana. You, Lola, and Mariana are making plans for tomorrow. Listen to Mariana as she explains what you all will do; then read the list of activities and indicate who will be doing each one.

1. levantarse temprano   Mariana   Lola   tú   todas (nosotras)
2. ir de compras   Mariana   Lola   tú   todas (nosotras)
3. salir de la casa a las 9:30 Mariana   Lola   tú   todas (nosotras)
4. limpiar la casa   Mariana   Lola   tú   todas (nosotras)
5. preparar la comida   Mariana   Lola   tú   todas (nosotras)
6. cocinar una receta nueva   Mariana   Lola   tú   todas (nosotras)
7. cenar en un restaurante   Mariana   Lola   tú   todas (nosotras)

Nombre: _____ Fecha: _____

10-42 Una semana con mucho trabajo. You, Mariana, and Lola will have a busy week this week. Complete each sentence with the corresponding verb.

| asistirá | haré | prepararán | tendremos |
| descansaré | iremos | saldrá | |

1. El lunes, Mariana _____ a la clase de astronomía.
2. El martes, Mariana y Lola _____ una receta nueva.
3. El miércoles, nosotros _____ tiempo libre para descansar un poco.
4. El jueves, yo _____ una presentación oral en la clase de español.
5. El viernes, Lola _____ a cenar con su novio.
6. El sábado, Mariana y yo _____ al cine.
7. El domingo, yo _____ todo el día.

10-43 Una carta de la abuela. Complete the letter with the appropriate form of the verbs in the future tense.

Querida Lola:

Me pregunto muchas veces cómo (1) _____ (ser) tu vida dentro de unos cuantos años. Todo (2) _____ (depender) en gran parte de ti. Sé que (3) _____ (estudiar) mucho hasta terminar tu carrera. Después de tu graduación, (4) _____ (empezar) a trabajar, y probablemente (5) _____ (casarse) con Andrés. Seguramente ustedes (6) _____ (tener) hijos, pero con hijos o sin ellos, la vida te (7) _____ (dar) alegrías y tristezas. Te conozco bien, y estoy segura de que siempre (8) _____ (ayudar) a las personas que son importantes para ti y (9) _____ (hacer) todo lo posible para mejorar su vida.

Un beso,

Abuelita

10-44 ¿Y qué más? What else will you do this week? Talk about your specific plans, and remember to use the future tense. You may start by saying **Esta semana, yo...**

10-45 En el año 2050. Do you think life in the future will be very different? Write five sentences explaining what you think life will be like in the year 2050, and use verbs from the list in the future tense.

| estar | ir | poner | tener | viajar |
| hacer | poder | salir | ver | vivir |

Nombre: _____ Fecha: _____

MODELO: *En el año 2050 no habrá que pagar impuestos (taxes).*

1. _____
2. _____
3. _____
4. _____
5. _____

En acción

MySpanishLab
Interactive activities indicated here are available only in MySpanishLab.

10-46

10-47

10-48

Mosaicos

Escucha

10-49 El viaje de Mariana. Mariana is planning to travel back to Ecuador this summer. What do you think she will do? Make a list of your predictions.

En Ecuador, Mariana

1. Comerá _____
2. Beberá _____
3. Visitará _____

10-50 Un viaje a Ecuador. Mariana is going to tell you about the plans for her trip to Ecuador. Listen once and take notes separately to record relevant details. Then listen again, and select the answers that best complete each sentence.

1. Mariana no visitará _____.
   - **a.** Guayaquil
   - **b.** las Islas Galápagos
   - **c.** Quito
2. Mariana comerá _____.
   - **a.** cocido
   - **b.** humitas
   - **c.** salteñas
3. Mariana beberá _____.
   - **a.** vino
   - **b.** agua mineral
   - **c.** agua de coco
4. Mariana también viajará a _____.
   - **a.** Bolivia
   - **b.** Argentina
   - **c.** Chile

Nombre: _____ Fecha: _____

5. Mariana irá _____.

    a. al cine   **b.** al teatro   **c.** a la playa

6. Mariana no _____.

    a. se divertirá   **b.** se cansará   **c.** se aburrirá

10-51 **En el viaje a Ecuador.** You have learned a lot about Ecuador in this chapter. What else do you think Mariana will do during her trip to Ecuador? Write three complete sentences giving your response.

_____

_____

_____

Habla

10-52 **Mis decisiones y planes para el futuro.** You will need to make a lot of decisions and plans for your future after graduation. Talk about some specific things that you will do both after you graduate and in the more distant future. Explain how or why you made these decisions. You may start by saying, **Después de graduarme, yo…**

Lee

10-53 **Ingredientes de la comida hispana.** Look at the following foods and note, based on your knowledge, the ones that are typical Hispanic foods.

    _____ tortillas   _____ tacos

    _____ papas   _____ hamburguesas

    _____ arroz   _____ pavo

    _____ pasta   _____ mariscos

10-54 **La cocina hispana.** Read the following article and indicate whether each statement is true (**Cierto**), false (**Falso**), or whether it is not mentioned (**No se menciona**).

La cocina en el mundo hispano

La cocina variada del mundo hispano posee varias características semejantes, heredadas de la cocina de España. La cocina española se caracteriza por el uso del arroz y el azafrán, los mariscos y pescados y el ajo. Se dice que el plato clásico nacional español es el cocido (*stew*). Sin embargo, este varía de región a región e incluso recibe nombres diferentes. En España las numerosas cordilleras y valles contribuyen a la división del país en distintas regiones que mantienen sus propias costumbres y tradiciones, incluidas las culinarias. Uno de los placeres (*pleasures*) de viajar por España es la oportunidad de probar platos diferentes en cada lugar.

Con la colonización de América, la cocina española pasa a este continente también. Se pone en contacto con la cocina de las distintas culturas indígenas y sufre un proceso de adaptación. En primer lugar, muchos de los ingredientes de los platos españoles no existen en América; esto obligó a los españoles a sustituir estos ingredientes por otros semejantes. En segundo lugar, los españoles probaron los platos típicos de las culturas indígenas —preparados con productos desconocidos en Europa, como el maíz, la papa y el tomate— y estos platos influyeron en la cocina española.

Nombre: _____   Fecha: _____

> La existencia de diferentes pueblos indígenas con una gran variedad de culturas y las barreras naturales formadas por ríos, montañas, selvas y desiertos en Latinoamérica contribuyeron a la división y subdivisión del mundo hispanoamericano. Dentro de cada una de estas comunidades se desarrolló una cocina con características propias, y aunque se habla de una comida mexicana, colombiana, ecuatoriana, etcétera, lo cierto es que las diferentes regiones de estos países tienen, hasta cierto punto, su propia cocina.
>
> Entre las cocinas hispanoamericanas, la cocina mexicana goza de una gran fama mundial. Uno de sus platos más típicos, la tortilla, se remonta a la época de los aztecas. Hoy en día hay máquinas que hacen las tortillas, pero en algunos lugares apartados, muchas mujeres todavía preparan y cocinan las tortillas con los mismos utensilios que se usaban hace más de dos siglos.
>
> Cuando los españoles llegaron a América del Sur, el Imperio inca se extendía desde Ecuador hasta la parte norte de Chile. La papa era entonces, y todavía es, un elemento básico en la dieta de estas regiones. Una gran variedad de platos constituyen un ejemplo más de la unión de la cocina española y la indígena: la papa, producto americano, y el queso, que los españoles les enseñaron a preparar a los indios.
>
> Más al sur, Chile y Argentina ofrecen dos tipos de cocinas diferentes. En las costas de Chile existe una riqueza extraordinaria de pescados y mariscos debido a la corriente fría del Pacífico. Se puede decir que Chile es el país hispanoamericano que consume más productos del mar. En cambio, en Argentina la carne es el producto básico, pues la pampa, esa gran extensión de tierra llana y fértil, constituye el medio ideal para el desarrollo de una ganadería (*cattle*) de primera calidad.
>
> Las comidas de los pueblos son parte de su cultura. La variedad y la calidad de la cocina de España e Hispanoamérica muestran un aspecto más de la riqueza de la cultura hispana.

1. La cocina de América tiene mucho en común con la española.
   Cierto   Falso   No se menciona

2. La cocina española tiene influencia de otros países europeos.
   Cierto   Falso   No se menciona

3. Se dice que el cocido es el plato nacional de México.
   Cierto   Falso   No se menciona

4. Es evidente que la topografía española influye en la cocina del país.
   Cierto   Falso   No se menciona

5. Al llegar los españoles a América, la cocina de los españoles se vio influida por la de las culturas indígenas.
   Cierto   Falso   No se menciona

6. Se puede afirmar que la cocina hispanoamericana es una sola.
   Cierto   Falso   No se menciona

7. La tortilla de maíz es de origen español.
   Cierto   Falso   No se menciona

8. Un plato típico de Ecuador son los mariscos.
   Cierto   Falso   No se menciona

9. Los españoles trajeron la papa a América.
   Cierto   Falso   No se menciona

10. La carne es un producto importantísimo en la cocina de Argentina.
   Cierto   Falso   No se menciona

Nombre: _____ Fecha: _____

10-55 **¿Qué país?** Now that you have learned a lot about Hispanic food, match the appropriate country to the food with which it is most commonly associated.

1. carne _____   a. México
2. papas _____   b. Chile
3. mariscos _____   c. España
4. tortillas _____   d. Colombia
5. cocido _____   e. Argentina

Escribe

10-56 **La comida estadounidense.** Do you think food in the United States is similar to Hispanic food? List some of the foods that a typical student in the United States eats on a regular basis.

_____
_____
_____

10-57 **Comparación.** Describe some foods eaten during a typical meal in the United States and how they are similar to or different from Hispanic foods. For example, you might compare ingredients, methods of preparation, nutrition, and so on.

_____
_____
_____
_____
_____
_____
_____
_____
_____
_____

10-58 **La receta.** Describe your favorite meal and give the recipe. You may start by saying, **Mi comida favorita es...**

Repaso

10-60 Antes de la comida. Lola and Mariana have agreed to arrive early to help you prepare for a luncheon. Write them a note and mention five things they should do. Remember to use informal commands.

_____
_____
_____
_____
_____

10-61 Un pícnic con los amigos. Your friend Lola is organizing a picnic, and she calls Mariana to tell her the plans. Read the sentences and listen to the message that she leaves for Mariana. Then indicate whether each statement is true (**Cierto**), false (**Falso**), or whether it is not mentioned (**No se menciona**).

1. Tendrán el pícnic en el campo.
   Cierto   Falso   No se menciona

2. Lola llevará el postre.
   Cierto   Falso   No se menciona

3. Saldrán del Centro Estudiantil a las nueve y cuarto.
   Cierto   Falso   No se menciona

4. Mariana debe llevar frutas al pícnic.
   Cierto   Falso   No se menciona

5. Además de comer, nadarán en la playa.
   Cierto   Falso   No se menciona

6. Habrá tiempo para jugar al voleibol también.
   Cierto   Falso   No se menciona

7. Mariana debe llevar un suéter porque hará fresco por la tarde.
   Cierto   Falso   No se menciona

Nombre: _____   Fecha: _____

10-62 **Arroz con pollo.** Read the recipe for preparing **arroz con pollo** and then complete the sentences that follow.

Ingredientes:

sal al gusto

3 cucharadas de aceite de oliva

1 chorizo

3 libras de pollo picado y sin huesos

6 tazas de caldo básico de pollo

3 tazas de arroz lavado

4 ajíes criollos (opcional)

3 cebollas picadas

4 dientes de ajo

1 cucharada de pimienta negra

1 cucharadita de tomillo molido

1 cucharadita de orégano molido

1 taza de pasta de tomate

1 taza de alcaparras (*capers*) picadas con su vinagre (opcional)

1 pimentón verde o rojo en tiritas

Preparación:

Se calienta el aceite en una olla grande.

Se fríen los ajos. Se agregan las piezas de pollo, y se dejan dorar (*brown*) un poco; se añade el chorizo desmenuzado (*ground*) y se deja cocinar unos minutos. Luego se ponen los pimentones, la cebolla, los ajíes, las hierbas, sal y pimienta. Se revuelve todo.

Se añade el arroz y el caldo con la pasta de tomate disuelta, se deja cocinar a fuego alto hasta que empiece a absorberse el líquido, y se agregan las alcaparras. Se tapa, se baja a fuego lento y se sigue cocinando hasta alcanzar el punto deseado.

Se sirve con ensalada fresca y plátano maduro frito.

---

1. _____ es uno de los ingredientes del arroz con pollo.
   a. El brócoli   **b.** La cebolla   **c.** El aguacate

2. Se necesitan _____ tazas de arroz.
   a. dos   **b.** tres   **c.** cuatro

3. También se incluye una pasta de _____.
   a. queso   **b.** ajo   **c.** tomate

4. Primero, se agrega el pollo; luego se añade _____.
   a. el ajo   **b.** el chorizo   **c.** el aceite

5. Después de taparlo, se deja cocinar a fuego _____.
   a. alto   **b.** lento   **c.** mediano

6. Se sirve con _____.
   a. postre   **b.** vino   **c.** ensalada

11 ¿Cómo te sientes?

Enfoque cultural

MySpanishLab
Interactive activities indicated here are available only in MySpanishLab.

11-01

Vocabulario en contexto

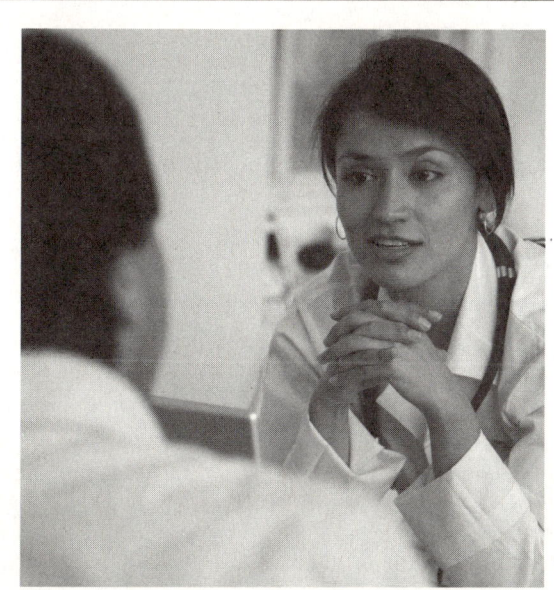

MySpanishLab
Interactive activities indicated here are available only in MySpanishLab.

11-02

11-03

11-04

Nombre: _____ Fecha: _____

11-05 Médicos, farmacias y hospitales. Complete the sentences with the most appropriate response.

1. La persona que necesita la ayuda del médico es el _____.
2. Tengo una cita con el _____ en el consultorio.
3. Cuando hay un accidente o una emergencia, se lleva al paciente al _____.
4. Voy a la _____ para comprar la medicina que me recetó el médico.
5. La aspirina es un buen _____ para el dolor de cabeza.
6. El _____ ayuda al médico en el hospital.
7. No me gusta tomar medicina tradicional, prefiero las _____ medicinales.

a. farmacia
b. hierbas
c. médico
d. enfermero
e. hospital
f. paciente
g. remedio

11-06 Definiciones. Match each word with its definition.

1. ____ antibiótico
2. ____ receta
3. ____ alergias
4. ____ farmacéutico
5. ____ tratar
6. ____ artículos de belleza

a. la persona que trabaja con los medicamentos en una farmacia
b. el documento que te da el médico para que puedas comprar el medicamento
c. unos ejemplos son pintalabios, champú, polvos y cremas
d. un medicamento que se toma para una infección
e. muchas personas sufren de ellas cuando cambian las estaciones
f. es otra manera de decir "curar"

11-07 ¿Adónde vas? Answer the following questions in complete sentences.

1. ¿Adónde vas cuando estás enfermo/a?
   _____
2. ¿Qué haces cuando tienes dolor de estómago?
   _____
3. ¿Usas hierbas medicinales? ¿Las usaste alguna vez en el pasado?
   _____

11-08 Me siento mal. José Luis is not feeling well again, and he must see a doctor. Put the following events in the most logical order.

1. ____
2. ____
3. ____
4. ____
5. ____
6. ____
7. ____
8. ____
9. ____
10. ____

a. Voy en el carro hasta el centro de salud.
b. Entro al centro de salud y le digo mi nombre a la recepcionista.
c. Le explico al médico mis síntomas.
d. Saludo al médico.
e. La enfermera me llama.
f. El médico me examina y me receta una medicina.
g. Voy a la farmacia y compro la medicina.
h. Llamo al centro de salud para hacer una cita.
i. Vuelvo a casa, tomo la medicina y me acuesto.
j. La enfermera me toma la temperatura y la tensión arterial.

Nombre: _____   Fecha: _____

11-09 Las partes del cuerpo. Help José Luis study for his anatomy class by writing the correct word next to each definition. Review the vocabulary for *Capítulo 11* if you need help.

1. Es el líquido rojo esencial para vivir. _____
2. Digiere (*It digests*) la comida. _____
3. Nos permiten escuchar música. _____
4. Los necesitamos para respirar. _____
5. Sostiene la cabeza. _____
6. Conecta la mano con el brazo. _____
7. Es una articulación (*joint*) en la pierna. _____
8. Podemos ver con estos órganos. _____

11-10 ¿Qué parte del cuerpo? Identify the most appropriate body part to complete the following activities.

1. ____ para comer una hamburguesa
2. ____ para llevar un reloj Rolex
3. ____ para ver una película
4. ____ para pensar bien antes de hacer una decisión
5. ____ para llevar la mochila pesada (*heavy*) llena de libros y textos
6. ____ para ponerme los aretes
7. ____ para caminar en la playa de San Juan
8. ____ para llevar el collar que me regaló mi hermana

a. los pies
b. la boca
c. el cuello
d. los ojos
e. los hombros
f. el cerebro
g. las orejas
h. la muñeca

11-11 ¿Dónde le duele? Match each situation with the most appropriate body part.

1. ____ Ángela no puede esquiar por la montaña Washington.
2. ____ Jorge no puede escribir en la computadora.
3. ____ Lucía no puede respirar bien.
4. ____ Teresa no puede comer la langosta.
5. ____ Sergio comió demasiado y ahora necesita Tums.
6. ____ Pedro no puede jugar al fútbol.
7. ____ A Lupe le duele esta parte del cuerpo después de llevar una mochila muy pesada.
8. ____ El profesor no puede hablar mucho hoy.

a. las piernas
b. la espalda
c. el tobillo
d. los dedos
e. los dientes
f. la garganta
g. los pulmones
h. el estómago

Nombre: _____ Fecha: _____

11-12 ¿Qué le duele? José Luis is not feeling very well today. Listen to him describe his ailments and write the part of his body that hurts.

| la cabeza | la garganta | las piernas |
| el estómago | la nariz | |

1. _____
2. _____
3. _____
4. _____
5. _____

11-13 ¿Cuál es el problema? Look at the pictures and complete the sentences with the correct word from the list.

| el brazo | el dedo | el oído |
| catarro | fiebre | el tobillo |

1. Le duele _____.

2. Le duele _____.

3. Tiene _____.

4. Tiene _____.

5. Le duele _____.

Nombre: _____   Fecha: _____

11-14 ¿Qué recomienda el doctor? At the doctor's office you overhear some recommendations made to patients. Match the letter of each recommendation you hear with the ailment that each patient is suffering.

1. ____ un catarro o una gripe
2. ____ una indigestión o dolor de estómago
3. ____ debilidad o cansancio
4. ____ un tobillo torcido
5. ____ una infección en el oído

11-15 Tú eres el/la doctor/a. What would you recommend in each of these cases, if you were the doctor? Select the best advice for each problem.

1. Tu paciente tiene una infección en los oídos. ____
   a. nadar en la piscina
   b. tomar antibióticos
   c. viajar en avión
2. Tu paciente tiene artritis y le duelen las manos y las rodillas. ¿Qué debe hacer? ____
   a. hacer ejercicio moderado y tomar aspirinas
   b. tomar clases de baile
   c. correr en una maratón
3. A tu paciente le duele mucho el estómago. ¿Qué debe hacer? ____
   a. comer mucho
   b. tomar bebidas alcohólicas
   c. no condimentar mucho la comida
4. Tu paciente se torció el tobillo. ¿Qué debe hacer? ____
   a. descansar
   b. ir a esquiar
   c. jugar al baloncesto

11-16 ¿Adónde debo ir? Listen to José Luis talk about the medical situations or conditions some of his friends and family members have. Where should they go? Select the appropriate place for each situation.

1. el consultorio médico   la farmacia   el hospital
2. el consultorio médico   la farmacia   el hospital
3. el consultorio médico   la farmacia   el hospital
4. el consultorio médico   la farmacia   el hospital
5. el consultorio médico   la farmacia   el hospital
6. el consultorio médico   la farmacia   el hospital
7. el consultorio médico   la farmacia   el hospital

Nombre: _____ Fecha: _____

 11-17 ¿Es buena tu salud? José Luis is concerned and wants to know if you are in good health. Listen to his questions and then give your response orally.

Mosaico cultural

MySpanishLab
Interactive activities indicated here are available only in MySpanishLab.

11-18

11-19

Funciones y formas

1. Expressing expectations and hopes: Introduction to the present subjunctive (Textbook pp. 391–392)

MySpanishLab
Interactive activities indicated here are available only in MySpanishLab.

11-20

11-21 La buena salud. Select the answer that best completes each of these sentences about healthy eating habits.

1. Aconsejamos que _____.
   a. almuerces bien todos los días
   b. comas muchos dulces
   c. bebas refrescos

2. Tu madre quiere que _____.
   a. desayunes un pastel
   b. comas frutas variadas
   c. desayunes solo un vaso de leche

Nombre: _____   Fecha: _____

3. Queremos que los estudiantes universitarios _____.
   a. beban muchas cervezas
   b. coman postre tres veces al día
   c. coman menos grasas

4. Los expertos prefieren que la gente joven _____.
   a. no coma tantas hamburguesas y papas fritas
   b. no prepare comidas al vapor (*steamed*)
   c. use muchos condimentos

5. Recomendamos que los estudiantes _____.
   a. tengan una dieta equilibrada (*balanced*)
   b. preparen comida con grasas
   c. usen mantequilla para cocinar

11-22 Una noche cubana. José Luis is talking to Liliana and Domingo about preparations for a "Cuban night" at the university. Listen to the statements and select the person who will do each task.

a. yo (José Luis)	c. tú (Liliana)
b. nosotros	d. ustedes (Liliana and Domingo)

1. _____   4. _____
2. _____   5. _____
3. _____

11-23 Una fiesta sorpresa. José Luis and Domingo are planning a surprise party for Liliana. Listen to their conversation and then select the correct form of the verb to complete the sentences.

1. José Luis espera que todo _____ bien.
   a. sale   b. salgo   c. salga
2. José Luis quiere que Domingo le _____.
   a. ayuda   b. ayude   c. ayudo
3. José Luis quiere que Domingo _____ al supermercado.
   a. vaya   b. vas   c. voy
4. José Luis necesita que Domingo _____ el pastel de cumpleaños.
   a. compre   b. compra   c. compras
5. José Luis también quiere que Domingo _____ servilletas de papel.
   a. traiga   b. trae   c. traigo
6. Domingo le pregunta a José Luis: "¿No quieres que _____ algo más?".
   a. haces   b. haga   c. hago
7. José Luis espera que no _____ demasiado tarde para invitar a Sara y Pedro.
   a. soy   b. es   c. sea
8. Es importante que José Luis _____ tranquilo.
   a. está   b. esté   c. estoy

Nombre: _____ Fecha: _____

11-24 La fiesta. You and your classmates are preparing a party in your Spanish class. Give everyone in your class an assignment to do.

MODELO: Quiero que <u>Elena traiga unos CD de música latina.</u>

1. Necesito que _____

2. Quiero que _____

3. Prefiero que _____

4. Te pido que _____

5. Deseo que _____

6. Quiero que _____

11-25 Los buenos deseos. Write complete sentences to express what you desire for each of the following people. You may start each sentence with **Deseo que...**

MODELO: *Deseo que mi hermano consiga un buen trabajo este año.*

1. mi primo/a: _____

2. mi madre: _____

3. mi padre: _____

4. mis abuelos: _____

5. mi mejor amigo/a: _____

11-26 José Luis. Unscramble the sentences and conjugate the verbs properly to find out what José Luis wishes for his friends and family. Be sure to write the entire sentence.

1. viajar a Europa con sus amigas/mi hermana/Quiero que
_____

2. para estudiar en México/mi prima/conseguir una beca/Deseo que
_____

3. tener buena salud/mi madre/Quiero que
_____

4. con honores/mi mejor amiga/graduarse/Deseo que
_____

5. Espero que/poder jubilarse este año/mi papá
_____

Nombre: _____ Fecha: _____

2. Expressing requests: The subjunctive with expressions of influence (Textbook pp. 395–396)

11-28 Las recomendaciones de José Luis. Select the answers that best complete the following recommendations that José Luis makes on different topics.

1. Recomiendo que mi familia _____.
   a. come muchas verduras
   b. coma muchas verduras
   c. comer muchas verduras

2. Es necesario que yo _____.
   a. toma agua todos los días
   b. tomar agua todos los días
   c. tome agua todos los días

3. Aconsejo que mi hermana _____.
   a. haga una cita médica
   b. hacer una cita médica
   c. hace una cita médica

4. Prohíbo que tú _____.
   a. fumas en mi apartamento
   b. fumar en mi apartamento
   c. fumes en mi apartamento

5. Les pido a mis amigos que _____.
   a. corren una maratón conmigo
   b. corran una maratón conmigo
   c. correr una maratón conmigo

6. Es bueno que los estudiantes no _____.
   a. tomar mucha cerveza
   b. tomen mucha cerveza
   c. toman mucha cerveza

Nombre: _____   Fecha: _____

11-29 Recomendaciones. Complete the doctor's recommendations for staying healthy. Write the appropriate subjunctive form of the verbs in parentheses.

1. El médico recomienda que José Luis _____ (comer) muchas frutas y verduras.
2. El médico aconseja que tú _____ (hacer) ejercicio tres veces por semana.
3. El médico sugiere que ustedes _____ (tomar) ocho vasos de agua por día.
4. El médico prohíbe que José Luis _____ (fumar).
5. El médico les dice que _____ (evitar) la grasa y la sal.
6. El médico te pide que tú lo _____ (ver) una vez por año para un examen médico.
7. El médico desea que ustedes _____ (seguir) sus recomendaciones.

11-30 Enfermo. Complete the following text with either in the indicative or the subjunctive of the verb in parentheses, depending on each case.

José Luis llega de la universidad y no (1) _____ (sentirse) bien. Le (2) _____ (doler) la garganta y tiene fiebre. Su compañero de apartamento le (3) _____ (aconsejar) que (4) _____ (hacer) una cita médica. "Es importante que tú (5) _____ (ir) al centro médico", le dice el compañero. José Luis le pide a su compañero de apartamento que lo (6) _____ (llevar) en su carro al centro médico. Al llegar, José Luis habla con una enfermera. "Le digo que el médico (7) _____ (estar) muy ocupado", dice ella. Después de 45 minutos, llega el médico. Examina a José Luis y le recomienda que (8) _____ (tomar) un antibiótico. Él le dice a José Luis que (9) _____ (descansar) dos días en casa.

11-31 Recomendaciones para un amigo. Help a friend who is sick with the stomach flu by making recommendations regarding his/her diet and activity. Complete the sentences accordingly.

1. Te aconsejo que _____
2. Te recomiendo que _____
3. No es bueno que _____

11-32 ¿Qué hago? Read each statement in which José Luis describes his health. Then orally give him one recommendation to suggest what he should do to remedy each condition.

1. "Tengo dolor de garganta y me duele mucho cuando toso".
2. "Me caí y me fracturé el brazo".
3. "Me duele la cabeza".
4. "Corrí cinco millas (*miles*) y ahora me duelen las piernas".

3. Expressing emotions, opinions, and attitudes: The subjunctive with expressions of emotion (Textbook pp. 398–399)

11-34 Las opiniones de José Luis. Select the answer that best completes each of the following statements, in which José Luis expresses his opinion about different topics.

1. Me encanta que el país _____.
   a. ser democrático
   b. sea democrático
   c. es democrático

2. Me molesta que la gente _____.
   a. fuma en mi casa
   b. fumar en mi casa
   c. fume en mi casa

3. Me gusta que mi hermana _____.
   a. trabaje de enfermera
   b. trabajar de enfermera
   c. trabaja de enfermera

4. Temo que tú _____.
   a. tienes problemas de salud
   b. tener problemas de salud
   c. tengas problemas de salud

5. Me molesta que mis amigos _____.
   a. me mienten
   b. me mientan
   c. mentirme

6. Me alegro de que los estudiantes _____.
   a. ser respetuosos con los profesores
   b. sean respetuosos con los profesores
   c. son respetuosos con los profesores

Nombre: _____ Fecha: _____

11-35 En las montañas. José Luis' father has left him very clear instructions about what he wants and expects from you and José Luis as you spend a week at his mountain cabin. Complete the following sentences with the correct form of the verb.

1. Mi padre quiere que nosotros _____ (divertirse) mucho.
2. Teme que nosotros _____ (gastar) dinero en las pistas de esquí.
3. Prefiere que nosotros _____ (comer) en los restaurantes.
4. Le molesta que nosotros _____ (hacer) muchas llamadas de teléfono desde la cabaña.
5. Se alegra de que yo no _____ (ir) solo a la cabaña.
6. Le molesta que nosotros no _____ (limpiar) la cabaña.

11-36 ¿Qué opinas? You hear that there has been a hurricane in southern Florida, and you are concerned about the people who live there. Read the statements about events taking place there and write sentences to express how you feel about them. Use the verbs from the list.

| alegrarse de | gustar | sentir |
| encantar | molestar | temer |

1. Miles de personas no tienen casa debido al huracán.
   _____
2. El Presidente envía dinero para ayudar.
   _____
3. La Cruz Roja está en el área afectada para ayudar.
   _____
4. Muchas personas no encuentran a sus familiares.
   _____
5. Algunos actores y actrices quieren visitar la zona para apoyar a los afectados.
   _____
6. Las pérdidas económicas en el área afectada son enormes.
   _____

11-37 Una carta para Domingo. Domingo is studying in the Dominican Republic and is reading aloud an e-mail from home. Listen to Domingo and identify how his relatives feel.

1. Sus padres se alegran de que _____.
2. Para su mamá es una lástima que _____.
3. A su mamá le encanta que _____.
4. A su mamá le preocupa que _____.
5. Su mamá teme que _____.
6. Sus padres sienten que _____.
7. A su abuela no le gusta que _____.

a. Domingo no esté en el cumpleaños de la abuela
b. Domingo salga mucho por las noches
c. Domingo esté bien
d. su familia le dé medicinas
e. ellos (los padres) no puedan visitarlo
f. Domingo tenga muchos amigos
g. Domingo olvide los estudios

Nombre: _____ Fecha: _____

11-38 ¿Qué les dice? Domingo hears the following statements from his Dominican friends. Listen to each statement and write an appropriate reaction to express how you feel about it.

MODELO: You hear: Mis amigas van a un concierto hoy.

You write: *Me alegro de que tus amigas vayan a un concierto hoy.*

1. _____
2. _____
3. _____
4. _____
5. _____

11-39 Una conversación con Domingo. Listen to Domingo's news. Then respond orally and tell him how you feel. Use some of the following expressions.

Estoy contento/a de que...	Es triste que...	Es una lástima que...
Me alegro de que...	Me encanta que...	Siento que...

4. Expressing goals, purposes and means: Uses of *por* and *para* (Textbook pp. 401–402)

11-40 ¿Qué responden? Listen to the following questions and choose the appropriate answer from the following options.

1. ____
   a. Voy caminando para el Parque de las Avenidas.
   b. Voy caminando por el Parque de las Avenidas.

2. ____
   a. El viaje a La Habana es para la próxima semana.
   b. El viaje a La Habana es por dos semanas.

3. ____
   a. Para el barco.
   b. Por barco.

4. ____
   a. Bueno, te doy cien dólares para la bicicleta.
   b. Bueno, te doy cien dólares por la bicicleta.

5. ____
   a. Sí, para José Luis todo está muy bien.
   b. Sí, todo está muy bien por José Luis.

Nombre: _____ Fecha: _____

11-41 **Regalos para todos.** People are exchanging presents and José Luis wants to know who received each gift. Listen to the questions and respond in complete sentences based on the pictures shown.

MODELO: You hear: ¿Para quién es el radio?

You see: *(radio)* Susana

You write: *El radio es para Susana.*

(images: Pablito - CD, Josefina - bracelet, Ramiro - watch, Yo - sweater, Irma - belt, tú - wallet)

1. _____
2. _____
3. _____
4. _____
5. _____
6. _____

11-42 **Visita al médico.** Domingo calls to tell you about his experience getting sick in the Dominican Republic. Complete his statements with **por** or **para**.

Fui a ver al médico (1) _____ el dolor de garganta y la fiebre que tenía. El médico no era dominicano, pero hablaba español. En realidad, (2) _____ ser extranjero hablaba español muy bien. Después de examinarme me recetó un antibiótico, y fui (3) _____ el antibiótico a la farmacia. En la farmacia pagué 40.000 pesos (4) _____ el antibiótico. Cuando salí de la farmacia tomé un taxi (5) _____ ir a casa. Pronto, me voy a acostar (6) _____ descansar.

11-43 **Un viaje a República Dominicana.** Domingo's parents are planning to visit him in the Dominican Republic. Complete the paragraph with **por** or **para**.

Mi esposa Elena y yo vivimos en Miami. Salimos (1) _____ República Dominicana el lunes próximo. Vamos (2) _____ avión, y debemos llegar a Santo Domingo (3) _____ la tarde. Vamos a estar en el avión tres horas, lo que me parece un viaje corto (4) _____ llegar al Caribe. Como el avión va a 800 millas (5) _____ hora, podemos llegar en tan poco tiempo. Realmente no tenemos mucho dinero (6) _____ hacer el viaje, pero lo quiero hacer (7) _____ mi esposa, Elena. Ella quiere ver a nuestro hijo, Domingo. Ella tiene muchos regalos (8) _____ él, y (9) _____ eso, hay que llevar muchas maletas. En Santo Domingo quiero ir primero al Alcázar de Colón (10) _____ ver el lugar donde vivió el hijo de Cristobal Colón, Diego. Después voy a caminar (11) _____ las calles de la parte antigua de la ciudad. Va a ser un viaje muy interesante, pero tengo que volver (12) _____ el día 25 porque tengo que terminar un proyecto muy importante en el trabajo.

Nombre: _____ Fecha: _____

11-44 Un día especial para Angélica. Complete each sentence with the correct expression using **por** or **para**.

1. El hijo de Angélica es el niño más hermoso del mundo _____.
2. Muchos parientes y amigos van al hospital _____.
3. Angélica recibe felicitaciones _____.
4. Llevan flores y regalos _____.
5. José Luis va por su cámara _____.
6. Todos desean que Angélica y su bebé vayan pronto _____.

a. para su madre
b. para Angélica y el bebé
c. para su casa
d. para conocer al niño
e. para sacar fotos
f. por el feliz acontecimiento (event)

11-45 Información personal. Answer the following survey questions about your attitudes and practices in regards to your own health. Use complete sentences with **por** or **para**.

1. ¿Cuántas veces por año vas al médico?
_____
2. ¿Prefieres hacer ejercicio por la mañana o por la noche?
_____
3. En tu opinión, ¿cuál es un precio razonable por una consulta médica?
_____
4. ¿Para qué vas a la farmacia?
_____

En acción

MySpanishLab
Interactive activities indicated here are available only in MySpanishLab.

11-46

11-47

11-48

Nombre: _____ Fecha: _____

Mosaicos

Escucha

11-49 En el hospital. You and José Luis are working at the hospital, assisting patients in Dr. Suárez's office. Mrs. Muñoz is here because she has flu symptoms. Before you listen to the dialogue, write some possible symptoms that Mrs. Muñoz might mention.

_____

_____

_____

_____

_____

11-50 En el consultorio de la doctora Suárez. Listen to the conversation once for the main idea. Then, listen again. At the end of her conversation with Mrs. Muñoz, Dr. Suárez will ask you some questions. Choose the most appropriate answer to each.

1. ____   a. aspirina
2. ____   b. antibióticos
3. ____   c. fiebre y dolor de garganta
4. ____   d. infección de oídos
5. ____   e. que descanse
6. ____   f. que no fume

11-51 Algunos remedios. You shadowed Dr. Suárez at the hospital for a while and now are reviewing what you learned through this experience. From the list, choose a possible treatment for the following ailments.

| tomar aspirina | no caminar o correr |
| tomar antibióticos | tomar té con limón |

1. tobillo torcido: _____   3. neumonía u otra infección: _____
2. dolor de cabeza: _____   4. dolor de garganta: _____

Habla

11-52 La salud de Domingo. You think that Domingo gets sick a lot because of his poor eating habits and lifestyle. Talk to Domingo on Skype and tell him your concerns. Be sure to express your feelings about his current habits and provide him with both recommendations and your desires with regard to how he might improve his health. You may start by saying, **Temo que...**

Nombre: _____   Fecha: _____

Lee

11-53 **El artículo.** You will read an article with recommendations for a healthy lifestyle. Select four options from the list that are considered to be part of a healthy way of living.

___ alcohol   ___ deportes   ___ frutas   ___ sal   ___ tabaco
___ colesterol ___ estrés   ___ pescado   ___ sobrepeso ___ vitaminas

11-54 **Prevenga un ataque de corazón.** Read the following article about health and nutrition and indicate whether each statement is true (**Cierto**), false (**Falso**), or whether it is not mentioned (**No se menciona**), according to the article.

Prevenga un ataque al corazón

Para disfrutar de una vida más larga y sana, se deben disminuir o eliminar ciertos vicios, y se deben comer alimentos más sanos.

1. El tabaco aumenta el ritmo cardíaco veinte pulsaciones por minuto. El riesgo continúa presente en los ex fumadores durante los primeros cinco años. Por eso, evite el tabaco.

2. El colesterol, que se encuentra en las grasas de origen animal, como en cremas, fiambres (*cold cuts*), mantequilla y carnes en salsas, es otro factor de alto riesgo (*risk*) para la salud. Las carnes con más materia grasa son el cerdo y el cordero (*lamb*, 20%), la res (2 a 10%), la ternera (*veal*, 2 a 10%), el conejo (*rabbit*, 5 a 10%) y las aves sin piel (no más de 2 a 8%). Para evitar el colesterol, es necesario reducir las grasas en su dieta. También es necesario reducir los aceites o sustituir los comunes por los de soja (*soy*) o maíz.

   Comer pescado, verduras y frutas es lo recomendado porque estas comidas no perjudican las arterias. No es bueno consumir huevos en exceso, ya que la yema (*yolk*) tiene un alto porcentaje de colesterol. Afortunadamente, en la actualidad el colesterol se puede combatir con medicamentos eficaces; entre ellos, la aspirina.

3. El sobrepeso (*being overweight*) y la inactividad obligan al corazón a trabajar más. Para esto, no hay nada mejor que el deporte y una dieta sana. Se recomienda que las personas sedentarias practiquen algún deporte progresivamente. Aventurarse a un partido de tenis extenuante, por ejemplo, puede tener efectos peligrosos y a veces fatales. Agitar (*To work up*) demasiado el corazón causa hipertensión: el corazón realiza un doble trabajo. Manténgase activo/a, coma bien y cuide su peso.

4. El exceso de sal en las comidas y el alcohol también pueden ser causantes de un ataque. Acostúmbrese a cocinar o comer con poca sal. Usted va a notar que al hacerlo va a bajar de peso y va a sentirse saludable. Asimismo, no cometa excesos con la bebida. Se piensa que un vaso de vino con la cena o comida no hace daño a la salud.

5. Otro riesgo para su corazón es el estrés. Este puede ser provocado por el exceso de trabajo o problemas en su casa, en el trabajo o en los estudios. Aprenda a mantenerse en calma y a relajarse. Trate de ignorar lo que le produce la ansiedad y, por consiguiente el estrés. Recuerde que su vida vale más que todo lo demás.

Nombre: _____   Fecha: _____

1. El ritmo del corazón se acelera cuando una persona fuma.
   Cierto   Falso   No se menciona

2. Es necesario tomar ocho vasos de agua por día.
   Cierto   Falso   No se menciona

3. La carne de ave sin piel contiene menos colesterol que la carne de ave con piel.
   Cierto   Falso   No se menciona

4. Se piensa que la aspirina puede controlar el colesterol.
   Cierto   Falso   No se menciona

5. Las vitaminas son esenciales para mantener la salud.
   Cierto   Falso   No se menciona

6. La yema es la parte más saludable del huevo.
   Cierto   Falso   No se menciona

7. La práctica de los deportes en moderación ayuda a evitar los ataques del corazón.
   Cierto   Falso   No se menciona

8. La sal y el alcohol en grandes cantidades tienen efectos positivos en el cuerpo.
   Cierto   Falso   No se menciona

11-55 Consejos. You are now working as a counselor at the health center at your university. A student who smokes and eats high-cholesterol foods has come to talk to you because he is worried about his health. Tell him what he needs to do to stay healthy, using phrases such as **es evidente que...**, **es importante que...**, **es dudoso que...**, **es vital que...**, or **(no) es bueno que.**

_____
_____
_____
_____
_____

Escribe

11-56 Información para estudiantes. You have been asked to create an informational brochure in Spanish to provide pertinent information to young people about an illness that may affect them. Choose an illness or health problem that is likely to affect university students. Then, make a specific list of the symptoms associated with it.

Enfermedad/Problema   _____

Síntomas   _____
                       _____
                       _____
                       _____

Nombre: _____ Fecha: _____

11-57 Folleto informativo. Now write the information for the brochure. Be sure to include an introduction about the illness/problem and the symptoms. Mention the recommended treatments and remedies, and give specific suggestions and advice for students to follow. You may start by writing, **Un problema de salud es...**

_____
_____
_____
_____
_____
_____
_____
_____

11-58 Otras enfermedades. Now write some additional health problems that you think might affect young people today. You may start by writing, **Los jóvenes de hoy se ven afectados por...**

_____
_____
_____

Repaso

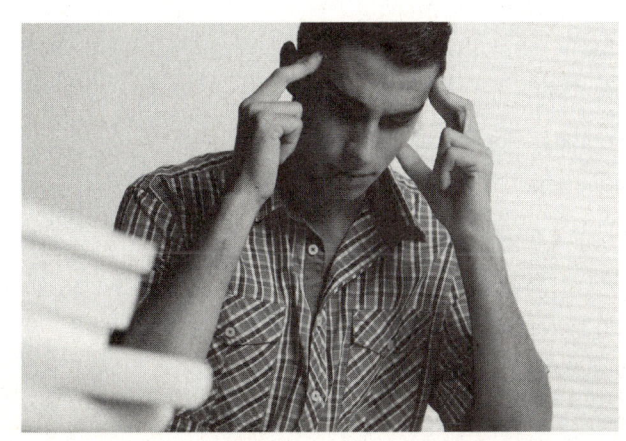

My SpanishLab
Interactive activities indicated here are available only in MySpanishLab.

11-59

Nombre: _____ Fecha: _____

11-60 Recomendaciones para un amigo. You have noticed that José Luis does not take very good care of his health. Write him a note and tell him that you are concerned. You may mention the following:

- your feelings about José Luis's health
- possible causes and repercussions of his habits
- specific advice with steps José Luis must take to improve his health

You may start by writing, **Querido José Luis: Estoy preocupado/a por tu salud...**

_____
_____
_____
_____
_____
_____
_____
_____

11-61 Una visita al médico. Listen to the following conversation between your friend, José Luis, and his doctor. Then indicate whether each statement is true (**Cierto**), false (**Falso**), or whether it is not mentioned (**No se menciona**).

1. José Luis llama a su médica para conseguir antibióticos.
   Cierto   Falso   No se menciona

2. José Luis toma antibióticos con frecuencia.
   Cierto   Falso   No se menciona

3. La doctora le recomienda a José Luis que coma mejor en vez de tomar vitaminas.
   Cierto   Falso   No se menciona

4. Las vitaminas ayudaron al amigo de José Luis a no estar cansado siempre.
   Cierto   Falso   No se menciona

5. El amigo de José Luis también hace mucho ejercicio.
   Cierto   Falso   No se menciona

6. La infección es un efecto negativo del exceso de vitaminas.
   Cierto   Falso   No se menciona

7. Al final, la doctora decide recetarle a José Luis unas vitaminas fuertes.
   Cierto   Falso   No se menciona

Nombre: _____   Fecha: _____

11-62 El trabajo de UNICEF. Read the following text about UNICEF's efforts to help children, and then read the statements that follow. Indicate whether each statement is true (**Cierto**), false (**Falso**), or whether it is not mentioned (**No se menciona**).

La deshidratación causa más muertes entre niños menores de cinco años en el mundo. Una deshidratación fuerte puede impedir incluso la secreción de lágrimas cuando el niño llora. Pero existe una cura, y los especialistas afirman que es, potencialmente, el descubrimiento médico más importante del siglo XX. Es algo que todos tenemos en casa, o sea un remedio casero (*home remedy*): azúcar, sal y agua. Cuando se combinan correctamente, se obtiene la solución que puede salvar (*save*) a millones de niños.

Este tratamiento, utilizado por UNICEF, se denomina TRO, Terapia de Rehidratación Oral, y salva a un millón de niños al año. Un sobre (*packet*) de TRO cuesta solo unos centavos. Por muy poco dinero, se puede inmunizar a un niño contra muchas de las enfermedades que muchas veces resultan fatales.

Hasta hoy, UNICEF ha podido inmunizar contra enfermedades a tres cuartas partes de la población infantil de los países más pobres. Cada año, salva a dos millones de vidas. Pero esta tarea no termina aquí. UNICEF invierte sus esfuerzos y fondos en educación y nutrición, y en procurar (*make available*) agua potable (*drinking water*) tanto niños como adultos. Una parte fundamental de los recursos de UNICEF proviene de donaciones voluntarias.

Por favor, contribuya en todo lo que pueda porque la cura para estas terribles enfermedades está al alcance (*reach*) de su mano.

1. La deshidratación causa más muertes en el mundo entre niños menores de cinco años.

   Cierto   Falso   No se menciona

2. La posible cura para la deshidratación es una receta médica muy costosa.

   Cierto   Falso   No se menciona

3. Se puede inmunizar a un niño contra la varicela con un remedio casero.

   Cierto   Falso   No se menciona

4. Cada año, la TRO salva dos millones de vidas.

   Cierto   Falso   No se menciona

5. Una parte fundamental de los recursos de UNICEF proviene de donaciones voluntarias.

   Cierto   Falso   No se menciona

12 ¿Te gusta viajar?

Enfoque cultural

MySpanishLab
Interactive activities indicated here are available only in MySpanishLab.

12-01

Vocabulario en contexto

MySpanishLab
Interactive activities indicated here are available only in MySpanishLab.

12-02

12-03

12-04

Capítulo 12 ¿Te gusta viajar? ■ 251

Nombre: _____ Fecha: _____

12-05 De viaje. Match each word related to transportation and travel with the phrase that best describes its function.

1. _____ el avión
2. _____ el mostrador
3. _____ la aduana
4. _____ el autobús
5. _____ el barco

a. para declarar los productos que traes de otro país
b. para viajar por tierra
c. en un aeropuerto, para facturar el equipaje
d. para viajar en el mar
e. para viajar por aire

12-06 ¿Qué medio de transporte es? Listen to each of Beatriz's descriptions about different ways to travel, and identify the mode of transportation she describes.

a. el autobús
b. el avión
c. el barco
d. el coche
e. el tren
f. la bicicleta

1. _____
2. _____
3. _____
4. _____
5. _____
6. _____

12-07 Los medios de transporte. Choose the most appropriate option to complete each statement.

1. Para ir más rápido a Boston hay que tomar _____ porque el límite de velocidad es 65 millas por hora.
   a. la maleta
   b. la carretera
   c. el destino
   d. el crucero

2. No me gustar viajar en avión pero me encanta el mar. Entonces, voy a Europa en _____.
   a. moto
   b. barco
   c. tren
   d. autobús

3. Tengo que llegar a México lo más pronto posible. Necesito un vuelo _____.
   a. sin escalas
   b. con escalas
   c. atrasado
   d. en cola

4. El hotel está muy cerca del centro. Solo hay que caminar una _____.
   a. esquina
   b. escala
   c. cola
   d. cuadra

5. Mi amiga no tiene mucho dinero y va a viajar a Puerto Rico. Ella compra _____.
   a. dos boletos de clase turista
   b. un boleto de primera clase
   c. un boleto de clase ejecutiva
   d. un boleto de clase turista

6. Pongo la ropa en _____ antes de salir de viaje.
   a. la maleta
   b. la ventanilla
   c. el sobre
   d. la esquina

7. No quiero subir las maletas al avión. Las voy a _____.
   a. cancelar
   b. perder
   c. facturar
   d. viajar

8. No puedo subir al avión porque acabo de perder mi _____.
   a. llave
   b. sobre
   c. tarjeta de embarque
   d. carta

Nombre: _____   Fecha: _____

12-08 Asociaciones. Select the word that most appropriately completes each statement.

1. El lugar donde se encuentran los aviones y los pasajeros es ____.
2. La persona que atiende a los pasajeros durante el vuelo es ____.
3. Lo que se necesita comprar antes de hacer un viaje es ____.
4. El lugar en el auto donde se guarda el equipaje es ____.
5. El documento oficial que se necesita para viajar al extranjero es ____.
6. El lugar donde hay muchos autobuses y coches es ____.
7. El lugar en el aeropuerto donde revisan el equipaje de los viajeros internacionales es ____.

a. el maletero
b. el aeropuerto
c. el auxiliar de vuelo
d. el pasaporte
e. la aduana
f. la autopista
g. el boleto

12-09 En el mostrador de la aerolínea. Read the following statements about Sergio and Beatriz as they check in at the airport. Then listen to their conversation with the airline agent. Indicate whether each statement is true (**Cierto**), false (**Falso**), or whether it is not mentioned (**No se menciona**).

	Cierto	Falso	No se menciona
1. La empleada les pide solo los boletos.	Cierto	Falso	No se menciona
2. Necesitan una visa para viajar a Costa Rica.	Cierto	Falso	No se menciona
3. Beatriz va a sentarse junto al pasillo.	Cierto	Falso	No se menciona
4. Beatriz pide dos asientos juntos.	Cierto	Falso	No se menciona
5. Sergio prefiere sentarse en la clase turista.	Cierto	Falso	No se menciona
6. Les dan asientos en las primeras filas.	Cierto	Falso	No se menciona
7. Facturan una maleta y las mochilas.	Cierto	Falso	No se menciona
8. Deben embarcar por la puerta B22 a las once menos veinte.	Cierto	Falso	No se menciona

12-10 Las vacaciones de primavera. Describe the ideal spring break trip for you and your friends. Say where you will go, the best mode of transportation, how long you will stay, and how much the trip will cost. You may start by saying, **Quiero viajar a (lugar) por (medio de transporte) con mis amigos para las vacaciones de primavera.**

12-11 En el hotel. Write the word(s) for the following objects, places, or actions associated with a hotel stay.

1. Un cuarto para una sola persona: _____
2. Lugar donde el cliente va a pedir información cuando llega al hotel: _____
3. Objeto que se necesita para abrir la puerta de la habitación: _____
4. Lugar donde los clientes guardan objetos de valor: _____
5. Pedir una habitación en un hotel por teléfono, fax o correo electrónico: _____

Nombre: _____ Fecha: _____

🔊 **12-12 Una llamada al Hotel El Rodeo.** Sergio calls the El Rodeo Hotel to book a room. Listen to the employee's statements and questions, and identify Sergio's responses to each one.

1. _____
2. _____
3. _____
4. _____
5. _____
6. _____
7. _____

a. Está bien, vamos a tomar un taxi entonces. Muchas gracias.
b. Perfecto. ¿Cuál es el precio, por favor?
c. Adiós.
d. Sí, el 12 y el 13.
e. Buenos días. Por favor, necesito una habitación doble para el lunes y martes por la noche.
f. Está bien. Pensamos llegar a eso de las cuatro. Una pregunta más, ¿Tienen ustedes un autobús que vaya a buscarnos al aeropuerto?
g. Excelente, pues quiero reservar una habitación a nombre de Sergio Jiménez para esas dos noches.

12-13 Un viaje en auto. Choose the correct word to complete each statement about cars.

1. En _____ ponemos el equipaje cuando viajamos.
   a. la llanta   b. el capó   c. el maletero
2. Con _____ se identifica un carro; tiene números y/o letras.
   a. la guantera   b. la placa   c. el limpiaparabrisas
3. Con _____ podemos ver los autos que están detrás.
   a. el espejo retrovisor   b. los asientos   c. las luces
4. Un auto no puede funcionar sin _____.
   a. asientos   b. motor   c. maletero
5. _____ se pueden usar en caso de una emergencia.
   a. Las luces intermitentes   b. Las llantas   c. Las ruedas

12-14 La rueda de la fortuna. Fill in the missing letters in 1 to 4 to spell words from *Capítulo 12*. Then use your answers to complete the missing letters in the last phrase.

1. _ _ l _ n t e
2. _ _ l e t e r _
3. _ l _ _ _
4. l l _ n t _
5. L _ s _ _ r t e s _ e _ n _ _ _ _ e

12-15 Vocabulario. Match each word with the most appropriate definition.

1. ___ la licencia de conducir
2. ___ el parabrisas
3. ___ la multa
4. ___ la guantera
5. ___ descomponerse

a. el dinero que tienes que pagar si un policía te para
b. la identificación que le permite a uno manejar un carro
c. la parte de la ventana que le protege a uno del viento
d. romper, dejar de funcionar
e. un pequeño cajón donde se guardan mapas, bolígrafos, etc.

Mosaico cultural

MySpanishLab
Interactive activities indicated here are available only in MySpanishLab.

12-16

12-17

Funciones y formas

1. **Expressing affirmation and negation: Affirmative and negative expressions** (Textbook pp. 426–427)

MySpanishLab
Interactive activities indicated here are available only in MySpanishLab.

12-18

12-19 **¿Con qué frecuencia?** Indicate how often you do the following activities, using one of the following expressions of frequency.

| a veces | algunas veces | nunca | siempre | todos los días |

MODELO: viajar en autobús

A veces viajo en autobús.

1. ir de viaje solo/a _____
2. visitar lugares históricos _____
3. comer en restaurantes elegantes _____
4. pasar una semana en las montañas _____
5. acostarme a las nueve de la noche _____
6. ir al cine _____
7. leer una novela _____

Nombre: _____   Fecha: _____

12-20 Los modos de transporte y los viajes. Complete the sentences by selecting the correct affirmative or negative expression.

1. No tengo _____ amiga que tenga un coche deportivo.
   - **a.** nadie
   - **b.** alguna
   - **c.** ningún
   - **d.** ninguna

2. No conozco a _____ que pueda reparar mi coche.
   - **a.** algún
   - **b.** nada
   - **c.** nadie
   - **d.** ningún

3. No hay _____ miembro en mi familia que tome el autobús.
   - **a.** alguien
   - **b.** ningún
   - **c.** nadie
   - **d.** nada

4. Hay personas que conocen muchas playas de Costa Rica, pero yo no conozco _____.
   - **a.** ninguna
   - **b.** alguien
   - **c.** ningún
   - **d.** tampoco

5. No conozco a _____ que viaje en crucero con frecuencia.
   - **a.** ninguna
   - **b.** nada
   - **c.** nadie
   - **d.** ninguno

12-21 ¿Tienes algo que hacer? Listen to the conversation between Carlos and Susana about her travel and weekend plans. Then complete the sentences with the correct word from the list. Not all words will be used.

algo	nada	nunca	todos
alguien	nadie	siempre	

1. Susana _____ viaja durante el verano.
2. Susana _____ viaja en el otoño.
3. _____ viajan en el otoño.
4. Susana no tiene _____ que hacer el próximo fin de semana.
5. Carlos sí tiene _____ que hacer; quiere ir a Playa Grande.

12-22 Centroamérica. Carlos does not know much about Central America, so he answers all of your questions negatively. Complete his answers with the correct negative word.

1. —¿Has viajado alguna vez a Costa Rica?
   —No, _____ he viajado a Costa Rica.

2. —¿Has visto alguna vez el Canal de Panamá?
   —No, no he visto _____ el canal de Centroamérica.

3. —¿Conoces algunas playas de Centroamérica?
   —No, no conozco _____.

4. —¿Has leído algo sobre la flora y la fauna de Costa Rica?
   —No, no he leído _____ sobre la flora y la fauna de Costa Rica.

5. —¿Conoces a alguien que viva en Panamá?
   —No, no conozco a _____ que viva en Panamá.

12-23 Hablando de viajes. Listen to Susana's questions about your travels. Choose the appropriate answer, based on the affirmative or negative words you hear.

1. _____   a. No, nada.
2. _____   b. Sí, a alguno.
3. _____   c. No, nunca.
4. _____   d. Sí, con todos.
5. _____   e. Sí, alguna.

 12-24 Ya no quiero viajar. Carlos asks about your upcoming travel plans. Answer his questions in the negative, using double negatives as appropriate.

MODELO: You hear: ¿Vas a viajar con alguien este fin de semana?
You say: *No, no voy a viajar con nadie este fin de semana.*

1. ...
2. ...
3. ...
4. ...
5. ...
6. ...

2. Talking about things that may not exist: Subjunctive in adjective clauses (Textbook pp. 430–431)

MySpanishLab
Interactive activities indicated here are available only in MySpanishLab.

12-25

Capítulo 12 ¿Te gusta viajar? ■ 257

Nombre: _____ **Fecha:** _____

12-26 El próximo viaje. Beatriz and Sergio are talking about their next trip. Complete their conversation by writing the correct form of the verbs in parentheses.

BEATRIZ: Bueno, me gusta tomar el sol, así que yo quiero hospedarme en un hotel que (1) _____ (tener) piscina.

SERGIO: Sí, estoy de acuerdo. También me gusta tomar el sol, pero prefiero hospedarme en un hotel que (2) _____ (estar) en la playa.

BEATRIZ: Sí, y también quiero visitar un lugar donde (3) _____ (haber) un clima agradable.

SERGIO: Tienes razón, pero tenemos que visitar a la familia... ¿no crees? Debemos ir a una agencia de viajes que (4) _____ (ofrecer) billetes y hoteles a precios razonables.

BEATRIZ: Sí, y esta vez debemos viajar con una aerolínea que (5) _____ (servir) comida.

SERGIO: De acuerdo. La próxima vez planearemos todo muy bien. ¡Quiero hacer un viaje que (6) _____ (ser) perfecto!

12-27 En la agencia de viajes. Sergio and Beatriz have decided to travel to Panama. First, read the questions; then listen to Sergio's conversation with the travel agent and choose the most appropriate answer to each question.

1. ¿Qué quiere Sergio? _____
   a. un vuelo que salga el día 15
   b. el vuelo que sale el día 15

2. ¿Qué le recomienda el agente de viajes? _____
   a. un vuelo que salga el jueves
   b. un vuelo que sale el jueves

3. ¿Qué tipo de vuelo prefiere Sergio? _____
   a. uno que no hace escala
   b. uno que no haga escala

4. ¿Qué tipo de paquete prefiere Sergio? _____
   a. un paquete que incluya pasaje y hotel
   b. la oferta que incluye pasaje y hotel

5. ¿Qué tipo de hotel prefiere Sergio? _____
   a. el hotel que es de lujo
   b. un hotel que sea de lujo

6. ¿Qué tipo de ofertas especiales recomienda el agente de viajes? _____
   a. una oferta que incluya pasaje y hotel
   b. una oferta que incluye pasaje y hotel

12-28 El carro que tiene y el que quiere. Sergio is comparing the car he has with the car of his dreams. For each statement you hear, indicate whether he is referring to the car he currently owns or to the one he wants.

1. ____ a. el carro que tiene   b. el carro que quiere
2. ____ a. el carro que tiene   b. el carro que quiere
3. ____ a. el carro que tiene   b. el carro que quiere
4. ____ a. el carro que tiene   b. el carro que quiere
5. ____ a. el carro que tiene   b. el carro que quiere
6. ____ a. el carro que tiene   b. el carro que quiere

Nombre: _____ Fecha: _____

12-29 Buscando el carro perfecto. Sergio has decided to buy a new car, and he tells you exactly the kind of car he wants. Listen to him and write sentences that describe the car Sergio is looking for. Follow the model.

MODELO: You hear: Debe ser nuevo.

You write: Busca un carro *que sea nuevo.*

1. Busca un carro _____.
2. Busca un carro _____.
3. Busca un carro _____.
4. Busca un carro _____.
5. Busca un carro _____.

12-30 La universidad. Complete the sentences about life at the university with the correct form of the verb in parentheses.

1. Hay varios edificios que no _____ (tener) aire acondicionado.
2. Tenemos muchos profesores que _____ (publicar) libros.
3. Necesitamos un laboratorio que _____ (tener) computadoras nuevas.
4. El rector (*president*) busca una persona que _____ (dar) dinero para una nueva biblioteca.
5. Hay muchos estudiantes que _____ (ir) a Costa Rica por un semestre para estudiar.

12-31 Tu universidad. Describe your university by completing the sentences with original information.

1. Hay varios edificios que no _____.
2. Tenemos muchos profesores que _____.
3. Necesitamos un laboratorio que _____.
4. El rector busca una persona que _____.
5. Hay muchos estudiantes que _____.

12-32 Una nueva vida. Imagine that you won the lottery and your lifestyle is about to change. Talk about a few things you want to do by completing the sentences orally.

1. Quiero comprar un auto que...
2. Quiero conocer a una persona que...
3. Quiero comer en restaurantes que...
4. Quiero visitar países donde...
5. Quiero tener un trabajo que...
6. Quiero vivir en una casa que...

Nombre: _____ Fecha: _____

3. Expressing possession: Possessive pronouns (Textbook pp. 434–435)

MySpanishLab
Interactive activities indicated here are available only in MySpanishLab.

12-33

12-34 En el aeropuerto. In the airport in Panama, Sergio, Beatriz, and the other passengers are waiting for their luggage. Complete the following conversation with the correct possessive pronouns.

BEATRIZ: No veo mis maletas. ¡Ah! Ahí están.

SERGIO: No, Beatriz, esas no son las (1) _____.

BEATRIZ: Sí, son esas.

SR. HUERTA: Perdón, señora, usted está equivocada. Esas maletas son (2) _____, de mi esposa y mías.

BEATRIZ: ¿Son (3) _____? ¿Está usted seguro?

SR. HUERTA: Mire bien los números, señora. Son los números (4) _____.

BEATRIZ: Lo siento mucho, es que las maletas mías son iguales a las (5) _____.

12-35 En un viaje. Answer your friend's questions about your trips using the appropriate possessive pronouns.

MODELO: ¿Qué habitación te gustó más, la de tu hermano/a o la tuya?
Me gustó más la suya. or *Me gustó más la mía.*

1. ¿En qué carro prefieres viajar, en el de tu padre o en el tuyo?
_____

2. ¿Qué mapa prefieres usar, tu mapa o el de tus amigos?
_____

3. ¿Te gustan más las fotos de tu madre o las tuyas?
_____

4. ¿Prefieres usar la mochila de tu hermano/a o la tuya?
_____

Nombre: _____   Fecha: _____

12-36 ¿Dónde está? You and your friends are about to start the next part of your trip. Choose the correct possessive pronoun to complete each statement.

MODELO: You hear: ¿Tu pasaporte está en la maleta?

You write: Sí, *el mío* está en la maleta.

1. Sí, _____ está en la recepción.
2. Sí, _____ están en el cuarto.
3. Sí, _____ está en el carro.
4. Sí, _____ está en la maleta.
5. Sí, _____ están aquí.

12-37 ¡Qué casualidad! While you are traveling in Costa Rica, you meet a young woman from Panama. You start talking and realize you have many things in common. Listen and give your responses affirmatively, as in the model.

MODELO: You hear: Mi materia favorita es historia.

You say: *¡La mía también!*

1. …
2. …
3. …
4. …
5. …

12-38 Un problema. Sergio and Beatriz get to their hotel room, but they discover that they have a problem. Listen to their conversation once for the gist. Then listen to it again and choose the most appropriate response to complete the statements.

1. Cuando Sergio dice "trajo las tuyas, pero no las mías", se refiere a _____.
   a. las maletas   **b.** las mochilas   **c.** el equipaje

2. Cuando Beatriz pregunta "¿Y los tuyos, Sergio?", se refiere a _____.
   a. las maletas   **b.** los cheques de viajero   **c.** los documentos

3. Cuando Beatriz dice "la mía está en la maleta", se refiere a _____.
   a. la mochila   **b.** el pasaporte   **c.** la cámara

4. Cuando Sergio dice "¡Ay, pero esta tampoco es la mía!", se refiere a _____.
   a. la chaqueta   **b.** el pasaporte   **c.** la mochila

Nombre: _____ Fecha: _____

4. Expressing doubt and uncertainty: Subjunctive with expressions of doubt (Textbook pp. 437–438)

12-40 El futuro. Complete the following sentences about the future by choosing the correct form of the verb.

1. Es probable que _____ el Canal de Panamá dentro de (*in*) cinco años.
   a. conoces b. conozcas c. conociste

2. Dudo que _____ un coche nuevo dentro de tres años.
   a. manejes b. manejaste c. manejas

3. Es posible que no _____ en este país.
   a. vivas b. vivías c. vives

4. No creo que _____ inspector de aduana en el futuro.
   a. eres b. serías c. seas

5. Dudo que _____ muchos problemas en el futuro.
   a. tengas b. tienes c. tuviste

6. No es probable que _____ mucho más.
   a. viajas b. viajabas c. viajes

12-41 Un viaje a Panamá. Listen to Susana's plans for her trip to Panama. Then indicate whether she thinks the following things are true (**Cierto**), possible (**Posible**), or unlikely (**Improbable**).

1. Va a Panamá en verano. _____
   Cierto   Posible   Improbable

2. Va a visitar el Canal de Panamá. _____
   Cierto   Posible   Improbable

Nombre: _____ Fecha: _____

3. Va a hablar mucho español. _____

   Cierto   Posible   Improbable

4. Va a enfermarse. _____

   Cierto   Posible   Improbable

5. Va a ir a la isla de San Blas. _____

   Cierto   Posible   Improbable

6. Va a comer sancocho. _____

   Cierto   Posible   Improbable

7. Va a viajar a Colombia. _____

   Cierto   Posible   Improbable

8. Va a aburrirse en Panamá. _____

   Cierto   Posible   Improbable

12-42 Hablando sobre Panamá. Carlos and Cecilia are talking about Susana's trip to Panamá. Listen to their conversation and indicate whether each statement is true (**Cierto**), false (**Falso**), or whether it is not mentioned (**No se menciona**).

1. Susana está en Panamá ahora.

   Cierto   Falso   No se menciona

2. Es posible que Susana llame por teléfono hoy.

   Cierto   Falso   No se menciona

3. Es muy posible que a Susana le guste la Ciudad de Panamá.

   Cierto   Falso   No se menciona

4. Carlos duda que Susana compre mucho en la isla de San Blas.

   Cierto   Falso   No se menciona

5. Carlos sabe que a Susana le gusta la artesanía.

   Cierto   Falso   No se menciona

6. Cecilia está segura de que a Susana no le va a gustar la artesanía de Panamá.

   Cierto   Falso   No se menciona

7. Carlos duda que Susana visite el Canal de Panamá.

   Cierto   Falso   No se menciona

12-43 El turismo en Costa Rica. Read Cecilia's description of tourism in Costa Rica. Then, complete the description by providing the correct form of the verbs in parentheses.

Me llamo Cecilia Romero Salazar, y vivo en San José, la capital de Costa Rica. Los turistas que visitan Costa Rica saben que (1) _____ (ser) un país excepcional, lleno de sorpresas naturales, pero las personas que no lo conocen dudan que aquí (2) _____ (haber) lugares tan interesantes. Por eso quiero darles más información sobre mi país. En Costa Rica, la flora y la fauna son extraordinarias. Es posible que los turistas (3) _____ (poder) ver la vegetación del bosque tropical, así como tucanes, jaguares, pumas, monos y muchas especies más. No creo que ninguna otra región

Nombre: _____ Fecha: _____

(4) _____ (tener) tantas especies de animales. Además es cierto que desde San José las excursiones (5) _____ (llevar) a los turistas a ver el famoso volcán Arenal, en menos de dos horas. Dudo que (6) _____ (existir) un lugar en el mundo tan extraordinario como Costa Rica. Espero que las personas de otros países (7) _____ (venir) a visitarnos porque así (8) _____ (poder) comprobar que no exagero cuando hablo de mi país con tanta admiración.

🔊 **12-44 No lo creo.** Cecilia told Susana about her summer travel plans. Cecilia has a history of exaggerating, so you don't believe much of what she said. Listen to Susana's statements and complete the sentences, as in the model.

MODELO: You hear Susana say: Cecilia dice que va a visitar seis países.

You write: Dudo que Cecilia *visite* seis países.

1. Dudo que Cecilia _____ un mes en Nicaragua.
2. Dudo que Cecilia _____ quiché muy bien.
3. Dudo que Cecilia _____ muchas comidas diferentes.
4. Dudo que Cecilia _____ todas las playas de Centroamérica.
5. Dudo que Cecilia _____ la mejor artesanía.

12-45 El futuro del transporte. Complete the following sentences using the verbs provided. You must write them in the appropriate subjunctive or indicative form.

| andar | haber | ser |
| desaparecer | ir | usar |

1. Dudo que _____ un coche eléctrico muy rápido y lujoso.
2. No creo que _____ los coches grandes como Suburban y Escalade.
3. Es posible que los autos del futuro _____ energía nuclear.
4. No pienso que muchas personas _____ al trabajo en tren.
5. Es difícil que los autos _____ por sí solos.
6. Muchas personas creen que la bicicleta _____ el mejor modo de transporte.

12-46 Tu opinión. What do you think transportation will be like twenty years from now? Complete the sentences with your predictions.

1. Es posible que _____.
2. Creo que _____.
3. Es probable que _____.
4. Dudo que _____.

Nombre: _____   Fecha: _____

En acción

MySpanishLab
Interactive activities indicated here are available only in MySpanishLab.

12-47

12-48

12-49

Mosaicos

Escucha

12-50 Al viajar. When you travel internationally, you must go through customs. Use your knowledge and experience to anticipate which documents customs officials might ask for and what illegal items, substances, or products they might be looking for.

DOCUMENTOS

_____
_____
_____
_____

PRODUCTOS QUE BUSCAN

_____
_____
_____
_____

12-51 En la aduana. You will hear a conversation between a passenger and a Panamanian customs official. First, read the statements. Then listen to the exchange and indicate whether each statement is true (**Cierto**), false (**Falso**), or whether it is not mentioned (**No se menciona**).

1. El inspector de aduana quiere solo la declaración de compras.   Cierto   Falso   No se menciona
2. El pasajero no trae ningún electrodoméstico.   Cierto   Falso   No se menciona
3. El pasajero trae algunas botellas de vino.   Cierto   Falso   No se menciona
4. El pasajero no tiene visa.   Cierto   Falso   No se menciona
5. El pasajero no declaró todas sus compras en la lista.   Cierto   Falso   No se menciona
6. El inspector quiere que el pasajero abra sus maletas.   Cierto   Falso   No se menciona
7. El pasajero tiene las llaves de la maleta en su mochila.   Cierto   Falso   No se menciona

Nombre: _____ Fecha: _____

Habla

12-52 **Un cuento interesante.** In this chapter, you have learned how to tell a story that will keep your listeners interested. Think about an experience that you have had; for example, a problem with your car, or something that happened on a plane or train. Tell the story, and remember to insert remarks about moments that are funny, surprising, or interesting.

Lee

12-53 **En avión.** If you are traveling across the country by plane, in what order should you do the following activities? Put them in the most logical order.

1. _____
2. _____
3. _____
4. _____
5. _____
6. _____
7. _____

a. Busco el asiento apropiado.
b. Llego a la sala de espera.
c. Hago las maletas.
d. Tomo un taxi al aeropuerto.
e. Compro un boleto.
f. Me abrocho el cinturón.
g. Subo al avión.

12-54 **Unas vacaciones perfectas.** Read the following text in which Beatriz tells you about the last time she traveled with her friends to Costa Rica. Then indicate whether each statement is true (**Cierto**), false (**Falso**), or whether it is not mentioned (**No se menciona**).

Mis últimas vacaciones con mis amigas fueron maravillosas. En junio del año pasado, fui con dos amigas a Costa Rica por dos semanas. Pasamos las mejores vacaciones de nuestra vida.

En enero del año pasado decidí que quería ir de vacaciones a algún lugar exótico y mi agente de viajes me dijo que había una oferta especial para viajar a Brasil o a Costa Rica. Llamé a dos de mis mejores amigas, Carolina y Vicky, y les expliqué que el viaje a Costa Rica era por dos semanas y que costaba 1.400 dólares, con avión y hotel de lujo incluidos. Me dijeron que querían ir, y entonces compramos los boletos de avión e hicimos las reservaciones de los hoteles.

Por fin llegó el día del viaje. Me levanté temprano y fui al aeropuerto en taxi. Carolina y Vicky llegaron unos minutos después. Fuimos a facturar el equipaje y pasamos a la sala de espera. Tuvimos que esperar casi una hora, pero por fin pudimos subir al avión. Busqué mi asiento y me senté. Estaba ilusionada y nerviosa: ¡el viaje iba a comenzar! Por fin llegamos a San José, donde hacía sol y calor. Agarramos nuestras maletas y fuimos en un taxi al hotel. Fuimos a la recepción y nos dieron las llaves de las habitaciones. El hotel era maravilloso. Era muy bonito y tenía unas habitaciones grandes y limpias. El botones (*bellhop*) nos ayudó con las maletas. Todos en el hotel fueron muy amables.

En San José lo pasamos fenomenal. Todas las mañanas salíamos a visitar la ciudad y a conocer los lugares históricos más interesantes. Después comíamos en los restaurantes más típicos: intentamos evitar los lugares más dedicados a los turistas para probar la comida auténtica de Costa Rica. El conserje (*concierge*) nos recomendó un restaurante pequeño cerca del hotel. Fuimos a ese restaurante varias veces; la comida era exquisita. Por las tardes, después de comer, nos relajábamos en la piscina del hotel y tomábamos el sol. Después íbamos a la habitación y nos arreglábamos (*got ready*). Íbamos a cenar por ahí y después íbamos a los bares y las discotecas. La música y el baile son muy importantes en Costa Rica. También conocimos a muchos ticos; son personas muy amables y simpáticas.

Nombre: _____   Fecha: _____

> Un día fuimos al pueblo de Sarchí; alquilamos un auto y condujimos hasta allí. Este pueblo es famoso por sus hermosas carretas pintadas de brillantes colores y por sus carteras de cuero. Todas nosotras compramos carteras de cuero como recuerdo de Sarchí.
>
> Otro día hicimos una excursión al volcán Irazú. El viaje en auto hasta allí fue increíble. Pudimos observar la belleza natural de Costa Rica y el volcán. Pasamos una semana en San José, y finalmente nos fuimos a Puntarenas.
>
> En Puntarenas fuimos a otro hotel, igual de (*just as*) maravilloso que el anterior. Puntarenas está en la costa, así que aprovechamos para pasear y tomar el sol. También aprendimos a hacer *windsurfing* y tabla hawaiana (*surfing*). Una semana después, nuestro viaje terminó y regresamos a casa.
>
> Carolina, Vicky y yo siempre hablamos mucho de Costa Rica y miramos el álbum de fotos constantemente; nos recuerda a nuestro maravilloso viaje.

1. Beatriz no fue a Brasil. Cierto Falso No se menciona
2. Beatriz y sus amigas pasaron dos semanas en Costa Rica. Cierto Falso No se menciona
3. Las maletas de Beatriz se perdieron en el vuelo a San José. Cierto Falso No se menciona
4. A Beatriz y a sus amigas no les gustó la comida costarricense. Cierto Falso No se menciona
5. Durante su viaje fueron a la piscina. Cierto Falso No se menciona
6. Beatriz y sus amigas hicieron deportes en Costa Rica. Cierto Falso No se menciona
7. Beatriz y sus amigas van a regresar a Costa Rica dentro de un año. Cierto Falso No se menciona
8. Beatriz y sus amigas planean un viaje a Panamá. Cierto Falso No se menciona

12-55 ¿Dónde? The following are some of the places that Beatriz and her friends visited. Read the text one more time and complete each sentence with the correct location.

| Irazú | Puntarenas | San José | Sarchí |

1. Visitaron los lugares históricos en _____.
2. Compraron recuerdos de la zona de _____.
3. Conocieron los sitios ecológicos en _____.
4. Hicieron deportes acuáticos en _____.

> Mis últimas vacaciones con mis amigas fueron maravillosas. En junio del año pasado, fui con dos amigas a Costa Rica por dos semanas. Pasamos las mejores vacaciones de nuestra vida.
>
> En enero del año pasado decidí que quería ir de vacaciones a algún lugar exótico y mi agente de viajes me dijo que había una oferta especial para viajar a Brasil o a Costa Rica. Llamé a dos de mis mejores amigas, Carolina y Vicky, y les expliqué que el viaje a Costa Rica era por dos semanas y que costaba 1.400 dólares,

Nombre: _____ Fecha: _____

con avión y hotel de lujo incluidos. Me dijeron que querían ir, y entonces compramos los boletos de avión e hicimos las reservaciones de los hoteles.

Por fin llegó el día del viaje. Me levanté temprano y fui al aeropuerto en taxi. Carolina y Vicky llegaron unos minutos después. Fuimos a facturar el equipaje y pasamos a la sala de espera. Tuvimos que esperar casi una hora, pero por fin pudimos subir al avión. Busqué mi asiento y me senté. Estaba ilusionada y nerviosa: ¡el viaje iba a comenzar! Por fin llegamos a San José, donde hacía sol y calor. Agarramos nuestras maletas y fuimos en un taxi al hotel. Fuimos a la recepción y nos dieron las llaves de las habitaciones. El hotel era maravilloso. Era muy bonito y tenía unas habitaciones grandes y limpias. El botones (*bellhop*) nos ayudó con las maletas. Todos en el hotel fueron muy amables.

En San José lo pasamos fenomenal. Todas las mañanas salíamos a visitar la ciudad y a conocer los lugares históricos más interesantes. Después comíamos en los restaurantes más típicos: intentamos evitar los lugares más dedicados a los turistas para probar la comida auténtica de Costa Rica. El conserje (*concierge*) nos recomendó un restaurante pequeño cerca del hotel. Fuimos a ese restaurante varias veces; la comida era exquisita. Por las tardes, después de comer, nos relajábamos en la piscina del hotel y tomábamos el sol. Después íbamos a la habitación y nos arreglábamos (*got ready*). Íbamos a cenar por ahí y después íbamos a los bares y las discotecas. La música y el baile son muy importantes en Costa Rica. También conocimos a muchos ticos; son personas muy amables y simpáticas.

Un día fuimos al pueblo de Sarchí; alquilamos un auto y condujimos hasta allí. Este pueblo es famoso por sus hermosas carretas pintadas de brillantes colores y por sus carteras de cuero. Todas nosotras compramos carteras de cuero como recuerdo de Sarchí.

Otro día hicimos una excursión al volcán Irazú. El viaje en auto hasta allí fue increíble. Pudimos observar la belleza natural de Costa Rica y el volcán. Pasamos una semana en San José, y finalmente nos fuimos a Puntarenas.

En Puntarenas fuimos a otro hotel, igual de (*just as*) maravilloso que el anterior. Puntarenas está en la costa, así que aprovechamos para pasear y tomar el sol. También aprendimos a hacer *windsurfing* y tabla hawaiana (*surfing*). Una semana después, nuestro viaje terminó y regresamos a casa.

Carolina, Vicky y yo siempre hablamos mucho de Costa Rica y miramos el álbum de fotos constantemente; nos recuerda a nuestro maravilloso viaje.

Escribe

12-56 Tus vacaciones favoritas. Think about your favorite vacation and then answer the questions.

1. ¿A dónde fuiste? _____
2. ¿Cómo fuiste (en avión, en coche, en crucero)? _____
3. ¿Con quién(es) fuiste? _____
4. ¿Por cuánto tiempo? _____
5. ¿Dónde te alojaste? _____
6. ¿Cuánto tiempo hace que hiciste este viaje? _____

Nombre: _____   Fecha: _____

12-57 Mis mejores vacaciones. Beatriz wants to go on another vacation, but she does not know where to go. Tell her about your favorite vacation. Include where you went, with whom you went, the places you visited, the transportation you used, and the activities you did. Recommend that she visit this place, and advise her on how to make the most of her time there. You may start by writing, **Querida Beatriz: Te recomiendo que vayas a...**

_____
_____
_____
_____
_____
_____
_____
_____
_____
_____
_____
_____
_____
_____
_____
_____

12-58 ¿Qué tal? Beatriz decided to go to the place that you recommended. She has just returned and you want to find out how the vacation went. Write five questions that you want to ask Beatriz about her trip.

MODELO: ¿Con quién fuiste de vacaciones?

1. _____
2. _____
3. _____
4. _____
5. _____

Nombre: _____ Fecha: _____

Repaso

MySpanishLab
Interactive activities indicated here are available only in MySpanishLab.

12-59

12-60 **El viaje de mis sueños.** In this chapter you have talked about your past vacations and also learned a lot about other people's travels. Now, write a brief essay about your ideal vacation. Make sure you mention the characteristics of the place, the transportation, the hotel and the activities that you prefer.

MODELO: *Quiero viajar a una isla que tenga una playa privada...*

Nombre: _____   Fecha: _____

12-61 En la agencia de viajes. Listen to the following conversation about planning a trip, and then select the answers that best complete each of the statements.

1. El chico quiere ir a _____ con sus amigos.
   a. Dallas   b. San Juan   c. San José

2. Salir el 21 de marzo costará _____.
   a. $400   b. $550   c. $450

3. Salir más temprano es más _____ porque viajan muchos estudiantes.
   a. caro   b. barato   c. cómodo

4. Tienen que volver el día _____ para no faltar a sus clases.
   a. 21   b. 24   c. 27

5. El estudiante va a hablar con _____.
   a. sus amigos   b. su familia   c. otro agente

12-62 Un viaje por Centroamérica. Sergio's parents have heard a lot about his recent trips to Panama and Costa Rica. They would like to travel there as well. Read the text and indicate whether each statement is true (**Cierto**), false (**Falso**), or whether it is not mentioned (**No se menciona**).

> Los señores Jiménez piensan pasar dos semanas en Costa Rica y Panamá para celebrar su aniversario. El señor Jiménez trabaja para una compañía que vende computadoras y necesita hacer un viaje de negocios a Costa Rica. A él y a su esposa les gusta mucho viajar, y ellos piensan que esta es una oportunidad excelente para combinar en un solo viaje los negocios y las vacaciones. Además, una tía de la señora Jiménez vive en Tamarindo y los dos tienen muchos deseos de verla.
>
> El señor Jiménez necesita cinco días para atender las cosas en su trabajo. Con tanto tiempo libre la señora Jiménez puede ir de compras o visitar lugares turísticos durante el día, y por la noche puede pasar tiempo con su esposo. Cuando el Sr. Jiménez haya terminado con su trabajo, ellos desean alquilar un coche para viajar a Tamarindo. A ellos les gustaría pasar unos días con sus parientes tomando el sol y pescando.
>
> Después de visitar Tamarindo, ellos van a viajar por avión a Panamá, y ahí van a tomar un crucero por el canal.

1. Los Jiménez van a ir a Centroamérica juntos porque quieren celebrar su aniversario.   Cierto   Falso   No se menciona

2. Un tío del señor Jiménez vive en Tamarindo.   Cierto   Falso   No se menciona

3. Los Jiménez prefieren viajar en primera clase.   Cierto   Falso   No se menciona

4. El precio del viaje es razonable.   Cierto   Falso   No se menciona

5. Quieren visitar Panamá para reunirse con algunos clientes.   Cierto   Falso   No se menciona

6. No pueden viajar en crucero ahora porque no hay pasajes disponibles.   Cierto   Falso   No se menciona

13 ¿Qué es arte para ti?

Enfoque cultural

MySpanishLab
Interactive activities indicated here are available only in MySpanishLab.

13-01

Vocabulario en contexto

MySpanishLab
Interactive activities indicated here are available only in MySpanishLab.

13-02

13-03

13-04

Nombre: _____ Fecha: _____

13-05 Los artistas. Match each artist with the art that he/she creates. Answers may be used more than once.

1. ____ novelista
2. ____ poeta
3. ____ director
4. ____ pintor
5. ____ guitarrista

a. libro
b. película
c. canción
d. poema
e. cuadro

13-06 No es fácil. Use the words from the list to complete the following paragraph on being an author.

| amistad | desarrollo | premios |
| amor | escritor | temas |

No es fácil ser (1) _____. Es necesario tener una gran imaginación y muchísimas ideas. Un buen escritor siempre necesita incluir (2) _____ interesantes en sus obras, como el (3) _____ y la (4) _____. También tiene que pensar en el (5) _____ del personaje principal o cómo el personaje principal va a aprender las lecciones de la vida. Solo los mejores escritores son nominados para los grandes (6) _____.

13-07 Los muralistas mexicanos. Listen to the following art lecture about Mexican muralists in the United States. Then select the painter to whom each statement applies.

a. Orozco   b. Siqueiros   c. Rivera

1. _____ abrió un taller experimental en 1936.
2. _____ trabajó en New Hampshire.
3. El trabajo de _____ influyó en la obra de Philip Guston.
4. Podemos encontrar los murales de _____ en tres estados.
5. La imagen de Lenin aparece en un mural que pintó _____ en Estados Unidos.

13-08 Crucigrama. Use the clues given to complete the crossword puzzle.

Horizontales

1. Este tipo de arte frecuentemente incluye una representación de los árboles, los ríos, el cielo, los océanos, etc.
3. Tengo muchos _____ de los buenos momentos de mi vida.
6. Picasso desarrolló el estilo _____.
7. Es una obra de arte muy grande que a veces se pinta en una pared.

Verticales

2. El pintor se pinta a sí mismo en este tipo de obra.
4. Esta persona hace esculturas.
5. Círculos, rectángulos, cuadrados y triángulos son ejemplos de _____.

Nombre: _____   Fecha: _____

[Crossword puzzle grid with numbered squares 1-7]

13-09 Definiciones. Choose the word that best completes each sentence.

1. Lo contrario de un éxito es _____.
   a. una voz   b. un fracaso   c. un guitarrista

2. *Us Weekly, OK!, People* e *In Touch Weekly* son ejemplos de _____.
   a. revistas del corazón   b. compañías de baile   c. intérpretes

3. La bailarina Laura Roche _____ la compañía Barro rojo.
   a. sugiere   b. se distingue   c. dirige

4. Si siempre recuerdas algo, se puede decir que eso es _____.
   a. inolvidable   b. un fracaso   c. un éxito

5. Un sinónimo de _____ es "diferenciarse".
   a. dirigir   b. sugerir   c. distinguirse

6. La música latinoamericana incluye una variedad de _____, tales como los tambores, la quena y el bandoneón.
   a. bailarinas   b. instrumentos   c. compañías

13-10 Más que actriz. Listen to a brief biography of the actress Salma Hayek. Then indicate whether each statement is true (**Cierto**), false (**Falso**), or whether it is not mentioned (**No se menciona**).

1. Vivió en Estados Unidos antes de cumplir los diecisiete años.

   Cierto   Falso   No se menciona

2. Tiene un diploma universitario en relaciones internacionales.

   Cierto   Falso   No se menciona

3. Además de ser actriz, escribe novelas.

   Cierto   Falso   No se menciona

4. Era una famosa actriz de telenovelas en México.

   Cierto   Falso   No se menciona

© 2015 Pearson Education, Inc.   Capítulo 13 ¿Qué es arte para ti? ■ **275**

Nombre: _____   Fecha: _____

5. Su primera película importante en Estados Unidos fue *Desperado*.

   Cierto   Falso   No se menciona

6. El amor y la amistad son temas importantes en sus películas.

   Cierto   Falso   No se menciona

7. Salma Hayek ha producido y dirigido películas.

   Cierto   Falso   No se menciona

13-11 Preguntas. Answer the following questions orally. Be sure to use complete sentences.

1. ¿Quién es tu actriz favorita?
2. ¿Cuál es tu película favorita?
3. ¿Qué estrella de cine (*movie star*) latina te gusta más?
4. ¿Te gustaría aprender un baile latino como el tango, la salsa, el merengue o la bachata? ¿Por qué?

13-12 Las profesiones artísticas. Read the list of different professions, and select those that are considered artistic.

____ abogado   ____ enfermera   ____ novelista
____ bailarina   ____ escultora   ____ pintor
____ bibliotecario   ____ juez   ____ poeta
____ bombero   ____ mesero   ____ policía
____ cajero   ____ muralista   ____ secretaria

13-13 Los artistas hispanos. Match the name of each artist with his/her profession. For more information, you may look them up on your favorite search engine.

1. ____ Diego Rivera   a. director/a de cine
2. ____ Gabriel García Márquez   b. novelista
3. ____ Andrés Segovia   c. pintor/a
4. ____ Pablo Neruda   d. guitarrista
5. ____ Pedro Almodóvar   e. poeta
6. ____ Frida Kahlo   f. muralista

13-14 El arte y las letras. Complete each sentence about the arts and literature with the most appropriate word from the list.

cuento	novela	símbolos
forma	obra	voz
murales	poema	

1. *El David* es la _____ maestra del famoso escultor Miguel Ángel.
2. Los poetas usan _____ en sus poemas para expresar temas e ideas.
3. El _____ es una obra de ficción corta; la novela es más larga.
4. Diego Rivera pintó algunos de los _____ más famosos de México.
5. La _____ del cantante se puede considerar como su instrumento.
6. Gabriel García Márquez escribió la _____ *Cien años de soledad*.

Nombre: _____ Fecha: _____

13-15 El arte y el artista. Write the form of artistic expression that each artist produces.

| cuento | melodía | mural | paisaje | poema |

1. escritor/a _____
2. poeta _____
3. guitarrista _____
4. pintor/a _____
5. muralista _____

13-16 Tu artista favorito. Describe your favorite artist. Be sure to mention whether he/she is a painter, musician, actor, or other kind of artist, and talk about why you like his/her work. You may start by saying **Mi artista favorito/a es...**

Mosaico cultural

MySpanishLab
Interactive activities indicated here are available only in MySpanishLab.

13-17

13-18

Funciones y formas

1. **Talking about the past: Review of the preterit and imperfect (Textbook pp. 461–462)**

MySpanishLab
Interactive activities indicated here are available only in MySpanishLab.

13-19

Nombre: _____ Fecha: _____

13-20 Viaje a Bolivia. Read the following blog entry about a recent trip to Bolivia. Then read the individual sentences from the blog and indicate if they are events that occurred (**E**) or descriptions of the trip (**D**).

Al llegar a La Paz alquilamos un coche por una semana. El primer día dimos una vuelta por el mercado y fuimos al restaurante. Como llovía, por la tarde nos fuimos al hotel. El día siguiente nos dirigimos hacia el lago Titicaca. Llegamos hasta Copacabana, un pueblo al lado del lago. Como ya era tarde, alquilamos una cabaña allí. El día siguiente empezamos la subida al Cerro Niño Calvarioe hicimos una parada en una cascada. Nos alojamos en un hotel que tenía vistas impresionantes del lago.

1. _____ Al llegar a La Paz alquilamos un coche por una semana.
2. _____ Dimos una vuelta por el mercado y fuimos al restaurante.
3. _____ Como llovía por la tarde no teníamos muchas ganas (*desire*) de caminar por las calles de la ciudad.
4. _____ El día siguiente nos dirigimos hacia el lago Titicaca.
5. _____ Pero ya era tardey y estábamos todos muy cansados.
6. _____ El día siguiente empezamos la subida al Cerro Niño Calvario e hicimos una parada en una cascada.
7. _____ Desde nuestro hotel teníamos vistas impresionantes del lago.

13-21 Un viaje inolvidable. Complete the following blog entry with the correct preterit or imperfect form of the verbs in parentheses.

Por fin yo (1) _____ (regresar) a mi país. (2) _____ (viajar) a Bolivia con mi esposo, Carlos. El vuelo (3) _____ (estar) atrasado, por lo tanto nosotros (4) _____ (llegar) muy cansados. Yo (5) _____ (tener) dieciocho años cuando (6) _____ (salir) de Bolivia y (7) _____ (sentir) mucha emoción cuando por fin (8) _____ (volver) a ver el lugar donde nací. Nosotros (9) _____ (alojarnos) en un hotel, pero también (10) _____ (pasar) mucho tiempo con la familia. ¡(11) _____ (ser) un viaje inolvidable!

13-22 Muchas preguntas. María recently visited Bolivia. Write five questions you want to ask about the trip, the places she visited, and the activities she did with her family.

1. _____
2. _____
3. _____
4. _____
5. _____

13-23 Cuando era niña. Bernarda has written a blog entry comparing what it was like to travel in Bolivia when she was young to the last trip she took with her husband, Carlos. Choose the correct verb forms to complete the entry.

Cuando yo [(1) era/fui] niña, siempre [(2) viajaba/viajé] mucho con mi familia. Todos los veranos [(3) íbamos/fuimos] al Parque Nacional Sajama porque allí [(4) había/hubo] muchas diversiones para los niños. En este viaje reciente, yo [(5) visitaba/visité] el Parque Nacional Madidi. Cuando [(6) era/fui] joven siempre [(7) visitaba/visité] el lago Titicaca con mi familia. En este viaje, sin embargo, [(8) pasaba/pasé] mucho tiempo visitando museos, como el Museo Nacional de Arqueología, y también mercados, como el Mercado de las Brujas en la calle Santa Cruz. En mi infancia, me [(9) gustaba/gustó] mucho viajar con mi familia, pero este último viaje con mi esposo, Carlos, [(10) era/fue] realmente fenomenal.

Nombre: _____ Fecha: _____

13-24 Mi viaje. Choose one of your favorite trips and write a blog entry about it. Be sure to include descriptions of places and people, and mention the most significant events of the trip.

_____
_____
_____
_____
_____
_____
_____
_____
_____

2. Hypothesizing: The conditional (Textbook pp. 464–465)

MySpanishLab
Interactive activities indicated here are available only in MySpanishLab.

13-25

13-26 ¿Qué pasaría? Read the following situations and indicate the best action to take.

1. _____ Tú estás solo/a en casa, oyes un ruido y ves que alguien está tratando de abrir una ventana.
2. _____ Mañana es el cumpleaños de tu mejor amigo.
3. _____ Tú quieres pasar el fin de semana en un pequeño hotel de las montañas.
4. _____ Te sientes mal, tienes fiebre y te duele todo el cuerpo.
5. _____ Necesitas 100 dólares para arreglar tu coche, pero no los tienes.

a. Harías una reservación.
b. Irías a ver al médico.
c. Le comprarías un regalo.
d. Llamarías a la policía.
e. Le pedirías dinero a un amigo.

© 2015 Pearson Education, Inc. Capítulo 13 ¿Qué es arte para ti? ■ 279

Nombre: _____   Fecha: _____

13-27 Con 20 millones. Cecilia and Carlos are talking about what they would do if they had twenty million dollars. Listen to their conversation and indicate whether each statement is one of Cecilia's ideas, one of Carlos's ideas, or an idea that they both have (**ambos**).

1. Compraría un coche deportivo y caro.   Cecilia   Carlos   ambos
2. Tendría una casa grandísima.   Cecilia   Carlos   ambos
3. Compraría un apartamento en Paraguay.   Cecilia   Carlos   ambos
4. Viviría en Estados Unidos y en España.   Cecilia   Carlos   ambos
5. Viajaría a muchos lugares.   Cecilia   Carlos   ambos
6. Ayudaría a personas necesitadas.   Cecilia   Carlos   ambos
7. Ayudaría a algunos estudiantes necesitados   Cecilia   Carlos   ambos
   que quieren ir a la universidad.

13-28 ¿Qué haría Bernarda? Bernarda tells you what she would do in various situations. Unscramble the sentences and conjugate the verbs correctly in the conditional to learn what she would do.

1. Vas caminando por la calle, y a la chica que camina delante de ti se le cae un billete de 100 dólares. ¿Qué harías?

   a la chica/el dinero/Devolverle

   _____

2. Tienes un problema con tu novio. ¿Qué harías?

   por teléfono/Llamar/a mi novio/con él/y hablar

   _____

3. No estás de acuerdo con la nota de tu examen. ¿Qué harías?

   sobre la nota/con el profesor/Hablar

   _____

4. Hay un incendio en tu casa. ¿Qué harías?

   a los bomberos/Llamar/de la casa/y salir rápido

   _____

5. Ves un accidente automovilístico. ¿Qué harías?

   mi teléfono móvil/y llamar/a la policía/Usar

   _____

13-29 Situaciones hipotéticas. You will hear the names of six people or groups of people. Look at the following list of hypothetical situations, and for each person or group, choose a situation and say what that person (or people) would do in those circumstances. Use your imagination!

con 50 millones de dólares	con tres meses de vacaciones
con el trabajo de presidente del país	con un apartamento en otra ciudad
con los tres deseos de la lámpara mágica	con un Porsche nuevo

Nombre: _____   Fecha: _____

MODELO: You hear: tu mamá
　　　　　　　You choose: con tres meses de vacaciones
　　　　　　　You write: *Con tres meses de vacaciones, mi mamá visitaría a toda su familia.*

1. _____
2. _____
3. _____
4. _____
5. _____
6. _____

13-30 **¿Qué harías con 20 millones?** What you would do if you suddenly won 20 million dollars. Describe how you would spend the money and how it would change your life.

3. Expressing reciprocity: Reciprocal verbs and pronouns (Textbook p. 468)

MySpanishLab
Interactive activities indicated here are available only in MySpanishLab.

13-31

13-32 **Relaciones personales.** How do these people feel about each other? Select the answer that best describes the relationship in each situation.

1. Bernarda y Carlos van a casarse. Están muy enamorados. _____
   a. Se quieren.   b. Se odian.   c. Se admiran.
2. Carlos respeta mucho a su compañero de trabajo, Federico, y Federico respeta a Carlos. Cada uno piensa que el otro es un gran profesional y una buena persona. _____
   a. Se ven.   b. Se admiran.   c. Se pelean.
3. Cuando Bernarda o Cecilia quieren algo, no tienen que decirse nada, ya que siempre una sabe bien lo que está pensando la otra. _____
   a. Se toleran.   b. Se odian.   c. Se conocen.
4. Cecilia y Federico no se hablan. Cecilia no quiere ni ver a Federico, y Federico no soporta a (*cannot stand*) Cecilia. _____
   a. Se odian.   b. Se quieren.   c. Se llevan bien.
5. Bernarda y Carlos hablan por teléfono todos los días. _____
   a. Se llaman.   b. Se miran.   c. Se abrazan.

Nombre: _____ Fecha: _____

🔊 **13-33 Una pareja de enamorados.** Listen as Bernarda talks about Carlos, how they met, and their relationship. Then complete the following sentences with reciprocal verbs, based on what you heard.

1. Bernarda y Carlos _____ hace tres años.

2. Durante esas vacaciones ellos _____ todos los días.

3. Mientras Bernarda estaba en la universidad, _____ frecuentemente y también _____ por teléfono.

4. Cuando Carlos fue a la graduación de Bernarda con un ramo (*bouquet*) de rosas, ella supo que los dos _____.

5. En ese momento tan feliz, Bernarda y Carlos _____ y _____.

13-34 Historia de amor. Think about your relationship with a loved one and describe at least five things that happened between the two of you. You may use verbs from the list or any other reciprocal verbs of your choice.

| abrazarse | comunicarse | hablarse | quererse |
| besarse | conocerse | pelearse | verse |

MODELO: *Carlos y yo nos conocimos cuando estábamos de vacaciones en Miami.*

1. _____
2. _____
3. _____
4. _____
5. _____

🔊 **13-35 Sentimientos mutuos.** Many feelings and actions can be mutual. Listen to what the following people feel for or do with each other. Then explain what the feeling or action is, as in the model.

MODELO: You hear: Carlos y su padre no tienen problemas en su relación. Normalmente están de acuerdo, y siempre resuelven sus diferencias rápidamente.

You write: *Carlos y su padre se llevan bien.*

1. _____
2. _____
3. _____
4. _____
5. _____

Nombre: _____ Fecha: _____

En acción

MySpanishLab
Interactive activities indicated here are available only in MySpanishLab.

13-36

13-37

13-38

Mosaicos

Escucha

13-39 La literatura. Cecilia and Carlos are talking about the works of the famous writer, Jorge Luis Borges. Select all of the words that refer to different types of literature.

____ amistad   ____ forma   ____ pintura
____ cuento   ____ melodía   ____ poema
____ ensayo   ____ mural   ____ voz
____ escena   ____ novela

13-40 El escritor Jorge Luis Borges. Listen to the conversation between Cecilia and Carlos. Then read the sentences, and indicate whether each statement is true (**Cierto**), false (**Falso**), or whether it is not mentioned (**No se menciona**), according to what you hear.

1. Cecilia tiene una clase de literatura.
   Cierto   Falso   No se menciona
2. Jorge Luis Borges es un famoso escritor paraguayo.
   Cierto   Falso   No se menciona
3. Jorge Luis Borges forma parte del "boom" latinoamericano.
   Cierto   Falso   No se menciona
4. Otro escritor del "boom" es Octavio Paz.
   Cierto   Falso   No se menciona
5. Borges escribió muchas novelas.
   Cierto   Falso   No se menciona
6. Borges escribió sobre temas profundos.
   Cierto   Falso   No se menciona
7. Cecilia también escribe poemas.
   Cierto   Falso   No se menciona

Nombre: _____   Fecha: _____

13-41 Otros autores. Think about the works of other authors who write about important ideas, themes, and topics. Write the names of two of those authors and some of their commonly used themes.

Escritor: _____

Temas: _____

_____

Escritor: _____

Temas: _____

_____

Habla

13-42 Una presentación. You are preparing a presentation on your favorite author for your Spanish class. Remember that you may refer to notes, but not read. You should talk to your audience. Practice your presentation, and mention your favorite author's name, most famous works, and themes. You may start by saying, **Mi escritor/a favorito/a es...**

Lee

13-43 La idea central. Read the title and skim the first paragraph of the following reading. Based on this information, choose the sentence that you believe will best summarize the main idea of the reading.

Fernando Bujones: El *ballet* fue su vida

Fernando Bujones fue un artista de fama internacional. Fue aclamado como el mejor bailarín de Estados Unidos de su generación. De origen hispano, nació en 1955 en Miami, Florida. Cuando tenía ocho años, fue a estudiar a La Habana, Cuba, y cuatro años después recibió una beca completa de la fundación Ford para estudiar en la Escuela Americana de Ballet en Nueva York.

---

1. ___

a. Fernando Bujones fue un artista de fama internacional.

b. Bujones fue aclamado como el mejor bailarín de Estados Unidos de su generación.

c. Cuando tenía ocho años, fue a estudiar a La Habana, Cuba.

Nombre: _____   Fecha: _____

13-44 Fernando Bujones. Read the following article about a famous Hispanic ballet dancer, and answer the questions that follow in complete sentences.

Fernando Bujones: El *ballet* fue su vida

Fernando Bujones fue un artista de fama internacional. Fue aclamado como el mejor bailarín de Estados Unidos de su generación. De origen hispano, nació en 1955 en Miami, Florida. Cuando tenía ocho años, fue a estudiar a La Habana, Cuba, y cuatro años después recibió una beca completa de la fundación Ford para estudiar en la Escuela Americana de Ballet en Nueva York.

En 1972 se unió a la Compañía Americana de Teatro Ballet y demostró un talento tan asombroso (*amazing*) que en dos años ya había alcanzado el puesto (*position*) de bailarín principal. Este puesto lo convirtió en uno de los bailarines principales más jóvenes del mundo. En 1974 se convirtió en el primer bailarín de Estados Unidos en ganar la medalla de oro y el premio especial por la calidad técnica en una competencia internacional en Varna, Bulgaria. Desde entonces trabajó con numerosas compañías de renombre mundial, como el Ballet Real, el Ballet Real Danés, el Ballet Ópera de París, el Ballet de Stuttgart, el Ballet Ópera de Berlín, La Scala en Milán, el Ballet Maurice Béjart y muchos otros. El éxito de Fernando Bujones en su carrera artística fue innegable (*indisputable*). No solo colaboró con muchas de las mejores compañías de *ballet* del mundo, sino que recibió numerosos premios. Entre ellos se destacan (*stand out*) el premio al *Outstanding Young Man of America*, el premio del *New York Times* y el premio de la *Dance Magazine*.

Bujones no fue solo bailarín sino coreógrafo y profesor. Como coreógrafo produjo obras que han interpretado las compañías de *ballet* más prestigiosas del mundo. Como profesor, Bujones inspiró a generaciones de jóvenes bailarines. Asimismo (*Likewise*), contribuyó a muchas de las organizaciones de *ballet* de Florida.

---

1. ¿Quién fue Fernando Bujones?
   _____

2. ¿De dónde fue?
   _____

3. ¿Cuándo empezó a bailar profesionalmente?
   _____

4. ¿Qué hizo Fernando Bujones que ningún bailarín de Estados Unidos había hecho (*had done*) antes?
   _____

5. ¿Cuáles fueron las profesiones de Bujones?
   _____

6. ¿Cuáles fueron las actividades en la carrera de Bujones que hicieron que se destacara como artista?
   _____

Nombre: _____   Fecha: _____

13-45 Los detalles. Review the reading one more time, and read more closely for specific details about Fernando Bujones. Fill in the blanks with the specific year of each accomplishment, in numerals.

Fernando Bujones: El *ballet* fue su vida

Fernando Bujones fue un artista de fama internacional. Fue aclamado como el mejor bailarín de Estados Unidos de su generación. De origen hispano, nació en 1955 en Miami, Florida. Cuando tenía ocho años, fue a estudiar a La Habana, Cuba, y cuatro años después recibió una beca completa de la fundación Ford para estudiar en la Escuela Americana de Ballet en Nueva York.

En 1972 se unió a la Compañía Americana de Teatro Ballet y demostró un talento tan asombroso (*amazing*) que en dos años ya había alcanzado el puesto (*position*) de bailarín principal. Este puesto lo convirtió en uno de los bailarines principales más jóvenes del mundo. En 1974 se convirtió en el primer bailarín de Estados Unidos en ganar la medalla de oro y el premio especial por la calidad técnica en una competencia internacional en Varna, Bulgaria. Desde entonces trabajó con numerosas compañías de renombre mundial, como el Ballet Real, el Ballet Real Danés, el Ballet Ópera de París, el Ballet de Stuttgart, el Ballet Ópera de Berlín, La Scala en Milán, el Ballet Maurice Béjart y muchos otros. El éxito de Fernando Bujones en su carrera artística fue innegable (*indisputable*). No solo colaboró con muchas de las mejores compañías de *ballet* del mundo, sino que recibió numerosos premios. Entre ellos se destacan (*stand out*) el premio al *Outstanding Young Man of America*, el premio del *New York Times* y el premio de la *Dance Magazine*.

Bujones no fue solo bailarín sino coreógrafo y profesor. Como coreógrafo produjo obras que han interpretado las compañías de *ballet* más prestigiosas del mundo. Como profesor, Bujones inspiró a generaciones de jóvenes bailarines. Asimismo (*Likewise*), contribuyó a muchas de las organizaciones de *ballet* de Florida.

---

1. Fernando Bujones nació en Miami en el año _____.
2. Fernando Bujones se unió a la Compañía Americana de Teatro Ballet en el año _____.
3. Fernando Bujones se convirtió en el primer bailarín americano en ganar la medalla de oro y el premio especial por la calidad técnica en una competencia internacional en Varna, Bulgaria, en el año _____.

Escribe

13-46 Hispanos famosos. Do you know of other Hispanics who are famous in the United States or internationally for their contributions to the arts? Write their names as well as the talent or profession for which they are known.

MODELOS:

NOMBRE	TALENTO/PROFESIÓN
Jorge Luis Borges	escritor
Fernando Bujones	bailarín
_____	_____
_____	_____
_____	_____
_____	_____

Nombre: _____   Fecha: _____

Now write a short profile on one of these Hispanic artists. Remember to describe the artist in terms of traits and skills, as well as accomplishments, and remember to include interesting details that will capture the attention of your reader. You may start by writing, **(Nombre) es un/a (profesión) talentoso/a...**

_____
_____
_____
_____
_____
_____
_____
_____
_____

13-47 Ahora tú. How would you live your life differently if you were among the rich and famous? Complete the following sentence with three original thoughts to describe how you would choose to live your life, or how your life would be different than it is today.

Si fuera (*If I were*) rico/a y famoso/a...

1. _____
2. _____
3. _____

Repaso

MySpanishLab
Interactive activities indicated here are available only in MySpanishLab.

13-48

Nombre: _____ Fecha: _____

13-49 Arte y cultura. Complete the following sentences by selecting the most logical word or phrase.

1. Hemingway era un gran _____.
   a. escultor   b. escritor   c. bailarín   d. pintor

2. *La Mona Lisa* de Leonardo da Vinci es ejemplo de una _____.
   a. guía   b. obra maestra   c. bailarina   d. cerámica

3. El _____ es un género (*genre*) de literatura; es una narración corta.
   a. poema   b. cuento   c. mural   d. éxito

4. Los poetas utilizan símbolos para expresar _____ en sus poemas.
   a. ensayos   b. intérpretes   c. emociones   d. obras

5. El Óscar es el _____ más deseado en la industria cinematográfica.
   a. cuento   b. autorretrato   c. símbolo   d. premio

13-50 Una gran obra. Turn an event from yesterday into a short story. Write a paragraph of at least eight sentences describing both the background information (imperfect) and the action (preterit).

_____
_____
_____
_____
_____
_____
_____
_____
_____
_____

13-51 Un viaje con sabor latino. Listen to Carlos as he tells you about a trip he took last year with his family. Then, read the statements and indicate whether each statement is true (**Cierto**), false (**Falso**), or whether it is not mentioned (**No se menciona**).

1. Carlos viajó con sus padres a Washington D.C.
   Cierto   Falso   No se menciona

2. En Washington D.C. descubrieron el barrio hispano.
   Cierto   Falso   No se menciona

3. También encontraron los barrios chinos e italianos.
   Cierto   Falso   No se menciona

Nombre: _____   Fecha: _____

4. En el American Grocery compraron productos de Ecuador.

    Cierto   Falso   No se menciona

5. A la hermana de Carlos le gusta la música de Enrique Iglesias.

    Cierto   Falso   No se menciona

6. El restaurante El Andino sirve comida boliviana.

    Cierto   Falso   No se menciona

7. Carlos no quiere regresar a Washington D.C. porque la ciudad no tiene mucha diversidad.

    Cierto   Falso   No se menciona

13-52 La literatura paraguaya. Read the following article about Paraguayan literature and then select the answer that best completes each sentence.

La literatura paraguaya es una de las más desconocidas de Hispanoamérica. Hay pocos autores con fama internacional: Josefina Pla, Gabriel Casaccia, Elvio Romero, Rubén Bareiro Saguier y Augusto Roa Bastos. Incluso las historias de la literatura hispanoamericana no incluyen a autores nacidos después de 1940. Sin embargo, existe una variedad de obras que, por distintos motivos, no se conocen fuera del país.

El siglo XIX fue un tiempo de poca producción literaria en Paraguay. La censura de la dictadura de Francia eliminó la práctica literaria. De las décadas posteriores, solo se conocen hasta ahora algunos autores dedicados fundamentalmente a la poesía, como Natalicio Talavera, y algunos hitos (*landmarks*) literarios aislados, como la creación de la revista *La Aurora*. Así, con el país dedicado a su reconstrucción durante el último cuarto del siglo, las primeras producciones paraguayas importantes aparecerían en pleno siglo XX.

Durante este siglo, la práctica de la literatura llega a lograr su máximo exponente en los poetas de la Generación del 40. Entre ellos se encuentra Augusto Roa Bastos, el escritor más universal del país. Con él, a partir de 1960, aparecen más obras cada día, y en la década de los ochenta, por primera vez, aparecen publicaciones de muchos autores nuevos. Desde finales de los años ochenta, se aprecia el aumento notable de la producción narrativa, en contraste con el escasísimo (*very scarce*) número de obras de este género publicadas hasta entonces.

1. Este artículo trata de la literatura de ____.

    a. Bolivia   **b.** Francia   **c.** Paraguay

2. Josefina Pla y Elvio Romero son ____.

    a. muralistas   **b.** escritores   **c.** escultores

3. Según el artículo, no hay mucha producción literaria en el país durante el siglo ___.

    a. XVIII   **b.** XIX   **c.** XX

4. Natalicio Talavera escribe ___.

    a. poemas   **b.** cuentos   **c.** novelas

5. El escritor más importante del país es ____.

    a. Bareiro Saguier   **b.** La Aurora   **c.** Roa Bastos

6. Hay más publicaciones de autores nuevos en los años ____.

    a. 40   **b.** 60   **c.** 80

14 ¿Cómo vivimos los cambios sociales?

Enfoque cultural

MySpanishLab
Interactive activities indicated here are available only in MySpanishLab.

14-01

Vocabulario en contexto

MySpanishLab
Interactive activities indicated here are available only in MySpanishLab.

14-02

14-03

14-04

Nombre: _____   Fecha: _____

14-05 El cambio social. Match each definition with the most appropriate term.

1. ___ un sistema de gobierno en el cual hay elecciones y libertad
2. ___ la falta de trabajo
3. ___ la falta de dinero
4. ___ la inhabilidad de leer
5. ___ un promedio, por ejemplo 80% o 35%
6. ___ el conjunto de residentes de un lugar

a. porcentaje
b. la democracia
c. el desempleo
d. la pobreza
e. el analfabetismo
f. la población

14-06 Connotaciones. Indicate which terms generally have a positive connotation in the United States.

___ alta esperanza de vida
___ analfabetismo
___ democracia
___ derechos
___ desempleo

___ diversificación
___ mortalidad infantil
___ pobreza
___ regímenes dictatoriales
___ tráfico de drogas

14-07 La sociedad en Estados Unidos. Complete the sentences with the most appropriate option from the list.

| derechos | mortalidad | se ha destacado |
| drogas | políglotas | tasa |

1. En comparación con países en desarrollo, Estados Unidos tiene una baja _____ de analfabetismo.
2. En nuestro país, tenemos muchos _____; entre ellos, la libertad de expresión y la libertad de llevar armas.
3. Barak Obama _____ por ser el primer presidente afroamericano en Estados Unidos.
4. Casi todos los estadounidenses hablan inglés, y muchas personas son _____.
5. Hoy en día menos niños mueren de hambre; la tasa de _____ infantil ha bajado.
6. El tráfico de _____ ilegales sigue siendo un problema muy serio.

14-08 Los deberes del presidente. Write three sentences giving your opinion about the obligations of a president in a democratic society. Use at least three of the verbs from the following list.

| destacar | elegir | gobernar | mejorar | preceder | realizar |

1. _____
2. _____
3. _____

Nombre: _____ Fecha: _____

14-09 **La mujer en la sociedad hispana.** Listen to Viviana briefly describe the situation of women in Chile and in other parts of the Hispanic world. Then indicate whether each statement is true (**Cierto**), false (**Falso**), or whether it is not mentioned (**No se menciona**).

1. En los países hispanos todas las mujeres tienen una situación similar.
   Cierto   Falso   No se menciona
2. La situación de la mujer ha mejorado más en la ciudad que en el campo.
   Cierto   Falso   No se menciona
3. Los países hispanos están cerca de llegar a la igualdad entre hombres y mujeres.
   Cierto   Falso   No se menciona
4. Hoy en día, muchas mujeres optan por no tener hijos.
   Cierto   Falso   No se menciona
5. Casi todas las mujeres hispanas que trabajan fuera de casa comparten el trabajo doméstico con sus esposos.
   Cierto   Falso   No se menciona
6. Las mujeres siempre ganan el mismo sueldo que los hombres cuando hacen el mismo trabajo.
   Cierto   Falso   No se menciona
7. Actualmente hay mujeres en grupos feministas y en algunos gobiernos que trabajan por la igualdad en el trabajo y la sociedad.
   Cierto   Falso   No se menciona
8. El gobierno de Chile apoya a los grupos feministas.
   Cierto   Falso   No se menciona

14-10 **Actitudes diferentes.** Listen to the conversation between Viviana and her grandmother. Then choose the most appropriate response to complete each sentence.

1. La abuela de Viviana no quiere que _____.
   a. Viviana invite a un chico a salir
   b. Viviana salga con un chico
   c. Viviana espere la llamada de un chico

2. Viviana piensa que ella _____.
   a. quiere estudiar, pero no quiere casarse
   b. quiere casarse, pero no puede
   c. puede hacer cualquier cosa que quiera

3. La abuela teme que Viviana _____.
   a. no se vaya a casar nunca
   b. no encuentre un chico que quiera casarse con ella
   c. no se case si trabaja

4. La abuela piensa que _____.
   a. las ideas de Viviana son buenas en teoría, pero que la realidad es diferente
   b. las ideas de Viviana son muy malas: la mujer debe ser responsable del hogar y de la familia
   c. las ideas de Viviana son injustas para los hombres

5. La abuela de Viviana tiene actitudes _____.
   a. muy modernas
   b. muy tradicionales
   c. a veces modernas y a veces tradicionales

Nombre: _____   Fecha: _____

14-11 Contra el sexismo en el lenguaje. Read the reflections made by attendees at a conference on sexism in language and indicate whether each statement is true (**Cierto**), false (**Falso**), or whether it is not mentioned (**No se menciona**).

Reflexiones sobre formas lingüísticas sexistas que se deben evitar y ejemplos de propuestas alternativas: el género masculino utilizado como genérico	**NO**	**SÍ**
	El hombre	Los hombres y las mujeres / La humanidad
	Los derechos del hombre	Los derechos de la mujer / Los derechos de las personas
	El cuerpo del hombre	El cuerpo humano
	La inteligencia del hombre	La inteligencia humana
	El trabajo del hombre	El trabajo humano / El trabajo de mujeres y hombres
	El hombre de la calle	La gente de la calle
	A la medida del hombre	A la medida humana/de la humanidad/del ser humano

Tradicionalmente se han utilizado las palabras *hombre* y *hombres* con un sentido universal, ocultando o desdibujando la presencia, las aportaciones y el protagonismo de las mujeres.

Se propone la sustitución de *hombres y mujeres* en estos casos por *persona* o *personas, ser humano* o *seres humanos, humanidad, hombres y mujeres* o *mujeres y hombres*, sin dar preferencia en el orden al masculino o femenino.

1. Históricamente, la palabra "hombre" se ha usado con un sentido general que hace referencia a hombres y mujeres.
   Cierto   Falso   No se menciona
2. El idioma español tiene algunas formas lingüísticas sexistas.
   Cierto   Falso   No se menciona
3. El sexismo es una de las causas del divorcio.
   Cierto   Falso   No se menciona
4. Decir "el trabajo de los hombres y las mujeres" es sexista porque "los hombres" aparece antes que "las mujeres" en la frase.
   Cierto   Falso   No se menciona
5. Debemos sustituir "del hombre" por "humano".
   Cierto   Falso   No se menciona
6. Utilizar la palabra "hombre" niega la contribución de la mujer a la sociedad.
   Cierto   Falso   No se menciona
7. Aparte de Chile, otros países ya reconocen la situación del sexismo lingüístico.
   Cierto   Falso   No se menciona

14-12 El papel de la mujer. Tell your friend about the role of women in your own family. Discuss two or three domestic responsibilities of females and males in the home. You may start by saying, **En mi familia, los hombres y las mujeres (no) comparten las responsabilidades domésticas.**

14-13 Es lo mismo. Match the following terms with their definitions.

1. el desplazamiento ___	a. en sustitución de algo
2. la emigración ___	b. personas que entran a un país con el propósito de establecerse allí
3. en vez de ___	c. cercanía en el espacio
4. los inmigrantes ___	d. movimiento de un lugar a otro
5. la proximidad ___	e. el acto de irse del país de origen para vivir en otro país

14-14 La amiga de Viviana. Complete the following text with the words from the list to tell the story of a young woman who has recently left her country of origin.

adaptación	emigrar	migración
desplazamiento	en vez de	proximidad
económica		

Mi amiga Yolanda es boliviana pero ahora vive en Chile. Estaba contenta en su pueblo en Bolivia, pero no pudo encontrar trabajo por la crisis (1) _____. La familia de Yolanda pasó unos años difíciles y a veces no había dinero para comida. (2) _____ aceptar esa situación, Yolanda le dijo a su familia que iba a (3) _____ a Chile en busca de mejores oportunidades. Prefirió venir a Chile en vez de ir a Estados Unidos por su mayor (4) _____ a Bolivia. Ahora que está aquí en Chile, trabaja en un restaurante y toma clases en la universidad por la noche. Le manda dinero a su familia en Bolivia para ayudar con los gastos. A Yolanda le hace falta su familia, pero en general ha sido bastante fácil su (5) _____ a la cultura chilena.

Mosaico cultural

MySpanishLab
Interactive activities indicated here are available only in MySpanishLab.

14-15

14-16

Nombre: _____ Fecha: _____

Funciones y formas

1. **Expressing conjecture: Adverbial conjunctions that require the subjunctive (Textbook pp. 488–489)**

   MySpanishLab
   Interactive activities indicated here are available only in MySpanishLab.

   14-17

14-18 Pensamos igual. Listen to Viviana and finish her sentences by selecting the most logical option.

1. _____
2. _____
3. _____
4. _____
5. _____

a. siempre y cuando mi esposo haga la mitad del trabajo.
b. a menos que el gobierno actúe con severidad.
c. para que las mujeres puedan descansar un poco.
d. antes de que las estudiantes universitarias empiecen a trabajar.
e. sin que nadie las ayude.

14-19 Los problemas de la sociedad. For each of the following sentences, select the most appropriate ending.

1. Muchas personas piensan que se dará el primer paso para terminar con el racismo con tal de que _____.
   a. la sociedad admita que todavía existe el racismo
   b. la sociedad admite que todavía existe el racismo
   c. la sociedad ha admitido que todavía existe el racismo

2. El problema de las drogas va a continuar hasta que _____.
   a. los padres y las escuelas se unen para combatir el problema
   b. los padres y las escuelas se han unido para combatir el problema
   c. los padres y las escuelas se unan para combatir el problema

3. El desprecio (*disdain*) por las personas con SIDA no va a desaparecer sin que _____.
   a. la gente comprende mejor la enfermedad y las formas de contagio
   b. la gente comprenda mejor la enfermedad y las formas de contagio
   c. la gente ha comprendido mejor la enfermedad y las formas de contagio

4. Una mujer nunca va a ser presidenta de Estados Unidos a menos que _____.
   a. la sociedad sea menos sexista
   b. la sociedad era menos sexista
   c. la sociedad es menos sexista

5. Los problemas en la educación no van a mejorar antes de que el gobierno _____.
   a. dedica más dinero a la educación
   b. dedique más dinero a la educación
   c. dedicaba más dinero a la educación

Nombre: _____   Fecha: _____

14-20 Del campo a la ciudad. Choose the correct form of the verb to complete each sentence.

1. No me mudaré a la ciudad a menos que yo (tengo/tenga) un buen trabajo.

2. Me mudaré a la ciudad con tal que nosotros (podemos/podamos) regresar a visitar a la familia frecuentemente.

3. No podemos mudarnos a la ciudad antes de que (vendes/vendas) tu casa en el campo.

4. Nos mudaremos a la ciudad para que nuestros hijos (estudien/estudian) en una buena escuela.

5. Me mudaré a la ciudad sin que mi jefe lo (sabe/sepa).

14-21 Las responsabilidades. Complete the text with the correct forms of the verbs in parentheses.

Antes de que nosotros (1) _____ (casarnos), tenemos que ponernos de acuerdo sobre las responsabilidades de cada uno. Yo puedo preparar el desayuno con tal que tú (2) _____ (hacer) las camas. Yo no voy a cocinar a menos que tú (3) _____ (lavar) los platos. Yo estoy dispuesta a limpiar la casa para que tú (4) _____ (trabajar) algunas horas extras, si quieres. Yo no limpio la barbacoa a menos que tú (5) _____ (sacar) al perro a pasear.

14-22 ¿Y tú, qué piensas? Listen to the sentences that this student starts and complete them with the conjunction given and a logical ending. Remember to write the correct form of the verb.

MODELO: You hear: Muchos jóvenes no se casarán...

You see: ... a menos que

You write: *Muchos jóvenes no se casarán a menos que tengan estabilidad económica.*

1. ... a menos que
_____

2. ... antes de que
_____

3. ... para que
_____

4. ... con tal que
_____

5. ... sin que
_____

2. Expressing conjecture or certainty: Adverbial conjunctions that take the subjunctive or indicative (Textbook pp. 491–492)

14-24 Condiciones para el matrimonio. Complete each of the following sentences with the correct form of the verb.

1. Me voy a casar cuando _____ (conocer) a una persona que sea comprensiva.
2. Me voy a casar aunque no _____ (encontrar) a una persona con buen sentido del humor.
3. Me voy a casar tan pronto como mi novio/a y yo _____ (ganar) suficiente dinero para comprar una casa.
4. Me voy a casar en cuanto yo _____ (graduarse).
5. Me voy a casar aunque mi pareja no _____ (querer) tener hijos.
6. Me voy a casar después de que yo _____ (establecerse) como profesional.

14-25 En casa de los padres. Listen to Viviana talk about her life, and complete her sentences by selecting the appropriate option.

1. _____
    a. cuando empecé a trabajar.
    b. cuando empiece a trabajar.

2. _____
    a. en cuanto vi los precios del alquiler.
    b. en cuanto vea los precios del alquiler.

3. _____
    a. hasta que yo quiero.
    b. hasta que yo quiera.

4. _____
    a. cuando me casé.
    b. cuando me case.

5. _____
    a. mientras vivo con mis padres.
    b. mientras viva con mis padres.

Nombre: _____   Fecha: _____

14-26 La rutina diaria. Complete the following paragraph with the correct form of the verbs in parentheses to find out what Viviana's daily routine is like.

Me levanto a las seis, aunque (1) _____ (preferir) dormir hasta las siete. Me baño tan pronto como (2) _____ (levantarse). Mientras (3) _____ (desayunar) me gusta leer el periódico. En cuanto (4) _____ (llegar) a la oficina me pongo a trabajar. Allí hago mis tareas según me (5) _____ (decir) el jefe. Trabajo hasta que la oficina (6) _____ (cerrar) a la una. Almuerzo algo muy ligero, y salgo para la universidad. Tan pronto como (7) _____ (llegar) a la universidad, voy a la biblioteca. Me gusta estudiar donde no (8) _____ (haber) ruido. Cuando las clases (9) _____ (terminar) a veces voy a la cafetería a tomar un café con mis amigos. Después de que nosotros (10) _____ (hablar) un rato (*a while*), nos gusta salir a caminar.

14-27 Los planes futuros. Complete the paragraph with the correct form of the verbs in parentheses to discover what Viviana plans on doing in the future.

Cuando empecé a estudiar en la universidad, nunca pensé que iba a terminar mi carrera, pero eso ya es casi una realidad. El año próximo, cuando (1) _____ (terminar) mis estudios, pienso practicar mi profesión en otro país, pero todavía no sé en cuál. Mis padres no quieren que me vaya, pero vivimos en una ciudad pequeña donde no hay muchas oportunidades para una persona con mi especialidad. Me voy a quedar aquí hasta que (2) _____ (poder) ahorrar (*save*) bastante dinero para el viaje. Después de que (3) _____ (recibir) la información acerca de las posibilidades de trabajo en el extranjero, decidiré adónde voy a ir, y haré los preparativos necesarios. Mis padres dicen que hay una posibilidad de que la fábrica de plásticos de nuestra ciudad me ofrezca un empleo, y ellos quieren que lo acepte cuando (4) _____ (llegar) ese momento, si es que llega. Aunque (5) _____ (existir) esa posibilidad, no creo que cambie de opinión. Quiero tener la oportunidad de avanzar, pero también quiero conocer otros lugares, culturas y costumbres.

14-28 En la sala de computadoras. Listen to the instructor's comments and select the appropriate option to retell the information given to another student.

1. _____
   a. Nos podemos sentar donde queremos.
   b. Nos podemos sentar donde queramos.
2. _____
   a. Debemos hacer todo como él dice.
   b. Debemos hacer todo como él diga.
3. _____
   a. Aunque es fácil, necesito practicar.
   b. Aunque sea fácil, necesito practicar.
4. _____
   a. Según dice el profesor, todos vamos a crear una página web.
   b. Según diga el profesor, todos vamos a crear una página web.

© 2015 Pearson Education, Inc.   Capítulo 14   ¿Cómo vivimos los cambios sociales?   ■ 299

3. Talking about the past from a past perspective: The past perfect (Textbook p. 496)

MySpanishLab
Interactive activities indicated here are available only in MySpanishLab.

14-29

14-30 Una vida diferente. Listen to María talk about her first semester of college. Then indicate whether she had done the following things before coming to college or if she did them for the first time in college.

1. ir de vacaciones sin la familia
   antes de la universidad   en la universidad
2. compartir su cuarto con otra persona
   antes de la universidad   en la universidad
3. llevar sandalias en la ducha
   antes de la universidad   en la universidad
4. tomar una siesta en la biblioteca
   antes de la universidad   en la universidad
5. lavar su ropa
   antes de la universidad   en la universidad

14-31 Mi primer año en la universidad. Listen to the list of activities and say whether you had done each one by the time you started studying at the university. Give your answers orally.

MODELO: You hear: ir al doctor sin tus padres
You say: *Cuando empecé la universidad, nunca había ido al doctor solo/a.*
or
Cuando empecé la universidad, yo ya había ido al doctor solo/a.

1. ...
2. ...
3. ...
4. ...
5. ...
6. ...

Nombre: _____ Fecha: _____

14-32 La clase de sociología. Complete the following paragraph in which María talks about what she had done before her study partner Sofía arrived at the library.

Para cuando llegó Sofía yo ya (1) _____ (buscar) información sobre el tema en Internet. También (2) _____ (leer) varios artículos sobre mujeres ejecutivas. Asimismo, (3) _____ (entrevistar) a la directora de la biblioteca sobre su carrera profesional y su vida en la casa. Además, (4) _____ (consultar) varios libros en la biblioteca y (5) _____ (encontrar) datos interesantes en algunas encuestas (*surveys*).

14-33 ¿Qué habías hecho tú? What had you accomplished at the following stages of your life? Complete the following sentences about various life events with the correct form of the verbs in parentheses.

1. Antes de cumplir los diez años, yo _____ (viajar) en avión muchas veces.
2. Antes de cumplir los trece años, _____ (participar) en varias obras de teatro.
3. Antes de cumplir los diecisiete años, _____ (manejar) un coche deportivo.
4. Antes de terminar la escuela secundaria, ya _____ (recibir) muchas cartas de aceptación a diferentes universidades.
5. Antes de terminar el primer semestre en la universidad, ya _____ (hacer) muchos amigos.

14-34 La fiesta. You were supposed to help Viviana get ready for a dinner party, but you got stuck in traffic. Write five sentences describing what Viviana had done before you arrived.

MODELO: *Cuando llegué a su casa, Viviana ya había preparado un pastel.*

1. _____
2. _____
3. _____
4. _____
5. _____

4. Expressing actions: The infinitive as subject or object (Textbook p. 499)

MySpanishLab
Interactive activities indicated here are available only in MySpanishLab.

14-35

© 2015 Pearson Education, Inc. Capítulo 14 ¿Cómo vivimos los cambios sociales? ■ 301

Nombre: _____ Fecha: _____

14-36 ¡Adivina! By combining prepositions from the first column and verbs from the second column, you will come up with different times and situations (e.g., **para dormir, antes de comer**). Listen to the clues and write the time or situation to which they refer.

antes de	comer
después de	dormir
para	tener buena salud
sin	

MODELO: You hear: En España algunas personas toman una siesta en este momento.
You write: *después de comer*

1. _____
2. _____
3. _____
4. _____
5. _____
6. _____

14-37 Cuestión de salud. María, a college student, wants to get back in shape, but she needs some friendly advice. Listen to her discuss some of her habits and tell her your opinion, as in the models.

MODELOS: You hear: Bebo muchas cervezas los fines de semana.
You say: *María, beber cervezas no es bueno.*
You hear: Bebo mucha agua todos los días.
You say: *Muy bien, beber agua es bueno.*

1. ...
2. ...
3. ...
4. ...
5. ...

14-38 Una sociedad justa. Write an original sentence for each of the verbs to express your opinions about a just society.

| destacar | gobernar | mejorar | realizar |

MODELO: elegir
Elegir a las autoridades del gobierno es necesario para mantener una democracia.

1. _____
2. _____
3. _____
4. _____

14-39 Reglas a seguir. Choose from the verbs in the list and write the indications you might find in the following places. One of the verbs is used as a model; the others should be used only once.

| ~~entrar~~ | estacionar | fumar | hablar | nadar | tocar |

MODELO: en una puerta de salida: *No entrar*

1. en las clases de la universidad: _____
2. en una playa donde el agua es profunda y las olas son muy altas: _____
3. enfrente de la entrada de un hospital: _____
4. en el cine cuando todos están viendo la película: _____
5. en una tienda donde se venden objetos de cristal: _____

14-40 ¿Qué hiciste? Answer the following questions about a trip you just took, and be sure to follow the model.

MODELO: ¿Qué hiciste al comprar el boleto?
Dar las gracias al agente.

1. ¿Qué hiciste antes de hacer la maleta?
_____

2. ¿Qué hiciste al llegar al aeropuerto?
_____

3. ¿Qué no pudiste hacer al acomodarte (*get settled*) en el asiento del avión?
_____

4. ¿Qué hacías después de llegar a los hoteles?
_____

En acción

MySpanishLab
Interactive activities indicated here are available only in MySpanishLab.

14-41

14-42

14-43

Capítulo 14 ¿Cómo vivimos los cambios sociales? ■ **303**

Mosaicos

Escucha

14-44 Un informe. You will hear a report on the population and demographics of Chile. Before you listen, look at the list and select all the words you think you might hear in the report.

___ emigración ___ mortalidad
___ elección ___ población
___ esperanza de vida ___ régimen
___ lucha ___ sucursal
___ migración ___ tasa

14-45 La población chilena. First, read the sentences; then listen to the report on the population of Chile. Finally, indicate whether each statement is true (**Cierto**), false (**Falso**), or whether it is not mentioned (**No se menciona**).

1. El año del informe es 2005.
    Cierto Falso No se menciona
2. La población estimada es de 5.980.912.
    Cierto Falso No se menciona
3. La gran concentración de habitantes en la capital se debe a las oportunidades de empleo.
    Cierto Falso No se menciona
4. Hay 487.219 emigrantes chilenos.
    Cierto Falso No se menciona
5. La tasa de natalidad ha bajado.
    Cierto Falso No se menciona
6. El bajo crecimiento poblacional es resultado de la pobreza.
    Cierto Falso No se menciona
7. El analfabetismo es un problema serio en Chile.
    Cierto Falso No se menciona

14-46 Tu punto de vista. Write a brief paragraph in which you explain the population and demographic issues that exist in your own country or region. You may use your favorite search engine to find some facts and figures to include.

_____
_____
_____
_____
_____
_____
_____

Nombre: _____ Fecha: _____

Habla

14-47 Problemas y soluciones. You have been chosen as the representative from your university to join a student coalition that has formed to promote solutions to social and political problems. Address the coalition, and give the following information:

- Indicate which of the following social problems need to be solved: **la pobreza, la delincuencia, el desempleo,** or **la drogadicción.**
- Give two possible ways to solve the problem.
- Mention one or two positive effects that solving the problem will bring about.

You may start by saying, **(Problema social) es un problema en nuestra sociedad porque...**

Lee

14-48 Papeles distintos. Complete the following statements with your personal opinion.

1. Todos los miércoles, las mujeres deben tener el derecho a entrar gratis a la discoteca para que...

_____

2. Un hombre siempre debe abrirle la puerta a una mujer a menos que...

_____

3. La mujer estadounidense se debe cambiar de apellido cuando se casa con tal de que...

_____

4. El servicio militar debe ser obligatorio para los hombres y no para las mujeres hasta que...

_____

14-49 El tema principal. Skim the following article about roles shared by men and women and indicate the best answers to the following questions.

VIDA EN PAREJA
Papeles compartidos

Desde hace varias décadas, la mujer ha abandonado su papel tradicional de ama de casa, de madre y de esposa, para entrar en áreas que por siglos han sido casi exclusivamente para los hombres: ir a la universidad, prepararse y entrar a competir en el campo profesional. Asimismo, los hombres han demostrado una tendencia al cambio. Según algunos expertos en el campo de las relaciones de pareja, hoy en día "los hombres hacen mucho para que su matrimonio o relación de pareja funcione y se mantenga de por vida". En el área sentimental, antes el hombre prefería guardarse sus sentimientos, frustraciones, alegrías y desesperanzas. Ahora, en cambio, la mujer a veces se desconcierta, se sorprende y se confunde cuando el hombre expresa sus emociones más íntimas.

En lo que respecta a la vida del hogar, los hombres quieren hoy día participar activamente en más aspectos de la vida familiar, como en la educación de los hijos y en los asuntos del hogar y la familia: la limpieza de la casa, la preparación de la comida, el cuidado de los hijos y el lavado de la ropa.

Lo positivo de todo esto es que, finalmente, el hombre ha entendido que sus contribuciones al hogar no deben ser exclusivamente económicas.

Nombre: _____ Fecha: _____

1. ¿Cuál es el tema principal del artículo? ___
    a. Los hombres de hoy son más tradicionales y prefieren no compartir las tareas.
    b. Los roles tradicionales de los hombres y las mujeres están cambiando.
    c. Los hombres están cambiando más que las mujeres.

2. ¿Cuál de estos elementos está presente en este artículo? ___
    a. información demográfica
    b. estadísticas
    c. datos generales

3. ¿Cuál es el tono del artículo? ___
    a. humorístico
    b. irónico
    c. serio

14-50 **Papeles compartidos.** Read the following article about roles shared by men and women and indicate whether each statement is true (**Cierto**), false (**Falso**), or whether it is not mentioned (**No se menciona**).

VIDA EN PAREJA
Papeles compartidos

Desde hace varias décadas, la mujer ha abandonado su papel tradicional de ama de casa, de madre y de esposa, para entrar en áreas que por siglos han sido casi exclusivamente para los hombres: ir a la universidad, prepararse y entrar a competir en el campo profesional. Asimismo, los hombres han demostrado una tendencia al cambio. Según algunos expertos en el campo de las relaciones de pareja, hoy en día "los hombres hacen mucho para que su matrimonio o relación de pareja funcione y se mantenga de por vida". En el área sentimental, antes el hombre prefería guardarse sus sentimientos, frustraciones, alegrías y desesperanzas. Ahora, en cambio, la mujer a veces se desconcierta, se sorprende y se confunde cuando el hombre expresa sus emociones más íntimas.

En lo que respecta a la vida del hogar, los hombres quieren hoy día participar activamente en más aspectos de la vida familiar, como en la educación de los hijos y en los asuntos del hogar y la familia: la limpieza de la casa, la preparación de la comida, el cuidado de los hijos y el lavado de la ropa.

Lo positivo de todo esto es que, finalmente, el hombre ha entendido que sus contribuciones al hogar no deben ser exclusivamente económicas.

---

1. Los hombres ya no contribuyen económicamente al hogar.
    Cierto   Falso   No se menciona
2. Muchos hombres prefieren dedicarse a los quehaceres domésticos en vez de trabajar fuera de casa.
    Cierto   Falso   No se menciona
3. Cada vez más mujeres asisten a la universidad.
    Cierto   Falso   No se menciona
4. Las mujeres estudian administración de empresas.
    Cierto   Falso   No se menciona

5. Las mujeres muchas veces no comprenden bien cuando los hombres expresan sus sentimientos.

    Cierto   Falso   No se menciona

6. Los hombres de hoy en día expresan más sus emociones.

    Cierto   Falso   No se menciona

7. Los hombres ahora quieren participar más activamente en la vida familiar.

    Cierto   Falso   No se menciona

8. Los hombres antes estaban más preocupados por mantener relaciones estables.

    Cierto   Falso   No se menciona

Escribe

14-51 **Hombres y mujeres.** List at least three issues affecting men and women and their roles in society today.

MODELO: *las tareas domésticas*

_____

_____

_____

In your opinion, how will gender roles change by the mid twenty-first century? Think about the issues you mentioned and write your prediction for the year 2050. Consider the following topics:

- **el rol de ambos en el hogar:** Will men and women continue to share responsibilities? Will there be a reversal in parents' roles? Will men and women both receive time off to care for children? If not by 2020, when will they?

- **el acceso de la mujer al poder:** Will a woman be elected president of the United States? If not by 2020, when will this be a reality?

- **la igualdad en el trabajo:** Will an equal number of men and women hold executive positions? If not by 2020, when will this be a reality?

You may start by writing, **Yo creo que (no) habrá muchos cambios en los roles de hombres y mujeres para el año 2050.**

_____

_____

_____

_____

_____

_____

_____

Nombre: _____ Fecha: _____

14-52 **¿Y tú?** Think about your own life. Are you planning to have a career and/or children? How will you manage both; will you take the children to daycare? Will your husband/wife take care of them? Would you like your partner to have a career? Write a brief paragraph to describe how you see gender roles in your life.

_____
_____
_____
_____
_____
_____

Repaso

MySpanishLab
Interactive activities indicated here are available only in MySpanishLab.

14-53

14-54 **Los grupos minoritarios.** Complete the following sentences with the correct form of the verbs in parentheses.

1. Los grupos minoritarios realizarán sus sueños cuando todo el mundo los _____ (tratar) con respeto y dignidad.

2. Las mujeres no siempre se casan después de _____ (salir) de la casa de los padres.

3. Los hispanos van a continuar luchando hasta que _____ (alcanzar) el nivel de vida que consideran justo.

4. Los líderes políticos buscarán igualdad entre los sexos para que todos _____ (tener) los mismos derechos.

5. Los afroamericanos siempre van a luchar por la igualdad mientras no _____ (recibir) los mismos beneficios que los blancos.

Nombre: _____　　　Fecha: _____

14-55　Una campaña presidencial. Listen to the presidential candidate's speech. Then complete the sentences with the most appropriate answer.

1. El candidato va a luchar por los derechos de _____ si es elegido presidente.
   a. las mujeres
   b. los niños
   c. los hombres

2. El candidato promete _____ los inmigrantes.
   a. prohibir la entrada al país de
   b. dar trabajo a
   c. discriminar contra

3. Además, el candidato promete _____.
   a. aumentar los sueldos de las mujeres
   b. dar dinero a los inmigrantes
   c. conseguir la libertad de religión

4. Mientras el candidato habla, su esposa está _____.
   a. escuchándolo
   b. hablando con otras personas
   c. limpiando la casa

14-56　La política chilena. Read the following article about politics in Chile and then answer the questions that follow in complete sentences.

> Históricamente, Chile es el país latinoamericano que más ha gozado de una tradición democrática. De hecho, ha sido llamado por muchos "la Inglaterra latinoamericana" a causa de sus raíces (*roots*) democráticas. Aunque Chile ha sido un caso especial en la historia latinoamericana, la democracia en este país también ha tenido que sobrepasar (*overcome*) varios obstáculos durante los últimos cuarenta años. En 1973, como consecuencia de elecciones democráticas, el poder de la nación pasó a Salvador Allende, un político socialista y tío de la conocida escritora Isabel Allende. Poco después, el jefe del ejército, Augusto Pinochet, con la ayuda y apoyo del gobierno estadounidense, dirigió el golpe de estado que le quitó el poder a Allende. Durante los próximos diecisiete años, Pinochet llevó a cabo una campaña de terror contra la oposición chilena, en la cual miles de chilenos desaparecieron y murieron por la menor sospecha de afiliación con un grupo que se oponía a la dictadura de Pinochet. Los derechos humanos no existían en Chile durante este período y la tortura, los encarcelamientos (*imprisonment*) y el exilio de personas inocentes llegó a afectar de una manera u otra a cada ciudadano chileno.
>
> En 1989 hubo un referéndum que puso fin a la dictadura de Pinochet. Casi diez años después, en 1998, Pinochet fue detenido en Inglaterra, pero el gobierno inglés se opuso a su extradición a España, y el expresidente pudo volver a su país.
>
> A pesar de (*In spite of*) este período oscuro en la historia chilena, cada día el sistema democrático en este país recobra (*regains*) más fuerza. Hoy en día, hay una constitución que garantiza los derechos humanos a los chilenos y el país entero intenta volver a sus raíces democráticas que fueron reprimidas (*repressed*) por muchos años.

Nombre: _____   Fecha: _____

1. ¿Qué pasó en Chile en 1973?
   _____

2. ¿Quién fue Salvador Allende?
   _____

3. ¿Cuánto tiempo duró la dictadura de Pinochet?
   _____

4. Describe la situación política actual en Chile.
   _____
   _____
   _____
   _____
   _____
   _____
   _____
   _____

15 ¿Qué nos trae el futuro?

Enfoque cultural

MySpanishLab
Interactive activities indicated here are available only in MySpanishLab.

15-01

Vocabulario en contexto

MySpanishLab
Interactive activities indicated here are available only in MySpanishLab.

15-02

15-03

15-04

Nombre: _____   Fecha: _____

15-05 Internet. Select the words that are associated with the Internet.

___ acceso   ___ buscador   ___ energía solar
___ biblioteca digital   ___ calentamiento   ___ enlace
___ bosque   ___ clonación   ___ mensaje

15-06 Un correo electrónico. Read the following e-mail and complete the sentences with the correct words from the list.

acceso	enlace	videojuegos
adjunto	intercambio	
diseminación	mensaje	

El (1) _____ a la información es muy importante. Tenemos que estar informados para aprender y saber lo que pasa en el mundo. Por lo tanto, quiero proponer un (2) _____ de información entre nosotros, los estudiantes del departamento de Ciencias Computacionales. Cuando encontramos información en Internet, podemos usar el correo electrónico para enviar un (3) _____ al grupo con el (4) _____ para el sitio web o con un documento (5) _____; así se facilita la (6) _____ de información y estamos en contacto. Además, cuando tenemos tiempo libre, podemos jugar (7) _____ en Internet con los miembros del grupo.

15-07 Definiciones. Match each vocabulary word with its corresponding group of words and phrases. You may do an Internet search if you do not recognize items in the sets of words and phrases.

1. ___ tableta   a. *The Time Machine* por H.G. Wells y *Fahrenheit 451* por Ray Bradbury
2. ___ videojuegos   b. Nokia, Motorola, Blackberry
3. ___ móviles   c. iPad, Kindle, Nook
4. ___ ciencia ficción   d. Nintendo, PlayStation, Xbox

15-08 El mundo hoy. Select the word in each group that does not refer to the topic.

1. conservación: ___
   a. bosque tropical   b. clonación   c. reserva natural   d. extinción
2. correo electrónico: ___
   a. documento adjunto b. mensaje   c. tableta   d. deshielo
3. tecnología: ___
   a. enlace   b. clonación   c. cuenca   d. videojuegos
4. computadoras: ___
   a. enlace   b. mensaje   c. buscador   d. ciencia ficción
5. naturaleza: ___
   a. biblioteca digital b. tierra   c. reserva natural   d. bosque

Nombre: _____ Fecha: _____

15-09 El medio ambiente. Vanessa studies environmental science. Choose the topics she might study in her courses.

___ adjunto ___ la cápsula ___ el enlace
___ el bosque tropical ___ la deforestación ___ la extinción
___ la capa de ozono ___ el documento ___ la tierra

15-10 Más definiciones. Match the words with their definitions.

1. ____ la deforestación
2. ____ el bosque
3. ____ la reserva natural
4. ____ la cuenca
5. ____ la tierra
6. ____ el planeta

a. el mundo
b. el área geográfica que está asociada con un río
c. la reducción o desaparición de los bosques
d. el espacio en que se conserva el ecosistema
e. el lugar donde hay muchos árboles
f. el material inorgánico que se encuentra en el suelo

15-11 Una conversación con el profesor. Vanessa talks to her professor during his office hours. Indicate whether each statement is true (**Cierto**), false (**Falso**), or whether it is not mentioned (**No se menciona**).

1. La inundación es un problema serio en el Yunque.
   Cierto   Falso   No se menciona

2. La deforestación no es un problema en el Yunque.
   Cierto   Falso   No se menciona

3. El Yunque es un bosque tropical.
   Cierto   Falso   No se menciona

4. Una de las funciones del bosque tropical es el intercambio.
   Cierto   Falso   No se menciona

5. El Yunque es una reserva natural.
   Cierto   Falso   No se menciona

6. Los gases en la atmósfera contribuyen al calentamiento del planeta.
   Cierto   Falso   No se menciona

15-12 ¿Cómo conservar el medio ambiente? Write four steps that we can take to protect the environment. You may want to use words such as **establecer, requerir,** and **disaudir** in addition to the vocabulary from *Capítulo 15*.

1. _____
2. _____
3. _____
4. _____

Nombre: _____ Fecha: _____

15-13 Hoy en día. Choose the best option to complete each sentence.

1. Hoy en día, se construyen nuevas casas verdes que usan _____.
   a. energía solar
   b. deshielo
   c. cápsulas voladoras

2. Hoy en día, muchas personas usan sus móviles y tabletas para hacer compras _____.
   a. gradualmente
   b. lógicamente
   c. virtualmente

3. Hoy en día, los _____ nos permiten ver canales de televisión de todas partes del mundo.
   a. robots
   b. satélites
   c. bancos de peces

4. Hoy en día, el nivel del mar ya ha subido en algunas partes del mundo y ha causado _____.
   a. capa de ozono
   b. energía de fusión
   c. inundaciones

5. Hoy en día, desafortunadamente ya hay varios animales _____.
   a. extinguidos
   b. voladores
   c. reciclados

6. Hoy en día, uno tiene que protegerse más del sol por _____ de la capa de ozono.
   a. el deshielo
   b. el agujero
   c. los chips electrónicos

7. Hoy en día, algunas ciudades tienen sistemas de tren cuyos _____ están suspendidos en el aire, por encima de la calle.
   a. rieles
   b. enlaces
   c. satélites

15-14 El mundo del futuro. Match the following terms with their definitions.

1. clonación _____
2. despegar _____
3. aterrizar _____
4. repoblar _____
5. construir _____
6. robot _____

a. volver a plantar árboles o plantas
b. iniciar un vuelo, especialmente un avión
c. una máquina electrónica que puede ejecutar movimientos
d. el antónimo de *despegar*
e. un sinónimo de *edificar* y *fabricar*
f. la creación de una planta o un animal que tiene los mismos genes que otra planta u otro animal

Nombre: _____ Fecha: _____

15-15 Problemas y soluciones. Listen to Vanessa and Manuel discuss some of the problems we face today and write the problems they mention. Then write a possible solution for each problem.

PROBLEMAS   SOLUCIONES

_____   _____

_____   _____

_____   _____

15-16 Tu opinión. In your opinion, what is the most serious threat to the environment in the world today? Describe the problem and give some possible solutions.

Mosaico cultural

MySpanishLab
Interactive activities indicated here are available only in MySpanishLab.

15-17

15-18

Funciones y formas

1. Expressing wishes and recommendations in the past: The imperfect subjunctive (Textbook pp. 521–522)

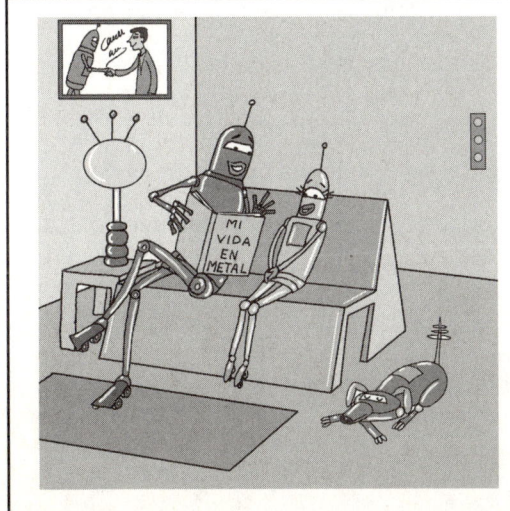

MySpanishLab
Interactive activities indicated here are available only in MySpanishLab.

15-19

© 2015 Pearson Education, Inc.   Capítulo 15 ¿Qué nos trae el futuro? ■ 315

Nombre: _____   Fecha: _____

15-20 De niño/a. Complete the following statements by choosing the correct form of the verb.

Cuando yo tenía diez años...

1. mi mamá quería que yo (comía/comiera/coma) toda mi comida.
2. mi mamá quería que yo (hacía/hiciera/haga) toda la tarea.
3. mi hermano quería que yo (jugara/jugaba/juegue) a los videojuegos con él.
4. mi papá no permitía que yo (veía/viera/vea) películas para adultos.
5. mis abuelos querían que yo los (visitara/visitaba/visite) todos los veranos.
6. mi papá quería que yo (fuera/era/sea) abogado/a cuando creciera.

15-21 El primer turista en el espacio. Listen to what Manuel says about his interview with the first Puerto Rican tourist while he is in orbit. Then complete the tourist's actual statements. Keep in mind that the tourist uses the present tense in his statements (either indicative or subjunctive).

MODELO: You hear: Agradeció que los astronautas lo trataran tan bien.
          You write: Quiero dar las gracias a los astronautas porque me *tratan* muy bien.

El turista dice:

1. Hay algo sorprendente: la Tierra _____ azul.
2. Me siento liviano (*light*). Mi cuerpo no _____ peso.
3. Es importante que los astronautas _____ mucha preparación.
4. Es necesario que _____ más programas espaciales.
5. Quiero que otras personas _____ esta experiencia.

15-22 El viaje de Vanessa. Complete the following paragraph about Vanessa's experience at a travel agency with the correct form of the verbs in parentheses.

El año pasado hablé con un agente de viajes para planear una excursión a Chile. Pero cuando revisé el itinerario, descubrí varios problemas. Yo había pedido un asiento de ventanilla, pero el agente me recomendó que me (1) _____ (sentar) en un asiento de pasillo en las últimas filas (*rows*) del avión porque había menos pasajeros, y me asignó un asiento allí. Le pedí que él me (2) _____ (cambiar) de asiento, y lo hizo de con pocas ganas (*reluctantly*). Después noté que el agente quería que nosotros (3) _____ (ir) a Iquique. Yo le dije que quería ir a Temuco. Entonces nos sugirió a mi amiga y a mí que (4) _____ (pasar) unos días en Puerto Varas. También nos recomendó que (5) _____ (visitar) Viña del Mar. Cuando me dijo el precio del billete y me pidió que (6) _____ (pagar) en efectivo, me pareció sospechoso. En ese momento le dije que (7) _____ (cancelar) la reservación. Mi amiga y yo decidimos ir a otra agencia de viajes.

Nombre: _____ Fecha: _____

15-23 El viaje a España. Vanessa is telling Manuel about her trip to Spain last summer. Complete Manuel's reactions with the correct form of the verbs in parentheses.

VANESSA: El viaje fue muy divertido. Primero fuimos a Torremolinos, pero nadie quiso hacer *windsurfing*.

MANUEL: ¡Oh! Qué pena que nadie (1) _____ (querer) hacer *windsurfing*. He oído que es muy divertido.

VANESSA: Diego conoció a una chica española y pasó dos días en la casa de ella.

MANUEL: ¡Qué bien! Me alegro que Diego (2) _____ (conocer) a una chica española.

VANESSA: Ese fin de semana que Diego no estaba, visitamos Sevilla. Nos encantó.

MANUEL: Me alegro que ustedes (3) _____ (visitar) Sevilla y que les gustara.

VANESSA: Después nos fuimos a Santander. Lo pasamos genial, pero Pilar perdió su billetera.

MANUEL: Siento que Pilar (4) _____ (perder) su billetera. ¿La encontró?

VANESSA: No, pero no tenía muchas cosas dentro, solo un poco de dinero. Tenía las tarjetas de crédito y el pasaporte en un bolsillo del pantalón. En Santander lo pasamos muy bien. Fuimos a la playa y tomamos sol durante un buen rato.

MANUEL: ¡Qué bien que (5) _____ (ir) a la playa!

VANESSA: Finalmente fuimos a Bilbao. Nos perdimos cuando caminábamos por las calles para ver el museo Guggenheim.

MANUEL: ¡Qué pena que (6) _____ (perderse) en las calles de Bilbao!

VANESSA: No, fue una aventura. Conocimos Bilbao mejor y además encontramos un restaurante pequeño donde comimos platos deliciosos.

MANUEL: Me alegro que (7) _____ (comer) platos deliciosos.

VANESSA: El viaje fue maravilloso.

MANUEL: Me alegro que el viaje (8) _____ (ser) un éxito. Siento no haber ido.

15-24 Consejos para un viaje al espacio. A very experienced astronaut has offered to give advice to anyone interested in future space travel. Listen to his suggestions and then write what he said to you.

MODELO: You hear: Sea valiente.

You write: Me dijo que *fuera* valiente.

1. Me dijo que _____ mucho ejercicio físico.
2. Me dijo que _____ a los astronautas antes del viaje.
3. Me dijo que no _____ miedo.
4. Me dijo que _____ todas las instrucciones con mucha atención.
5. Me dijo que _____ mucho.

15-25 Mensajes de texto. Complete each statement with the correct form of the verb in parentheses.

1. La profesora quería que nosotros _____ (estudiar) mucho para el examen.
2. Era necesario que yo _____ (ir) a la biblioteca anoche.
3. La clase es muy aburrida. Ojalá que la profesora _____ (ganar) la lotería y no _____ (venir) más a enseñar en esta universidad.
4. Anoche mi compañero de cuarto me sugirió que yo no _____ (salir). Sabía que tenía que estudiar.
5. Yo dudaba que tú _____ (venir) hoy.

Nombre: _____   Fecha: _____

15-26 **¡Un extraterrestre en la estación espacial!** While in space, several tourists claim to have seen an extraterrestrial. Rewrite their statements, changing them to reflect your doubts. Be sure to begin with **Habla como si...** and follow the model exactly.

MODELO: You hear: Parece que es muy simpático.
              You write: *Habla como si fuera muy simpático.*

1. _____
2. _____
3. _____
4. _____

2. Hypothesizing about the present and the future: If-clauses (Textbook pp. 525–526)

15-27

15-28 **Nuestro planeta.** Complete the following statements about saving the planet by providing the most appropriate form of the verbs in parentheses.

1. Si nosotros no hacemos nada, los recursos _____ (acabarse).
2. Si tengo tiempo mañana, _____ (hablar) con los otros estudiantes.
3. Si nosotros _____ (trabajar) juntos, podremos cambiar esta situación.
4. Si tú _____ (hacer) un esfuerzo, cambiarás el futuro de otra gente.
5. Si puedo ahorrar dinero, con mucho gusto _____ (contribuir) a la causa.
6. Si los jóvenes no toman la iniciativa, los problemas no _____ (resolverse).

Nombre: _____ Fecha: _____

15-29 Imaginando un futuro mejor. Listen to some of the hypotheses Manuel makes about the future. Complete each one by selecting a logical second part from among the options.

1. _____
2. _____
3. _____
4. _____
5. _____

a. tendríamos más tiempo libre.
b. nuestro planeta no tendría tanta basura.
c. no habría problemas de tráfico en las ciudades.
d. el aire y el agua estarían más limpios.
e. menos personas morirían.

15-30 Mi futuro. Choose the correct form of the verb to complete each sentence logically.
1. Si encuentro un puesto bueno, lo (aceptaré/aceptaría/acepte).
2. Si me ofrecieran un salario alto, (estaré/estaría/esté) muy contento.
3. Si me hicieran una oferta muy buena, no lo (tendré/tendría/tenga) que pensar mucho.
4. Si puedo trabajar con la tecnología, (usaré/usaría/use) los últimos avances.
5. Si tengo éxito en la universidad, (conseguiré/conseguiría/consiga) un puesto excelente.
6. Si fuera posible, (me quedaré/me quedaría/me quede) en Puerto Rico.

15-31 El premio gordo. Select the correct answer to complete each of the following sentences.
1. Si ganara la lotería, _____.
   a. he dado dinero a la investigación contra el cáncer
   b. donaría dinero a la Cruz Roja
   c. ayudaré a los desamparados
2. Si recibiera suficiente dinero, _____.
   a. compraría una casa nueva
   b. compraré un carro nuevo
   c. regalara una casa a mis padres
3. Si tuviera tiempo, _____.
   a. hice un safari fotográfico en Kenia
   b. haría un viaje por el mundo
   c. iré a un crucero por el caribe
4. Si mi universidad necesitara algo, _____.
   a. contribuiría con dinero
   b. daré dinero para ayudar a desarrollar las artes
   c. ayudara a las investigaciones científicas
5. Si mis hermanos aún estuvieran estudiando, _____.
   a. he dado dinero a mis primos favoritos
   b. abriré guarderías para personas de bajos recursos
   c. les pagaría la universidad

Nombre: _____ Fecha: _____

15-32 Y tú, ¿qué harías? How would you take advantage of future possibilities? Listen to the questions and respond to each one in writing.

MODELO: You hear: Si pudieras vivir en cualquier lugar en el mundo, ¿dónde vivirías?

You write: *Yo viviría en un país con muchos recursos naturales.*

1. _____
2. _____
3. _____
4. _____
5. _____

15-33 Si nosotros... Complete the following sentences expressing what you and your friends would do in each situation.

MODELO: Si tuviéramos una semana libre, *viajaríamos a Puerto Rico*.

1. Si viviéramos en una ciudad del futuro,
_____

2. Si visitáramos Puerto Rico,
_____

3. Si practicáramos español todos los días,
_____

4. Si hiciéramos más ejercicio,
_____

5. Si comiéramos alimentos más sanos,
_____

15-34 Situaciones hipotéticas. Listen to Vanesa's questions and answer each one with your personal opinion. Give your responses orally.

1. ...
2. ...
3. ...
4. ...
5. ...

3. Expressing the unexpected: *Se* for unplanned occurrences (Textbook pp. 529–530)

15-36 **¡Qué mala suerte!** Manuel's day got off to a bad start yesterday. Put the events in chronological order by numbering (1–4) each statement.

_____ Primero, se nos perdieron las llaves, pero no nos dimos cuenta hasta el momento de salir de casa.

_____ Luego, quisimos entrar en la casa de nuevo, pero se nos cerró la puerta.

_____ Ayer tuvimos mala suerte.

_____ Finalmente, un amigo nos llevó en su auto, y al llegar a la clase de español, se nos cayeron los libros.

15-37 **¿Qué pasó?** You, Vanessa, and Manuel are having a rough day; everything seems to be going wrong. As you listen to Manuel, indicate who was/were affected by each event.

1. a Manuel   a ti   a Vanessa   a Vanessa y a ti   a Vanessa y a Manuel
2. a Manuel   a ti   a Vanessa   a Vanessa y a ti   a Vanessa y a Manuel
3. a Manuel   a ti   a Vanessa   a Vanessa y a ti   a Vanessa y a Manuel
4. a Manuel   a ti   a Vanessa   a Vanessa y a ti   a Vanessa y a Manuel
5. a Manuel   a ti   a Vanessa   a Vanessa y a ti   a Vanessa y a Manuel
6. a Manuel   a ti   a Vanessa   a Vanessa y a ti   a Vanessa y a Manuel

15-38 **El examen de matemáticas.** Complete the sentences with the correct form of one of the verbs in the list to explain what happened to Manuel during his math exam yesterday. Use each verb only once.

| acabar | caer | olvidar | perder | quedar |

1. Primero, a Manuel se le _____ el lápiz dos veces. La caída del lápiz interrumpió el silencio.
2. Después se le _____ las fórmulas más importantes.
3. También se le _____ los bolígrafos y no los podía encontrar.
4. Se le _____ el papel y tuvo que pedirle más al profesor.
5. Al final se puso tan nervioso que se le _____ la mente en blanco.

Nombre: _____ Fecha: _____

15-39 **Durante el examen.** Listen as Manuel tells you about his bad luck during the exam. Then write what happened to you, using the same verb and cues given. Be sure to follow the model exactly.

MODELO: You hear: Se me olvidaron los verbos.
You see: el bolígrafo
You write: *Y a mí se me olvidó el bolígrafo.*

1. el papel

_____

2. la calculadora

_____

3. los cuadernos

_____

4. la computadora

_____

5. las tareas

_____

15-40 **¿Por qué?** Explain the causes of the following events by writing logical sentences to enhance the contexts given. Use **se** to refer to unplanned events.

MODELO: Manuel no puede leer el periódico.
Se le rompieron las gafas.

1. Vanessa no puede ir al concierto esta noche.

_____

2. Manuel tuvo que lavar los platos en un restaurante.

_____

3. Manuel y Vanessa no pueden entrar a la casa.

_____

4. Manuel dejó su carro en el taller.

_____

5. Vanessa se levantó tarde.

_____

En acción

MySpanishLab
Interactive activities indicated here are available only in MySpanishLab.

15-41

15-42

15-43

Mosaicos

Escucha

15-44 La comunicación, ayer y hoy. Manuel is talking to his grandmother about using technology to communicate with his friends, but his grandmother prefers more traditional forms of communication. Before you listen, list some traditional forms of communication and some modern methods.

COMUNICACIÓN TRADICIONAL   COMUNICACIÓN ACTUAL
_____   _____
_____   _____
_____   _____

15-45 La comunicación y la tecnología. Listen to the conversation between Manuel and his grandmother, and indicate whether each statement is true (**Cierto**), false (**Falso**), or whether it is not mentioned (**No se menciona**).

1. Manuel está enviando mensajes de texto.   Cierto   Falso   No se menciona
2. La abuela no sabe usar el teléfono celular.   Cierto   Falso   No se menciona
3. Manuel está chateando con Vanessa en la computadora.   Cierto   Falso   No se menciona
4. La abuela prefiere hablar con las amigas por teléfono.   Cierto   Falso   No se menciona
5. Manuel tiene un programa en su computadora para   Cierto   Falso   No se menciona
   recibir llamadas telefónicas.
6. La abuela va a llamar a la vecina por teléfono.   Cierto   Falso   No se menciona

15-46 La abuela de Manuel. Manuel's grandmother does not use today's technology. Complete the following sentences to convince her of what she could do if she had these things.

1. Si usted tuviera un celular, _____   a. no tendría que comprar gasolina.
2. Si usted usara el correo electrónico, _____ b. podría llamar a sus amigas fácilmente.
3. Si usted tuviera acceso a Internet, _____   c. podría escribir mensajes.
4. Si usted tuviera un coche eléctrico, _____   d. podría charlar con sus nietos en la computadora.

Nombre: _____ Fecha: _____

Habla

15-47 Un coche híbrido. You wanted to impress a friend with your commitment to the environment, so last weekend you told him/her you were going to buy a hybrid car. A lot of things came up that kept you from going to the dealership to buy the car. Tell your friend what happened, and that you would have purchased the hybrid if not for all of the unplanned occurrences. Remember to make your narration interesting by inserting funny and surprising remarks.

Lee

15-48 La tecnología. There are many advantages to using technology, but there are also some disadvantages. List four advantages and four disadvantages of our society's reliance on the use of technology.

VENTAJAS	DESVENTAJAS
_____	_____
_____	_____
_____	_____
_____	_____

15-49 Las redes computadorizadas. Read the following article about cyber attacks, and indicate whether each statement is true (**Cierto**), false (**Falso**), or whether it is not mentioned (**No se menciona**).

Inminente amenaza de terrorismo cibernético

No hay duda de que la vida en nuestro planeta ha mejorado considerablemente con los avances tecnológicos de los últimos años. Indiscutiblemente, las tareas y rutinas diarias resultan más fáciles.

De esta manera (*Thus*), el ser humano depende cada vez más de la tecnología, y en particular de la informática.

Las desventajas preocupan enormemente a las autoridades de las grandes potencias (*powers*), quienes temen desastres de consecuencias impredecibles (*unpredictable*). ¿Podría usted imaginar consecuencias de un ataque a la estructura cibernética de su país? ¿Qué ocurriría si un genio de la informática infiltrara las redes de comunicación de su país y las paralizara? ¿Estaría el gobierno de su país preparado para enfrentar (*to face*) el terrorismo cibernético? Ataques de este tipo no solo (*not only*) afectarían a la infraestructura de las comunicaciones sino también (*but also*) a la seguridad del país. Esta preocupación ha llevado a ciertos países a crear comisiones de expertos que estudien estos problemas y propongan recomendaciones que ayuden a prevenir y, en el peor de los casos, a hacerles frente a ataques realizados a través de la cibernética.

Los avances tecnológicos sin duda han cambiado el rostro (*face*) de la guerra (*war*) y las estrategias que usaremos para enfrentarla. Según los expertos, el terrorismo cibernético es un peligro cada día más real e inmediato en el mundo. Algunos centros de investigación han descrito el resultado de ataques potenciales sobre estructuras privadas o públicas: se paralizarían los centros de llamadas de urgencia, se utilizarían los canales de televisión para amenazar (*threaten*) y se producirían gigantescas fallas (*breakdowns*) en el sistema eléctrico.

Los expertos afirman con bastante seguridad (*certainty*) que la próxima guerra no se hará con balas (*bullets*) sino con la información. Lo peor es que la guerra cibernética está al alcance (*within the reach*) de todos. Los guerreros del espacio cibernético son anónimos y solo requieren (*need*) un teléfono móvil, un módem y una microcomputadora.

De esto ya existen antecedentes: hace algunos años la bolsa (*stock market*) de Nueva York recibió una advertencia (*warning*) de un pirata cibernético, quien les aseguró a los encargados (*clerks*) de seguridad que ya había logrado controlar los sistemas informatizados de la climatización en las salas donde están las supercomputadoras.

Nombre: _____ Fecha: _____

1. No hay ventajas del uso de la tecnología en nuestra sociedad.
   Cierto   Falso   No se menciona
2. Un ataque cibernético tendría consecuencias muy negativas en la seguridad de un país.
   Cierto   Falso   No se menciona
3. Puerto Rico está entre los lugares que tienen riesgo de un ataque cibernético.
   Cierto   Falso   No se menciona
4. Estados Unidos está preparándose por si sufre un ataque cibernético.
   Cierto   Falso   No se menciona
5. Para ser un guerrero cibernético, se necesitan supercomputadoras.
   Cierto   Falso   No se menciona
6. Un pirata cibernético llegó a controlar las supercomputadoras de la bolsa de Nueva York.
   Cierto   Falso   No se menciona
7. Un ataque cibernético podría causar accidentes aéreos.
   Cierto   Falso   No se menciona

15-50 Decisiones. Do you agree or disagree with the following point of view? Express your opinion in a brief paragraph.

El presidente de Estados Unidos debería dedicar más dinero para proteger a la gente del país de un ataque cibernético.

_____
_____
_____
_____
_____

Escribe

15-51 Consecuencias. You are concerned about the effects that a cyber attack could have on the country, and on you personally. List the possible consequences that common citizens might face at home, work, or school, as well as on public services, such as hospitals or the police.

CONSECUENCIAS PARA LOS INDIVIDUOS	CONSECUENCIAS PARA LOS SERVICIOS PÚBLICOS
_____	_____
_____	_____
_____	_____
_____	_____

Nombre: _____ Fecha: _____

Now write a letter to your local newspaper to express your concerns. Propose some realistic recommendations that the federal government could take to prevent a serious cyber attack. You may start by writing, **Es muy importante que el gobierno tome algunos pasos para prevenir el terrorismo cibernético…**

_____
_____
_____
_____
_____
_____

15-52 **¿Qué podríamos hacer?** You are concerned about the possibility of a major cyber attack. Read the question and write three detailed answers using complete sentences.

¿Hay algo que los ciudadanos comunes podríamos hacer para protegernos?

1. _____
2. _____
3. _____

Repaso

My SpanishLab
Interactive activities indicated here are available only in MySpanishLab

15-53

15-54 **Si pudiera…** In this chapter, you have learned about the environmental issues in Puerto Rico. Identify some of the environmental problems in your area and what you would do in support of environmental causes if you had the necessary time and resources.

MODELO: la basura: *Si tuviera tiempo, recogería toda la basura en mi ciudad.*

1. _____
2. _____
3. _____
4. _____

Nombre: _____ Fecha: _____

15-55 Una computadora nueva. Vanessa and Manuel are discussing the purchase of a new computer. Listen to their conversation; then complete the sentences with the missing word(s).

1. Vanessa va a comprar una computadora en la _____.
2. La computadora que tiene no es compatible con el programa universitario de _____.
3. Manuel recomienda que use el _____ para enviar mensajes de texto.
4. Vanessa ya usa varios modos para _____ con los amigos.
5. Vanessa quiere una tableta que tenga _____ para poder usar Skype.

15-56 La conservación en Puerto Rico. Read the article about conservation in Puerto Rico, and indicate whether each statement is true (**Cierto**), false (**Falso**), or whether it is not mentioned (**No se menciona**).

El Fideicomiso de Conservación de Puerto Rico

El Fideicomiso de Conservación de Puerto Rico es una institución privada sin fines de lucro que tiene como misión proteger los recursos y las bellezas naturales de Puerto Rico. El fideicomiso lleva a cabo esta misión mediante la adquisición y donación de áreas naturales. Como parte de su misión, la institución desarrolla programas educativos enfocados en crear conciencia y fomentar acciones que respondan a la necesidad de proteger y conservar áreas naturales. También dirige un programa dedicado a la propagación, distribución y siembra (*planting*) de especies de árboles nativos de Puerto Rico con el fin de contribuir a conservar la diversidad biológica en nuestra isla. El único beneficiario del Fideicomiso de Conservación es el pueblo de Puerto Rico.

---

1. El Fideicomiso de Conservación es una de las empresas más ricas de Puerto Rico.
   Cierto   Falso   No se menciona
2. El objetivo de la institución es proteger los recursos naturales de Puerto Rico.
   Cierto   Falso   No se menciona
3. La institución obtiene áreas naturales a través de donaciones.
   Cierto   Falso   No se menciona
4. Muchas personas famosas donan dinero y tierra para el proyecto.
   Cierto   Falso   No se menciona
5. El Fideicomiso de Conservación protege los animales, pero no las plantas.
   Cierto   Falso   No se menciona
6. Las autoridades del Fideicomiso reciben el apoyo de otras organizaciones internacionales como Greenpeace.
   Cierto   Falso   No se menciona
7. La gente de Puerto Rico se beneficia del trabajo del Fideicomiso de Conservación.
   Cierto   Falso   No se menciona

Appendix

Stress and written accents in Spanish

Rules for Written Accents

The following rules are based on pronunciation.

1. If a word ends in *n, s,* or a vowel, the penultimate (second-to-last) syllable is usually stressed.

    Examples: ca**mi**nan
    muchos
    silla

2. If a word ends in a consonant other than *n* or *s*, the last syllable is stressed.

    Example: fa**tal**

3. Words that are exceptions to the preceding rules have an accent mark on the stressed vowel.

    Examples: sar**tén**
    lápices
    ma**má**
    fácil

4. **Separation of diphthongs:** When *i* or *u* is combined with another vowel, these vowels are pronounced as one sound (a diphthong). When each vowel sound is pronounced separately, a written accent mark is placed over the stressed vowel (either the *i* or the *u*).

    Example: gracias   día

Because the written accents in the following examples are not determined by pronunciation, the accent mark must be memorized as part of the spelling of the words as they are learned.

5. **Homonyms.** When two words are spelled the same, but have different meanings, a written accent is used to distinguish and differentiate meaning.

Examples:				
	de	*of*	**dé**	*give* (formal command)
	el	*the*	**él**	*he*
	mas	*but*	**más**	*more*
	mi	*my*	**mí**	*me*
	se	*him/herself, (to) him/her/them,*	**sé**	*I know, be* (formal command)
	si	*if*	**sí**	*yes*
	te	*(to) you*	**té**	*tea*
	tu	*your*	**tú**	*you*

6. **Interrogatives and exclamations:** In questions (direct and indirect) and exclamations, a written accent is placed over the following words: **dónde, cómo, cuándo, cuál(es), quién(es), cuánto(s)/cuánta(s),** and **qué.**

Nombre: _____ Fecha: _____

PRÁCTICA

Activity 1 *(Capítulo 1)*

Read the following words and rewrite each one, placing the correct accent mark(s) accordingly.

1. tambien _____
2. facil _____
3. dificil _____
4. economia _____
5. ciencias politicas _____
6. antropologia _____

Activity 2 *(Capítulo 1)*

Read the following questions and locate the word or words that require a written accent. Then write each word in the order it appears in the question, and place the correct accent mark(s) accordingly.

¿Donde miras la television?

1. _____
2. _____

¿Que compras en la libreria?

3. _____
4. _____

¿Donde estudias normalmente?

5. _____

¿Donde esta Maria?

6. _____
7. _____
8. _____

¿A que hora es la clase de español?

9. _____

Activity 3 *(Capítulo 2)*

Read the following words, and then complete each one with the correct accented letter.

1. caf___
2. portugu___s
3. japon___s
4. simp___tico
5. d___bil
6. antip___tico

Nombre: _____ Fecha: _____

Activity 4 *(Capítulo 2)*

Read the following ad that Pablo wrote in order to find a pen pal with common interests. Locate each word that is missing an accent mark; then rewrite the words in the order they appear, placing the correct accent marks accordingly.

Me llamo Pablo Sosa. Tengo 31 años, y soy chileno. Soy agradable y muy trabajador. Me gusta hacer mi trabajo a la perfeccion, pero soy tolerante. Mi pasion son los autos convertibles. Deseo mantener correspondencia por correo electronico con jovenes del extranjero para intercambiar informacion sobre los convertibles europeos y americanos.

1. _____   4. _____
2. _____   5. _____
3. _____

Activity 5 *(Capítulo 3)*

Listen to the pronunciation of each of the following words and select the syllable that should be accented, according to the rules.

1. can cion
2. mu si ca
3. re u nion
4. pe li cu la
5. ja mon
6. sand wich
7. pe rio di co
8. pa is

Activity 6 *(Capítulo 3)*

Read the following paragraph about fast food. Locate each word that is missing an accent mark; then rewrite the words in the order they appear, placing the correct accent marks accordingly.

La comida rapida es muy popular entre la gente joven. En muchas ciudades del mundo hispano existen "hamburgueserias" como las de Estados Unidos. Los restaurantes de este tipo en los paises hispanos frecuentemente combinan comida de Estados Unidos con comidas tipicas de su pais.

1. _____   4. _____
2. _____   5. _____
3. _____

Activity 7 *(Capítulo 4)*

Read the following words and rewrite each with the appropriate accent mark.

1. tio _____   4. papa _____
2. tia _____   5. mama _____
3. fotografia _____

Nombre: _____ Fecha: _____

Activity 8 *(Capítulo 4)*

Read the following description of a Colombian family. Choose the correct word (accented or unaccented) according to the rules that you have learned.

Reminder: A Spanish word can only have one written accent. Therefore, an adjective with a written accent loses the regular accent when –*ísimo* **is added.**

Example: fácil – facilísimo.

Mi [(1) mama/mamá] tiene un hermano, mi [(2) tio/tío] Raúl. Su esposa es mi [(3) tia/tía] Laura. Tienen tres hijos, y ellos viven [(4) tambien/también] en [(5) Bogota/Bogotá]. Mi primo [(6) Rafael/Rafáel] es el menor. Mis [(7) primas/prímas] Sandra y Sara son gemelas. Mis primos son [(8) simpatiquisimos/simpatiquísimos] y pasamos mucho [(9) tiempo/tiémpo] juntos.

Mis [(10) tios/tíos] tienen dos [(11) sobrinos/sobrínos] en [(12) Bogota/Bogotá], mi hermana [(13) Ines/Inés] y yo. Su otra [(14) sobrina/sobrína], la hija de mi [(15) tia/tía] Lola, vive en Cartagena, en el norte del [(16) pais/país].

Activity 9 *(Capítulo 5)*

Rewrite the following words, placing the written accent on the correct vowel.

1. arbol _____
2. jardin _____
3. jabon _____
4. sabana _____
5. comoda _____
6. lavanderia _____
7. calefaccion _____

Activity 10 *(Capítulo 5)*

Choose the appropriate vowels (accented or unaccented) to complete the words in the sentences below.

1. Est__ cas__ de dos p__sos est__ en una c__udad. Tiene muchas ventanas en cada piso, p__ro no tiene jard__n.
2. Aquella casa d__nde est__n la madre y su hij__ es de material s__lido y de un color muy lindo.
3. Esa casa es de construcci__n moderna y ti__ne dos pisos y un gar__je. Tambi__n tiene una barbacoa y varios __rboles alt__simos en el fondo.

Activity 11 *(Capítulo 6)*

Rewrite the following words or phrases, placing the written accent on the correct vowel.

1. Me gustaria _____
2. artesania _____
3. sueter _____
4. sosten _____
5. camison _____
6. poliester _____
7. algodon _____
8. almacen _____

Activity 12 *(Capítulo 6)*

Listen to the following paragraph and choose the appropriately accented word according to what you hear.

Reminder: The preterit form requires an accent mark on the first and third person singular.

Examples: Yo hablé. Él habló.

La semana pasada, yo [(1) compré/cómpre] un hermoso vestido de fiesta. Roberto [(2) cómpro/compró] un traje, una camisa y zapatos. La ceremonia religiosa fue a las 7:00 de la tarde. La fiesta con familia y amigos [(3) empézo/empezó] a las 9:00 y [(4) término/terminó] a las 4:00 de la mañana. Todos comimos y bailamos mucho.

Nombre: _____ Fecha: _____

Activity 13 *(Capítulo 7)*

Complete each word with the appropriate accented vowel.

1. atm___sfera
2. ___rbitro
3. f___tbol
4. esqu___
5. b___isbol

Activity 14 *(Capítulo 7)*

Listen to the following paragraph about sports. Rewrite the words in bold with the missing accent mark, or as they appear if no accent mark is necessary.

Entre las grandes **pasiones** nacionales, desde luego, **esta** el **futbol**. Desde su **infancia**, muchos uruguayos acompañan fielmente (*faithfully*) a sus **equipos** favoritos. En varias ocasiones, la **seleccion** nacional uruguaya **gano titulos** y campeonatos importantes.

Pero los **uruguayos** son un pueblo inquieto, de una personalidad **versatil** que no limita su **interes** a un solo deporte. El **basquetbol**, el ciclismo, el rugby, el boxeo y la **pelota** de mano son otros deportes que tienen muchos aficionados.

1. _____
2. _____
3. _____
4. _____
5. _____
6. _____
7. _____
8. _____
9. _____
10. _____
11. _____
12. _____
13. _____

Activity 15 *(Capítulo 8)*

Read the words and phrases; then rewrite them with the appropriate accent mark.

1. ultimo _____
2. hoy en dia _____
3. melodia _____
4. tradicion _____
5. procesion _____
6. invitacion _____
7. alegria _____

Activity 16 *(Capítulo 8)*

Read the paragraph and choose the correct word (accented or unaccented) according to the rules you have learned.

Era el cumpleaños de nuestra gran [(1) amiga/amíga] Guadalupe [(2) Martinez/Martínez]. Aunque [(3) tenia/tenía] solo veinte años, Guadalupe [(4) era/éra] una chica excepcional. [(5) Estudiaba/Estudíaba] en la UNAM y (6) tambien/también] trabajaba para ayudar a su familia de ocho [(7) hermanos/hermános]. Todos sus amigos la [(8) admirabamos/admirábamos] por su generosidad, optimismo y [(9) alegria/alegría]. Guadalupe era la amiga que todos [(10) soñabamos/soñábamos] tener.

Nombre: _____   Fecha: _____

🔊 Activity 17 *(Capítulo 9)*

Listen as the words are pronounced and rewrite each one with the appropriate accent mark.

1. curriculum _____
2. peluqueria _____
3. compania _____
4. policia _____
5. medico _____
6. interprete _____
7. cientifico _____

Activity 18 *(Capítulo 9)*

Read the conversation and find the words that require a written accent. Write the words, in the order they appear, with the appropriate accent mark.

Reminders:
Homonyms are distinguished by the use of an accent mark. Example: sí *vs.* si.

Accent marks are sometimes required when pronouns are added to commands, gerunds and infinitives. Example: Dámelo.

—Buenos dias, señorita. Me llamo Ricardo Roldan Diaz. ¿Podria darme una solicitud para el puesto de asistente de contador?

—Claro que si, Sr. Roldan. Por favor, llene la solicitud y mandenosla pronto.

—¿Puedo mandarsela por correo electronico?

—Si, pero enviala tambien por correo postal.

1. _____
2. _____
3. _____
4. _____
5. _____
6. _____
7. _____
8. _____
9. _____
10. _____
11. _____
12. _____

Activity 19 *(Capítulo 10)*

Read the words and select the option with the correct accented vowel.

1. todavía   todávia
2. lácteo   lactéo
3. fréir   freír
4. mélon   melón
5. limón   límon
6. azúcar   ázucar

🔊 Activity 20 *(Capítulo 10)*

Listen to the following paragraph and complete it by choosing the correct accented or unaccented words.

La comida de los [(1) paises/países] hispanoamericanos es muy [(2) variada/varíada]. En Ecuador, igual que en [(3) Peru/Perú], el [(4) ceviche/ceviché] de pescado o de [(5) camaron/ camarón] es muy popular. Otro de los platos [(6) más/mas] populares es la fritada, que combina diversas carnes con [(7) platano/plátano] maduro, el tostado y [(8) maiz/maíz]. Entre los postres, [(9) ademas/además] de la [(10) pasteleria/pastelería], se encuentra el muy sabroso [(11) dulce/dulcé] de higos.

Nombre: _____   Fecha: _____

Activity 21 *(Capítulo 11)*

Listen to the pronunciation of the following words and rewrite each one with the appropriate accent mark.

1. inyeccion _____
2. antibiotico _____
3. farmaceutico _____
4. clinica _____
5. tension _____
6. sintoma _____
7. infeccion _____
8. cancer _____
9. pulmon _____
10. oido _____
11. musculo _____
12. estomago _____
13. corazon _____

Activity 22 *(Capítulo 11)*

Choose the appropriate vowel (accented or unaccented) to complete the words in each sentence.

1. Los res___dentes del barr___o prefieren que la cl___nica no cierre antes de las s___ete.
2. La niñ___ espera que el enf___rmero no le ponga una inyecci___n.
3. Ojal___ que puedas llevarme a la cit___ con la m___dica.
4. El m___dico le proh___be que s___lga por unos d___as.

Activity 23 *(Capítulo 12)*

Read the words and complete each one with the appropriate accented vowel.

1. cajero autom___tico
2. correo electr___nico
3. buz___n
4. línea a___rea
5. avi___n
6. autob___s

Activity 24 *(Capítulo 12)*

Read the dialogue. Then, rewrite the words that appear in bold, and include a written accent when appropriate.

—**Jose Luis,** mi maleta casi **esta** lista. ¿Y la tuya?

—¡La **mia** no! **Despues** del programa la voy a empacar. ¿Ya empacaste tus libros, **mama**?

—Los **mios** ya **estan** en **mi maletin**. ¿Y los **zapatos** de Nora?

—Los **suyos estan** en su mochila.

1. _____
2. _____
3. _____
4. _____
5. _____
6. _____
7. _____
8. _____
9. _____
10. _____
11. _____
12. _____
13. _____

Nombre: _____   Fecha: _____

Activity 25 (Capítulo 13)

Listen as the following words and phrases are pronounced. Then rewrite them with the appropriate accent marks.

1. bailarin _____
2. politica _____
3. poblacion _____
4. a traves de _____
5. area _____
6. exito _____
7. segun _____

Activity 26 (Capítulo 13)

Read the following sentences. Rewrite the words that appear in bold and include the appropriate written accent for those words that require one.

¿**Que haria** usted?

Compraria boletos **rapidamente** para no perder la **oportunidad** de verla.

Visitaria las salas donde **estan** las pinturas de **Velazquez**.

Compraria una **novela** de **Gabriel Garcia Marquez**.

1. _____
2. _____
3. _____
4. _____
5. _____
6. _____
7. _____
8. _____
9. _____
10. _____
11. _____
12. _____
13. _____
14. _____

Activity 27 (Capítulo 14)

Choose the word with the correct written accent.

1. enérgico   energíco
2. mayória   mayoría
3. estádistica   estadística
4. separacíon   separación

Activity 28 (Capítulo 14)

Listen to the following sentences and choose the correct form of the words given.

Cuando yo [(1) tenia/tenía] diez años, ya [(2) habia/había] escuchado [(3) disfcusiones/discusiónes] [(4) politicas/políticas] en mi casa.

Cuando yo [(5) tenia/tenía] [(6) dieciseis/dieciséis] años, mis amigos y yo nos [(7) habiamos/habíamos] [(8) inscrito/inscritó] en un partido [(9) politico/político].

Cuando [(10) paso/pasó] el primer [(11) semestre/seméstre] de la universidad, yo ya me [(12) habia/había] acostumbrado a lo que [(13) tenia/tenía] que hacer.

Nombre: _____ Fecha: _____

Activity 29 *(Capítulo 15)*

Read the words and select the one with the correct accented vowel.

1. paracaídas   paracáidas
2. preservacíon   preservación
3. deforestacíon   deforestación
4. pérdida   perdída
5. ráton   ratón
6. cárton   cartón
7. pórtatil   portátil

Activity 30 *(Capítulo 15)*

Read the sentences and find the words that require a written **accent**. Write the words, in the order you find them, with the appropriate accent mark.

Si tuvieramos mucho dinero, comprariamos una casa.

Si hubiera tiempo suficiente, estudiaria el italiano.

Si fueramos a Disneylandia, me subiria a Splash Mountain tres veces.

La atmosfera sufrira un calentamiento que hara subir el nivel del mar.

Habra robots que se ocuparan de hacer la limpieza.

1. _____
2. _____
3. _____
4. _____
5. _____
6. _____
7. _____
8. _____
9. _____
10. _____